本书获德州学院学术出版基金资助

德州地域文化研究丛书·第五辑

地方文化检索与利用丛书（第二辑）

德州谱牒文献概要

韩　洁　李志超　王昭滨　著

新华出版社

图书在版编目（CIP）数据

德州谱牒文献概要 / 韩洁, 李志超, 王昭滨著.

北京：新华出版社, 2021.5

ISBN 978-7-5166-5827-7

Ⅰ.①德… Ⅱ.①韩… ②李… ③王… Ⅲ.①谱牒－文献－介绍－德州

Ⅳ.①K820.9

中国版本图书馆CIP数据核字(2021)第081305号

德州谱牒文献概要

作　　　者：韩　洁　李志超　王昭滨	

| 责任编辑：董朝合 | 封面设计：徐占博 |

出版发行：新华出版社

地　　址：北京石景山区京原路8号　　　邮　　编：100040

网　　址：http://www.xinhuanet.com/publish

经　　销：新华书店、新华出版社天猫旗舰店、京东旗舰店、京东旗舰店各大网店

购书热线：010-63077122　　　中国新闻书店购书热线：010-63072012

排　　版：徐春爽

印　　刷：河北鑫兆源印刷有限公司

成品尺寸：170mm×240mm

印　　张：15.25　　　　　　　字　　数：156千字

版　　次：2021年11月第一版　　印　　次：2021年11月第一次印刷

书　　号：ISBN 987-7-5166-5827-7

定　　价：68.00元

《德州地域文化研究丛书》·第五辑

地方文献检索与利用丛书（第二辑）

编委会

顾　问：季桂起　张明福

主　任：张明征

副主任：张宝泉　王守栋　魏训田

委　员：王金英　韩　洁　张秀岭　李红霞　孙秀惠　陈章国

　　　　孙洪林　李志超　张文明　张淑红　冀　颖　刘咏梅

　　　　陈秀英　任延安　王昭滨

主　编：张宝泉　王守栋　魏训田

序

　　《地方文献检索与利用丛书》（第二辑）是德州地方文献研究中心（德州学院十三五规划重点研究中心）联合德州地域文化研究中心共同组织撰写的一套关于地方文献检索与利用的丛书，也是德州学院"十三五"重点学科课题，这套丛书填补了国内此领域的一项空白。

　　德州地域文化研究中心成立于2005年，十余年来，德州地域文化研究中心积极参与德州城市文化建设，开展地域文化研究，先后编纂出版《德州地域文化研究丛书》四辑，计44册，为构建德州特色文化品牌，提升文化软实力和城市形象，建设区域文化高地，促进德州文化产业发展作了重大贡献。2013年，德州地域文化研究中心被确立为德州市首批社会科学研究基地；2017年，又获批山东省"十三五"高校人文社会科学研究基地。

　　德州地方文献研究中心是德州学院联合德州市委、市政府、市群团组织、市新闻单位、德州军分区等相关部门共同建设的校级学术研究服务机构。该机构的成立旨在积极有效地组织德州地方文献的收集活动，积极开展德州地方文献资源的交流与研究，建成反映德州地域特色的文献总库。该中心成立于2015年12月，其主要职责为以下五点：一是建设包括馆藏实体资源和网络虚拟资源在内的德州地方文献信息资源，对资源进行科学加工整序和管理维护；二是做好流通阅览、资源传送和参考咨询工作，积极开发文献信息资源，开展文献信息服务；三是组织和协调校内外的德州地方文献信息工作，实现文献信息资源的优化配置；四是积极参与文献保障体系建设，实行资源共建、共知、共享，促进事业的整体化发展；五是积极开展各种协作、合作和学术活动。

组织开展关于地方文献的收集、整理和研究是德州地方文献研究中心的重要职责之一。德州地方文献研究中心于2016年组织德州学院校内外专家、学者撰写了《德州旧志校注丛书（第一辑）》（共10册）；2017年组织编写了《德州地方文献导读》（一册装）（德州作家作品目录提要、任继愈学术成果书目提要、《德州日报》地方史志文献索引、德州地方文献研究中心藏书目录、地方文献研究综述）。

2018年初，德州地方文献研究中心开始策划撰写《地方文献检索与利用丛书》，2019年已出版《地方文献检索概论》《德州历代要籍题录与资料索引》《现当代文学导读书目（德州当代作家作品提要）》，2020年又出版了《德州新方志概要》《德州非物质文化遗产项目资料述要》《地方高校图书馆文化建设》。此次计划出版《德州谱牒文献概要》《任继愈任继周学术著作提要》《德州地方文献联合目录》《德州地方专题文献索引》《地方文献阅读推广新论》《地方高校图书馆微服务体系概论》。

此项工作得到了德州学院校领导、德州学院科研处等相关部门的大力支持与帮助，得到了季桂起教授、张明福研究员等区域文化研究专家的指导，在此深表感谢。

本书编委会
2021年3月9日

《德州谱牒文献概要》凡例

一、编写本书目提要的目的

一是对德州区域存世的谱牒文献开展的一次系统调查，从而摸清了德州区域谱牒存世的基本状况。这是德州区域一笔珍贵的历史文化遗产，反映了德州区域悠久的历史发展，对传承地域文化、弘扬中华民族精神起到积极的推动作用。

二是为学术界利用开发德州区域谱牒资源提供了重要信息。有助于广大研究人员利用开发谱牒资源，为历史学、经济学、人口学、社会学、民族学等学术研究提供重要资料。

二、收录范围

1. 立足国内谱牒相关文献，重点收录德州区域谱牒资料。

2. 收录谱牒的工具书目提要和现当代谱牒图书目录提要。

3. 在对德州地区谱牒文献展开系统调查、梳理和研究的基础上，收录本地区谱牒文化的历史发展、流传过程和存世情况。

4. 收录《安德田氏家谱》《卢氏家谱》《德州南城李氏族谱》《山东平原宋氏宗谱》《平原任氏族谱》《苏禄王温安家族通谱》《山东恩县刘氏族谱》《德州赵氏家谱》《托撒氏族谱》内容提要。

三、著录项目

本书"谱牒图书提要"的著录内容，包括书名、著者、出版发行、内容摘要四个项目。

1.书名：包括书名、副书名和说明书名的文字；

2.著者：包括著者、编者、译者，三人以上合著合编的，只著录第一、二人姓名，后加"等"字；

3.出版发行：包括出版地、出版者（或发行者）、出版年月。

4.内容摘要：包括版本的内容、修订、沿革等。

"德州区域谱牒概要"的著录内容，包括家族兴起背景、家谱情况、家族代表人物三个项目。

1.家族兴起背景：包括文化背景和社会政治背景，家族发展历程。

2.家谱情况：包括家谱编修历程、目录、序跋集、凡例。

3.家族代表人物：包括生平、社会成就和文学成就。

四、分类与编排

"谱牒图书提要"的所有条目以出版时间升序排列；出版年月相同的，按书名的拼音字母排列；只有年份没有月份的，排在当年的年头；多卷书按卷序排列。

"德州区域谱牒概要"的条目参照家族在德州地区的社会影响降序排列。

目　录

上　编

下　编

上
编

第一章　谱牒概要

第一节　谱牒概述

一、谱牒的含义

关于谱牒的含义，不同的学者有不同的表述方式。有从字形、词意上进行解释的，如：

从字形、词意上来说，"谱"字来源于"普"，由于多用"普"来表示某种文献、簿籍，因此在"普"字旁边加了一个"言"字成为现在的"谱"。因此，它们的意义有相同之处，用来表示全、遍的意思。在表示某种文献的体裁时，如果把所有同类别的事物，全部、普遍地罗列出来不进行选择或者删减，则可以称为"谱"，如年谱、族谱、家谱、乐谱等。

关于"牒"，《说文》牒札互训，《片部》记载"牒，札也"，《木部》记载"札，牒也"。另外，《释名　释器》训牒为板，"牒，板也"。由此可见牒、札、板是一个东西，即小木片、小竹片，今天称之为木简、竹简。这种小木片、小竹片的制作方法，据王允的解释，是"截竹为筒，破以为牒"，"断木为椠，析之为板"，大概的意思是牒为竹筒，板（札）为竹筒。所以，牒指承载文献的材料、载体。

通过上面的解释可以知道，某种文献的体裁、内容以及格式等可以用"谱"来表示。而某种文献的载体或内容承载的材料可以用"牒"来表示。因此，如果将"谱"和"牒"结合起来放在一起，可以用来表示某种文献的体裁、格式和载体形式以及内容和形式。从历史发展角度来分析谱牒字面上的含义，可以理解为由于早期谱牒命名的时候，既没有在织物上书写的习惯，也没有纸张的发明，所以把这种时期的文献叫做"谱牒"。现在我们讲的"谱牒"是有特定含义的，它被用来专门制定为这样一种文献，其用来记录氏族血缘关系以及被用来布列氏族世系。

也有从谱牒学发展历史角度进行辨析的，如：从谱牒的发展角度来看，以其原始含义为基础，从起源开始，因谱牒内容表达、体例方法、发展历史的变化，不同时期的历代谱牒学者对于谱牒的定义不尽相同。下面列举几种其含义的解释：

明代谱学家黄儒炳对谱牒的含义做过解释，他表示一个国家有一个国家的历史，而一个家庭也有一个家庭的历史。所谓谱牒就是记录国家、家族历史的一种文献。按照一般惯例，编修国家历史的人，一定要明白《春秋》的内容、道理，只有这样才能够明白历史的道义以便于编修国家历史。同样的道理，编修家谱的人，也要明白《春秋》的内容、道理，只有这样才能够明白各种君臣、尊卑长幼的关系以便于匡正风俗。

明代方孝孺对谱牒的含义表达了自己的看法，他认为"谱牒"有普遍、全部的意思，从内容上来讲，它主要记载有宗族世系成员的姓名、讳号、年号以及成员之间关系的远近等内容。从范围上来讲，它分布特别广，全国各地分布广泛。从时间长度上来说可以作为世纪的纲纪以及万代宗派的源流。其中记录姓名的谱牒称为谱系，记录婚姻官职的称为薄状。从记录对象上来说，记录天子的书可以称之为纪，记录诸侯的书可以称之为史，记录士大夫的书可以称之为传，这些都可以统一称之为谱牒。从功能上来讲，它可以被用来追溯源头，用来增补一些遗漏的人和事。所以说"序得姓之源，纪世数之远近，父昭子穆，百代在于目前"。

清朝的谱学家章学诚关于谱牒的解释为，天底下的历史可以分为天下、国家、家族和个人等，其中记载个人相关情况及相关地位的书是关于个人的历史；记载家族人物等事项的书是关于家族的历史；记载一个县、府或者地区的书是关于一个国家的历史；记载一个朝代的书是关于天下的历史。

刘贯文对于谱牒地理解为，它是以特殊形式用来记录家族发展历史的史书。

欧阳宗书对于谱牒的理解与刘贯文接近，他在古今中外学者对家谱解释的基础之上提出谱牒是一种在中国古代社会中非常重要的史书，它主要用来记录宗族人物之间的世系关系同时也兼录人物或家族事迹，它以一种特别的类型存在于中国史书类型中。

杨冬荃、潘世仁等也认为谱牒的内容以记载同一血缘关系的世系人物为主，将他们一一列出，它的功用是用来反映一个家族历史关系及事务，它在研究政治、经济及文化方面有特殊的功用。也可以简单理解为，只要是按照某一共同祖先一一列举后代世系，就可以称为一个简单的家谱。

综上所述，不同的学者对于谱牒的理解不尽相同，但是其要义都比较相近，依据其侧重点的不同可以归类理解，目前可以归为"家族史说""载体说"以及"户籍表说"。

对于谱牒，由于其内容、载体、体例以及用途的不同，广泛分布在各地区，而且由于不同时期所侧重的功用的不同，其被命名的名称也不尽相同。谱牒类图书里面常见的几种名称有"氏录""氏族志""玉牒""世表""世谱""宗谱""族谱""家谱"等不同的名称。

二、谱牒的功能

我们编修谱牒是为了实现并发展谱牒的功能。谱牒在其自身发展过程中，不同的阶段承担的功能不尽相同，归纳起来主要是为政治、社会、家族服务。

从谱牒诞生的角度来说，周朝谱牒主要用来记录上下级关系以及家族世系排位，而这种被记录的排位则决定了进入宗庙的顺序以及古代比较重大典礼如祭祀等的顺序，这个时期的谱牒主要被用来确定长幼、尊卑、血缘家族顺序，进而决定其中人的行为。随着社会的不断发展，这种被记录和确定的世系代表了家族成员之间以及各家族之间的权利利益。由于社会阶层之间关系的调整需要，魏晋南北朝和唐代时期，谱牒的功用主要表现在其作为政治工具被统治阶级利用，用来调节统治阶级内部及士庶阶层之间矛盾。到了宋代及以后，随着谱牒的转型发展，私人谱牒逐渐发展起来，进而涌现出大量的私家谱牒，同时由于创作者的不断涌现，其体例和内容得到快速发展。这个时期谱牒的主要功用表现为宗亲、伦理。新中国成立后，随着国家逐渐重视文化传承，谱牒的功用则转变为文化传承及和谐发展，同时由于历史研究的不断深入，其历史和文物功能也逐渐凸显。随着编修族谱和家谱的不断兴盛，寻根、文化传承、引导教化等新的功能不断被挖掘出来，如新加坡华侨、闽台等地区利用谱牒进行文化寻根。

三、谱牒的发展历程

1. 起源

关于谱牒的起源，目前有多种说法，有学者认为谱牒起源于原始社会，例如刘光禄先生在《谱牒述略》中提出谱牒起源于原始社会，杨冬荃先生在《中国家谱起源研究》一文中提出谱牒起源于原始社会的母系氏族，认为"它是母系氏族时代的产物"。更多学者认为谱牒起源于西周，因为大多数学者认为按照现有史料记载，在原始社会由于生产、生活条件的限制，不具备产生任何著作的条件，谱牒自然也不例外。

也有研究者提出早在殷商时代已经产生了谱牒，他们这种观点的依据是因为在甲骨文中发现有关于谱系的记载。还有学者如冯尔康先生认为产生谱牒的直接根源是宗族制度。此外，据《周礼·春官宗伯》记载"奠系世，辨昭穆"。西周实行的大分封被用来确立上下的等级关系以及排定世系中行辈的关系，是早期的谱牒雏形。西周建立的宗法制度就规定了进入宗庙顺序以及在祭祀典礼中行礼的次序，这些都是不可逾越的程序，而这些程序就属于宗法制度，是为了维护西周实行的大分封制度。谱牒的产生是为了在实施宗法制中保证制度的顺利执行而实行的一种昭穆制度。

所以说谱牒起源于西周并不是推论，而是有大量文献记载为前提。因此，我们认为谱牒出现于西周的说法被大多数学者所认可。

2. 萌芽发展时期

由于秦朝存续的时期比较短暂，固有"短命王朝"之称，因此没有留下像样的历史著作。此外，秦朝的建立是通过消灭六国的方式，因而六国贵族大多数都通过改姓避祸，姓氏的谱系因此遭到毁灭性的打击，因而作为姓氏源流的谱牒资料自然而然地较少，没有留下谱牒方面的资料，但是其创立的血缘宗法思想却被改造成封建宗法制度而继承下来。因此，作为强化封建专制统治工具的谱牒则被统治阶级重视起来，例如《汉书·艺文志》记载有《帝王诸侯世谱》二十卷、《古来帝王年谱》五卷，被用来记载帝王诸侯们的世系，另汉代史学家司马迁在《史记》中也多次提及"谱牒"，并将其作为史料的来源之一。

3. 黄金发展时期

（1）魏晋南北朝至隋唐时期

一般认为魏晋南北朝及至隋唐时期为谱牒发展的黄金时期。其中魏晋南北朝时期产生了许多谱学家，涌现出数量多、品种全的谱牒著作，并且还形成了"贾氏之学"和"王氏之学"两个流派。

魏晋南北朝时期，谱牒之所以快速发展有以下几个方面的原因：

①门阀制度

门阀制度是封建社会早期的一种有关人才选用、赋税徭役、婚姻门第等方面的社会制度。从东汉时期开始，各地的豪门地主的经济得到了快速的发展，逐渐发展成了世家大族。这些世家大族为了维护本阶级的利益，形成一种门阀制度，用来规定当时人们的政治、社会生活关系。到了魏晋时期，世家大族的势力得到进一步的发展，已经成为当时社会上比较强势的政治力量，所以谱牒在魏晋南北朝时期得到蓬勃发展。

②九品中正制

九品中正制又称九品官人法，是曹魏时期开始推行的一种选拔官吏，推荐人才的方式。其设立之初注重的是被举荐人的"品""状"，提倡的是"唯才是举"的选拔人才精神。被举荐人的"品""状"是由各州、郡、县的中正官来进行评定，这些地方的中正官一般是由中央政府选择"贤有识鉴"的中央政府官员来兼任，这种制度确立了当时官吏的选拔标准，使得当时吏治澄清。后来由于担任中正官的大部分是世家大族，他们通过这种选人制度来操纵地方的选人、国家的人才任用以及官职品阶的升降，这就为谱牒的发展提供了有利条件。

③避讳之风

魏晋南北朝时期避讳之风流行，如果想在官场或者社会交往中不碰壁，就得熟知谱学，否则可能引发是非更有甚者得罪别人。此外选官人员也必须熟知谱学，否则所选之人如果触及帝王之讳，官位也做不长久。因为社会上避讳之风的流行，需要人们在谈话及交往中熟知各姓人物的名讳，以免触犯对方家讳。所以谱牒也得到足够的重视，得以发展。

④婚配习俗

据郑樵《通志·氏族略序》中指出，"官之选举，必由于薄状，家之婚姻，必由于谱系"。为了证明门第相当，谱牒在此就显得非常重要了，所以门当户对的婚配习俗促使本时期的谱牒得以发展。

⑤家族联系

从东汉末至隋初期间社会动荡，多种斗争交织在一起，这些割据政权给广大人民生活带来极大灾难，族起族灭的现象时有发生。为了保持家庭之间的联系，家谱、族谱的编修受到较高的重视。尤其是名门望族，族谱、家谱是他们享受特权的重要证据，尤其是在离开故土之后，这也是促使族谱、家谱编修发达的重要因素。

⑥户役征收

魏晋南北朝时期，由于当时的政权基本上是为世家大族服务的，世家大族世代享受着免税免役的特权，国家的赋税徭役就落到了自耕农的头上。由于苛税徭役负担严重，不少的自耕农通过不报户口或者虚报户口的方式逃避沉重的剥削，而统治阶级则主张编修谱达到清理户口，清查虚报人口的目的。

综上所述，谱牒之所以在魏晋南北朝时期得到普遍、快速的发展是与其当时所处的社会的政治、经济、习俗等因素有着密切联系的。

（2）唐代

唐代谱牒的发展具有非常明显的政治目的，它的编修基本上都由官府所垄断，其服务对象为中央集权的最高统治者，这与当时的社会背景具有很大的关系。魏晋南北朝时期，主要特点是社会不太稳定，权利主要集中于世家大族。而唐朝政权是一个从动乱时代刚刚建立起来的一个中央集权的封建政权，其与地方豪族割据势力是水火不容的。此外，掌权者有很大一部分是来自庶族地主、农民起义的将领及寒素之家，为了提升社会地位和巩固其政权而主张修谱，因此，几部大型的谱牒著作都是通过官修来完成的。

唐代谱牒的发展与统治者的政治目的具有十分密切的关系。

①唐朝初期

受隋末农民起义的影响，世家大族在唐朝初期的势力大为衰落，但是其虽然遭受严重打击，但是并未退出历史舞台，在唐初期的社会上仍然有一定的社会地位和势力影响，而世族则利用这种机会，嫁女时多方索取聘礼以抬高身价，以士大夫自居，以表达对新政权的不服和抵制。这种社会风气很容易动摇新政权的巩固。

面对这样的社会现实，唐太宗决定通过借助于编修一部大型的全国总谱来达到提高皇室新贵社会地位，协调士庶之间的社会地位来调节统治阶级内部关系两大目的。因此《氏族志》得以以官府的名义进行统一的编修。《氏族志》将皇族列为第一，外戚列为第二，崔民幹列为第三等，这样就通过谱牒的形式形成一个新的士族集团。

②唐朝中期

显庆四年（659），武则天通过唐高宗下诏整修《氏族志》为《姓氏录》，只要够得上五品的官职人员，皆可以进入士族的行列，进一步扩大了士族的范围，而由此，原来根本无名的后族如李义府、许敬宗之流也能够挤入，被列为第一等。

通过这种修辑，无论当时处于高官地位者社会地位如何，都收入谱中，进一步促使士、庶合流的趋势加快。

开元二年，柳冲等编《姓族系录》，其入谱标准为"共取德、功、时、望、国籍之家，等而次之"。由此标准说明，《姓族系录》是地主阶级内部斗争的又一次大协调，反映出士、庶之间的矛盾在这个时期已经日益缓和，之间的界限也日趋缩小。《姓族系录》是唐王朝建国以来第三次大规模官修谱牒，也是最后一次全国性的大规模编修谱牒。

③唐朝后期

由于统治者的不重视，唐朝后期的谱牒已经出现不同程度的荒废和混乱现象。虽然有许多官员提出呼吁，但是统治者仅仅是应付而已，谱牒在唐代的发展已经进入了低潮。

4.转型发展时期

唐朝后期，世族大家的势力已经被大幅削减，士、庶之间的矛盾和界限也逐渐缩小。唐末发生的农民大起义，对魏晋南北朝以来形成的世家大族的势力进行了一次较为彻底的大扫荡，而被用作世族大家索取利益资本以及政治统治工具的谱牒逐渐衰落下去。

然而，谱牒并未真正消失，而是转变功能得到转型发展。魏晋南北朝至唐代的谱牒被用来维护门第制度、巩固世家大族特权、维护皇权统治。宋代谱牒更多被用来尊祖收族、联络族人感情，弘扬宗族文化。所以宋代谱牒转型为私家谱牒，并得到进一步的发展。

宋代谱牒的发展可以说对后世谱牒的发展起到了榜样的力量。目前，关于宋代最早编修家谱之人大多数学者首推欧阳修。欧阳修不仅修了家谱，而且由于其文学水平极高，还提出了比较完备的修谱理论。与其同时代的苏洵也编修了家谱，在编修理论上提出采用西周宗法制度的"小宗法"，所修家谱也有自己的特点。后世将他们的修谱主张并称为"欧苏族谱"，成为后世修谱的榜样，对后世影响深远。

在北宋时期，编修家谱者除了欧、苏以外，还有刘沆、王回、向绒、钱惟演、司马光、陶直夫、符承宗、曾肇、许元、朱长文、范仲淹、黄庭坚以及游酢等。到了南宋时期，编修家谱的人便逐渐多了起来，编制体例也越来越完备，保存至今的文集中有关各种家谱序跋就达数十篇之多。这个时期谱牒编制目的已经变为希望通过编修家谱，用前辈的高贵品质及"长者之风"来教育族人以唤起家族之间的亲亲之情。

从宋代开始，虽然编修私家家谱已经变为主流，但是统谱的编修也没有停止。如丁维皋的《皇朝百族谱》、裴扬休的《百家谱》、司马光的《宗室世表》《宋玉牒》等。

5.逐渐完善时期

谱牒在元、明时期得到普遍的发展，表现在内容和体例上出现了很多创新。其中年谱得到了快速的发展，涌现出数量众多的年谱文献。比较遗憾的是，元代的家谱虽然已经非常普遍，但是一部也没有流传下来，为编修族谱所作的序因为被记载到各种文集中有些得以保存下来。及至明代，社会上编修家谱的现象就十分普遍了，并且编修家谱的频率也比较高，因此留下了大量的家谱、族谱，其无论在体例还是内容甚至是品种上都出现了很多新的特点。可以说明代是我国私家谱牒编修的黄金时期。到了清代，由于统治阶级实行文化专制，导致这个时期的谱牒没有很大的发展。但是从元代开始至清代之间，谱牒从内容、体例、品种上都变得逐渐完善起来，这对之后的私家谱牒的发展还是具有十分重要的指导意义的。

6.继承和发展时期

到了现代，随着改革开放的大门逐渐敞开，越来越多的人员在全球范围内进行流动。同时人们的思想得到解放，谱牒也逐渐摆脱门槛的禁锢，发挥其文化功能，尤其是私家谱牒研究的兴起，为海外华侨寻根谒祖提供了很好地交流渠道。建国后闽台地区举办过多次海峡两岸文化交流活动，其中谱牒由于其能够提供查找同宗同族源流的作用，在两岸文化交流及海外华侨文化交流过程中起到了很好的桥梁作用。

同时，家谱、族谱中所宣扬的劝人向善、教人进步等精神道德文化引领作用得到快速发展，为现代家庭道德、精神文明建设都起到了很好地借鉴作用。谱牒由于其特殊的记录功能，也越来越多地被人们所重视，一方面可以利用其记载的史实，研究古代相关的政治、经济、社会生活。另一方面，也可以按照谱牒编修思想和体例框架进行现当代谱牒的编修工作，为中华民族的长期发展提供当代的历史史料。

第二节　谱牒的类型与特征

一、谱牒的类型

谱牒因其发展历史较长，变化较大，因此演变出多种类型。而弄清楚谱牒的类型，是进行相关谱牒研究的前提之一。对于古谱，我们研究其出处时会发现，起初谱牒是被归类排放的，这基本上代表了最早的谱牒分类观念。例如早期的魏征编撰的《隋书·经籍志》就把相同类的谱牒归类到一起，放在相同的位置上。后来的《旧唐书·经籍志》《新唐书·艺文志》等也都采用了相类似的放置方法。这种方式虽然有了初步的分类观念但是在分类方式上没有给出明确的分类。

随着谱牒研究的不断发展，后来学者认为首次明确提出谱牒文献分类方法的记载出现在《通志·艺文略》。郑樵的《通志·艺文略》将谱牒文献分为帝系、皇族、总谱、韵谱、郡谱、家谱六种类别，其对后面学者的编撰产生了很大的影响。

到了近现代，对于谱牒分类的研究就逐渐多了起来，其观点也不尽相同。杨殿珣认为用来记载某一姓氏或某一族的谱系的谱牒可以称为家谱；用来记载一个地区（州、郡、县）的许多家族的谱书可以称为郡谱；用来记载一个国家内部众多家族的谱书可以称为总谱；而用来记载皇家宗氏的谱书被称为皇室谱。所以，杨将谱牒分为家谱、郡谱、总谱、皇室谱四个类别。

后来，日本学者多贺秋五郎认为可以将五代之前的谱牒称为"古谱"，他认为古谱又可以分成总谱类和单谱类两种类型。总谱类又可以分为官谱和望族谱，单谱类分为帝室谱和家谱。其又在四种类别下面分成了各种小类，这样的分类方法对于理解中国谱牒起到了很好地作用。

徐扬杰在多贺秋五郎的基础上又进行了相应的调整，他认为谱牒中的古谱可以分成单姓族谱和望族谱两个类别。其中单姓族谱被分为士族谱和皇族谱两种类别，用来记录一个家族的谱牒。望族谱被分为郡国望族谱和天下望族谱，用来记录一定范围内的所有家族的谱牒。

总结前人对于谱牒的分类方法，探究其分类思想可以大体得到对于谱牒的分类标准有以下三个方面：其一是依据谱牒的功能，其二是谱牒编辑的形式，第三是谱牒包含的族姓的数量。我们依据先前学者的分类，以谱牒的功能和编辑形式可以将谱牒分为家谱、族谱、郡谱、总谱、皇室谱；以谱牒包含的族姓的数量可以将单姓谱和复姓谱，其中单姓谱可以分为皇室谱和普室谱，复姓谱可以分为郡谱和总谱。

二、谱牒的特征

谱牒作为一种极有价值的特殊文献，其与正史、方志等一同构成了家族史料的三大来源之一。但是其与正史、方志等历史资料相比较又有不同之处，概括来说，谱牒所表现出来的特征主要有以下几个方面：

1.谱牒名称复杂多样。谱牒经过上千年的发展，已经演变出多种类型如家谱、族谱、郡谱、总谱、皇室谱等，每种类型里面又因为姓氏、地域、语言、习俗等多方面原因的影响，又被命名为不同的名称，如赵氏族谱、田氏族谱、李氏族谱、卢氏族谱、彝族族谱、满族族谱、闽南族谱等等。

2.谱牒体现出很强的家族性。尤其是家谱、族姓谱、皇室谱等。因为谱牒是被用来记录家族变迁的一种文献，它所表征的对象是确定的即某一家族或者宗族中某一支系，用来记录其产生、发展、迁徙、繁衍过程中有关人物和事件等各个方面的资料。谱牒的这个特征是与其他历史资料相比所具有的鲜明特征。

3.谱牒记录内容广泛性。谱牒记述的内容十分广泛，主要包括姓氏源流，但也包括人物世系迁移情况等生活的各个方面，基本上与家族有关的相关资料如人口的增减、婚姻的选择、家庭成员的教育、家族相关礼仪、家族财产、家族祠堂坟茔以及家庭契薄文书等都有相关记录，内容十分广博，基本上可以当作家族的一部"百科全书"。

4. 谱牒格式的特殊性。谱牒撰写是需要遵循一定体例的，一般来说包括谱名、谱序、谱例、谱论、恩荣录、像赞（遗像）、姓氏源流、族规家法、祠堂、五服图、世系、传记、谱系本纪、族产、契据文约、坟茔、明遗录、任宦记、年谱、艺文、字辈谱、领谱字号、续后篇、纂修人名、捐资人名等多个部分。由于各种原因，一般的家谱不会全部包括这些部分，但会包含其中的几部分。

5. 谱牒资料的可靠性。因为谱牒的纂修经历了官修与私修过程，因此会产生官修谱牒与私修谱牒的分别。一般来说古谱的编修是要经过很长时间的酝酿以及需要由较高水平的执笔人来进行撰写，而且编修谱牒对于古人来说又是一项十分庄重和严肃的事情，因此古人十分重视对于谱牒的编修，因而其资料的可靠性较强。但是由于后期私谱的不断涌现或者在某些时期由于为了维护世家大族特权等原因，会有假托始祖、攀附名人、牵强附会等情况，因此对于这类谱牒文献的使用，需要进一步考证其可靠性。

6. 谱牒的地域性。基于谱牒文献的发展历史，其被广泛分布在祖国的大江南北，既有像彝族谱牒、蒙古族谱牒等少数民族的谱牒。也有汉族的谱牒。尤其是当私人谱牒兴起以后，随着各地区文化水平的不同，不同地区的谱牒的发展情况是不一样的。中原地区官谱与私谱都比较流行，而偏远地区的谱牒以私谱为主，官谱为辅。

第三节 谱牒价值与开发利用

一、谱牒价值

关于谱牒的价值，从目前的研究来看，主要集中在文物、资料、寻根、道德、文化价值五个方面：

1. 文物价值。谱牒的文物价值是指其所凝结的具有时代特征的有形和无形价值。谱牒作为历史上遗留下来的文献，自然而然地打上了时代的烙印，具有同其他文物一样的历史文物价值。同时，谱牒文献也能够反映当时社会的政治、经济、文化等情况。目前所知现存时间最早的书本家谱为《仙源类谱》，其属于宋代时期的内服抄本，已经有近千年的历史。同时还有一些家谱善本也是具有极高的文物价值，像《中国古籍善本书目》就统计的善本家谱746多种，《中国家谱总目》中统计有存世的家谱52401种，这些都是中华民族珍贵的文化遗产。

2. 资料价值。谱牒的资料价值也可以称为是学术研究价值，目前所知的记载中国人文历史的文献有：《国史》《方志》《谱牒》。谱牒作为家族史料位列三大文献之一，属宝贵的人文历史资料，其作为史料素材可以为历史学、经济学、社会学、民俗学等多个学科提供研究支撑。而且由于谱牒的特殊性，其中所记载的第一手资料和从中统计出的各种数据是其他资料所没有的。

3. 道德价值。谱牒的道德价值是指其所体现出来的有关个人行为规范方面的价值，像很多"家训""族规"中就记载有关于一个家族各个方面的思想观念和行为规范模式。例如宋代以后出现的私家谱牒中就记载有大量的有关尊敬长辈、孝敬父母、尊敬师长、与周围邻居友好相处，与兄弟姐妹和睦相处等与人相处的相关规范，也包括个人中表现出来的勤俭节约、关爱孤寡老人等高尚品格的推崇以及对不良行为的禁止规范。这些存在于谱牒中的道德价值对族人和后辈的教化起到了很好地道德价值传承作用。

4. 寻根价值。寻根价值是指谱牒中由于记录有族谱世系表，其清晰地记录有族人的简单情况，可以在现代为远离祖居之地的人，尤其是海外族人提供详细的宗亲资料，以便于其寻根谒祖。

5. 文化价值。文化价值是指谱牒作为中华文化遗产之一，记录了大量从古至今数以万计的世系家族繁荣昌盛的资料，对于研究中华民族历尽千年长盛不衰的奥义，对于传承中华民族文化，具有十分重要的意义。世界上几大文明发源之地中，只有中华民族历经数千年依然屹立世界东方，谱牒这种由中国发明的文化遗产所体现的文化地位自不言而喻。

二、谱牒的开发与利用

谱牒因其独特的史料特征被列为家族史料研究的三大文献之一，它种类繁多、记事详备、内容丰富，并且它从社会学、家族史角度被用来阐释、反映中华民族的历史进程。谱牒做具有的独有的特征也体现了对谱牒文献的开发利用具有很大的价值。尤其是近年以来，伴随着文化事业的蓬勃发展，对于谱牒的研究也受到相关学者的重视，涌现出不少的研究成果。因此，对于目前收藏有谱牒的机构和研究者，研究如何开发利用谱牒成了一个顺理成章又艰巨紧迫的任务。

1. 要提高认识，加强谱牒的收集、整理和保护工作

谱牒目前主要分布在各地区图书馆、博物馆、文化馆、档案馆等具有保存性质的机构以及民间个人手中。而各机构由于对于谱牒的认知、馆藏条件等原因，对于谱牒的重视程度不高，因此造成很多谱牒被堆放在角落里。此外，对于民间的谱牒，由于收藏者的年老、更替等原因，保存现状也不容乐观，尤其是现代年轻人对于谱牒的理解和认知不够，觉得这东西没有什么价值，故而当作旧书堆放甚至卖掉的现象存在，这为谱牒的收集、整理、保护工作带来不小的困难。

要加强谱牒的收集、整理和保护工作，既要在民间开展广泛的保护宣传工作，是散落在民间的谱牒能够尽快收集于固定的收藏机构，同时也要积极与当地政府机构进行沟通交流，以便于得到支持和帮助。对于现存的谱牒文献，也要抓紧时间进行电子化，以防止因霉变等因素造成永久性流失。

2. 要尽快实现谱牒的资源共享

目前情况来看，各收藏机构收藏的谱牒文献，大多作为"特殊"文献处于封闭藏储状态，不对外开放。当然这里面有保护文献的考虑，但从文献资

源价值方面考虑，各收藏机构应该尽快进行数字化处理，建立数据库，同时编制目录，为后期的资源共享做好准备。

如果要进行谱牒文献的深入研究，势必需要掌握哪里存有哪些文献，以便于研究者知道如何去查找相应的文献。藏有谱牒文献的机构也应该积极利用信息化设备，通过制作光盘、建立数据库以及建立网站、微博、微信等形式将谱牒文献进行数字化存储。只有通过数字化存储之后，广大研究人员才能更好地查阅文献进行相应研究。同时，收藏机构通过宣传自己"特有"的馆藏，吸引更多的研究人员前来访问、借阅等，也是提高知名度的一种方式。

3. 重视对谱牒文献专业人才的培养

对于谱牒的开发利用研究离不开专业的谱牒人才。只有相关专业人才数量提升上去，各存储机构有了知识结构与技能合理的专业人才储备，才能尽快推动谱牒文献的收集、整理、保护和开发利用等各个环节的工作，因此要尽快培养谱牒研究方面的专业人才。

第二章 谱牒图书提要

第一节 谱牒工具书目提要

1. 广东省中山图书馆藏广东族谱目录/广东省中山图书馆编.—广东省中山图书馆，1947.

摘要：本书收录的是中山图书馆馆藏的广东族谱类书目，共收集有广东地区的家谱共计211种，所涉及的姓氏共计71个，数量较多。它是中山图书馆第一本单独的家谱类文献目录。

2. （台湾）国史馆公报方志谱牒文史研究室图书目录/董平编.—国史馆史料处，1980.

摘要：本书收录的是台湾地区国史馆的方志谱牒文史研究室所收藏的图书的书目，这些书目为查找和研究相关谱牒、方志等文史资料提供了便利，更利于文献的综合利用。

3. 苏州市图书馆馆藏家谱目录/苏州市图书馆编.—苏州市图书馆，1981.

摘要：本书收录的是苏州市图书馆馆藏的家谱类文献的书目信息，由苏州市图书馆编纂而成，该书目为查找和研究相关馆藏谱牒类图书提供了便利，利于馆藏家谱类文献的综合利用。

4. 国学文献馆现藏中国族谱资料目录 初辑/盛清沂主编.—联合报文化基金会国学文献馆，1982.09.

摘要：本书收录的是国学文献馆收藏的族谱类文献的书目信息，包含有相关族谱文献1900多种，为便于检索，这些族谱文献按照姓氏的笔画多少作为排序的依据，笔画少的在前，笔画多的在后。

5. 美国家谱学会中国族谱目录/（美）特尔福德著.—成文出版社有限公

司，1983.04.

摘要：本书收录的是美国家谱学会关于中国族谱文献的书目信息，该书目为查找和研究相关馆藏谱牒类图书提供了便利，利于馆藏家谱类文献的综合利用。

6. 福建省图书馆馆藏族谱目录/福建省图书馆特藏部编.1985.

摘要：本书收录的是福建省图书馆馆藏家谱类文献的书目信息，由福建省图书馆特藏部编辑，包含族谱的收录年限为1984年底以前的单行本或者丛书，共计212种，分为两个部分。本书采用"书名四角号码索引"以便于检索，同时采用姓氏笔画多少作为排序的依据，笔画少的在前，笔画多的在后。该书为查找和研究相关馆藏谱牒类图书提供了便利，利于馆藏家谱类文献的综合利用。

7. 河北大学图书馆家谱书目/河北大学图书馆主编.—河北大学图书馆，1985.

摘要：本书收录的是河北大学图书馆馆藏家谱类文献的书目信息，由河北大学图书馆编辑出版，包含家族世系图标类的图书文献，包括家谱、世谱、宗谱、支谱、家乘、家传等文献。为便于检索，这些族谱文献按照姓氏的笔画多少作为排序的依据，笔画少的在前，笔画多的在后。该书为查找和研究相关馆藏谱牒类图书提供了便利，利于馆藏家谱类文献的综合利用。

8. 中国人民大学图书馆家谱目录/中国人民大学图书馆古籍组编.—中国人民大学图书馆古籍组，1985.12.

摘要：本书收录的是中国人民大学图书馆馆藏家谱类文献的书目信息，由人民大学图书馆古籍组编辑出版，包含家族世系图标类的图书文献，包括家谱、世谱、宗谱、支谱、家乘、家传等文献。为便于检索，这些族谱文献按照姓氏的笔画多少作为排序的依据，笔画少的在前，笔画多的在后。该书为查找和研究相关馆藏谱牒类图书提供了便利，利于馆藏家谱类文献的综合利用。

9. 广东族谱目录.—广东省中山图书馆，1986.

摘要：该目录收录的族谱文献主要集中在广东地区的390种图书，包括家谱、宗谱、支谱、家乘、世系表等。其中收藏有姓氏历史论述类的文献36种，1350册。所涉及的姓氏有87个之多，范围分布在广东地区的47个县市地区。文献年代主要集中于清代和民国，最远的是明代的文献。

10.台湾区族谱目录/赵振绩著.—台湾地区各姓历史渊源发展研究学会，1987.

摘要：本书收录的是台湾地区的族谱类文献的书目信息，由台湾地区各姓历史渊源发展研究学会编辑，该书为查找和研究相关收藏族谱类文献提供了便利，利于族谱类文献的综合利用。

11.台湾文献书目解题 族谱类/黄文新著.—国立中央图书馆台湾分馆，1992.

摘要：本书收藏的是台湾地区相关族谱类文献的目录信息，共涉及43个种族的族谱目录，著录格式为先写祖籍地的名称，然后是谱牒的名称，随后标注有派系相关信息。该书为查找和研究相关收藏族谱类文献提供了便利，利于族谱类文献的综合利用。

12.中国家谱目录/山西省社会科学院家谱资料研究中心.—山西人民出版社，1992.

摘要：本书由山西省社会科学院家谱资料研究中心编辑，精选不同时期的社会各领域有一定影响力，做出过一定贡献的名人的家谱文献信息。该书收录的家谱类文献共计62部，涉及相关姓氏45个。该书为查找和研究相关收藏族谱类文献提供了便利，利于族谱类文献的综合利用。

13.江西公藏谱牒目录提要/梁洪生著.—江西教育出版社，2002.07.

摘要：本书收录的是江西省各个地区收藏机构收藏的谱牒文献书目信息。收藏范围是所有的谱牒（无论新编还是旧编），按照地区情况进行排列，便于按照相关市、县情况进行检索。该书为查找和研究相关收藏谱牒类文献提供了便利，利于谱牒类文献的综合利用。

14.无锡图书馆藏家谱目录·名人家谱提要/无锡市图书馆编.—无锡市图

书馆，2004.09.

摘要：本书收录的是无锡图书馆馆藏家谱文献书目信息，包括馆藏线装的家谱文献和新修订的家谱文献。全书分为馆藏家谱目录和名人家谱提要两个部分，共计有三百多种，六百多部文献信息。该书为查找和研究相关收藏家谱类文献提供了便利，利于家谱类文献的综合利用。

15.浙江家谱总目提要/程小澜主编；《浙江家谱总目提要》编辑委员会编著.—浙江人民出版社，2005.10.

摘要：本书收录有浙江籍的家谱文献约有12000余种，其中收藏于浙江省内的家谱约占一半，另外一半在省外以及海外。同时还收录有浙江省外的家谱文献约500种。格式上以姓氏笔画为序，然后按谱籍的省市县名称分列。该书为查找和研究相关收藏家谱类文献提供了便利，利于家谱类文献的综合利用。

16.问心斋族谱目录/陈永瑞编撰，2008.04.

摘要：该书是关于族谱类文献的书目信息，该书是以姓氏笔画的顺序进行排列，该书为查找和研究相关收藏家谱类文献提供了便利，利于家谱类文献的综合利用。

17.谱牒学论丛：谱牒学论著目录索引（1978-2008）第3辑/王岳红主编.—三晋出版社，2008.12.

摘要：本书收录的是1978——2008年期间的在大陆地区和港澳台地区公开发表和出版的谱牒方面的文献。全书收录的文献共分为四个部分，其中报刊论文3459条，论文集编目收录247条，台湾地区论文收录544条，有关谱牒学书目索引330种。该书为查找和研究相关收藏谱牒类文献提供了便利，利于谱牒类文献的综合利用。

18.中国家谱总目 1-10/上海图书馆编著.—上海古籍出版社，2008.12.

摘要：本书是上海图书馆联合国内外众多单位共同编制的一项浩大的文化工程，经过长达9年的编纂，将全世界范围内的中国家谱汇编成书，为人们查找谱牒、利用谱牒提供了很好地"索引目录"。全书共计收录有608个姓氏，是目前国内收录姓氏最多的书目。

19.姚江谱牒总目提要/叶树望主编；马晓红副主编.—浙江古籍出版社，2012.01.

摘要：本书收录有余姚地区各姓氏家族的谱牒，通过梳理，将余姚地区的家族世系以及名人家族谱牒文献进行整理。余姚历来是文化重镇，历代所出的名人不可胜数，如王阳明、朱舜水、谢迁。这些名人在当地均有深厚的家族背景，而每一家族维系彼此关系的家谱、家牒也是各家族膜供之物。

20.木本水源 嵊州市图书馆馆藏宗谱书目提要/嵊州市图书馆编.—中国文史出版社，2013.10

摘要：本书收录摘取嵊州市图书馆馆藏总谱类文献143部，通过拍摄宗谱图书的图书原样并与宗谱简介的文字进行对应，是各宗谱文献的汇编。该书为查找和研究相关收藏宗谱类文献提供了便利，利于宗谱类文献的综合利用。

21.诸暨家谱总目/诸暨市文化广电新闻出版局编.—浙江人民美术出版社，2014.04.

摘要：本书收录的是诸暨市行政区域范围内的现存以及编著的家谱目录，包括与诸暨有迁移关系的家族历史著述、家谱目录以及家谱考察修订的文献等。其体例格式收录包括编著家谱的名称、编修者的姓名、编修时间、家族的堂号、书籍的印刷形式、现存世的册数、收藏机构、始祖迁徙情况、各卷册的大体内容以及文献辑录等项目。该书为查找和研究相关收藏诸暨市家谱类文献提供了便利，利于诸暨市家谱类文献的综合利用。

22.鄞邑现存家谱总目提要/杜钟文著.—浙江古籍出版社，2014.10.

摘要：本书收录鄞邑地区氏族家谱文献共计700多种，其中包括支派或者同姓不同始祖的家谱有五百多种，涉及姓氏大约119个。本书通过提要形式将各家谱文献的出版版本、内容提要及收藏方位进行了介绍，具有极高的文献史料价值，是研究文学历史以及家谱编修者不可获取的研究资料。

23.绍兴家谱总目提要/绍兴市档案馆，绍兴图书馆，绍兴市家谱协会.—

西泠印社出版社，2015.09.

摘要：本书收录的文献是绍兴市区域内的单位和个人收藏的家谱，以及外地收藏的谱籍中有涉及绍兴市的家谱。体例格式上著录项包括家谱的谱籍、家谱的名称、家谱的卷数、家谱编修者的姓名、出版版本情况、家族堂号、家谱的装订形式及册数、附录、家谱内容提要以及收藏者的姓名等。

24.无锡地区家谱知见目录/无锡市图书馆编.—广陵书社，2015.12.

摘要：本书收录了包含散见于无锡、江阴、宜兴三市的无锡地区的家谱文献以及中外藏书机构中有关无锡地区的家谱文献，收藏年限是以2015年11月之前编纂的家谱文献。

25.衢州市区现存家谱总目/邱以祥编著.—浙江古籍出版社，2018.07.

摘要：本书收录的家谱文献主要集中在衢州市区，以柯城和衢江两个地方的家谱目录为主，本书共计收录有家谱文献727部，其中涉及姓氏有104个左右。本书同时给出了衢州市区百家姓氏分布图，为研究衢州市区的家谱提供了很好地资源支持。

26.中国少数民族家谱总目 上下/上海图书馆编；陈建华主编.—上海古籍出版社，2018.11.

摘要：本书收录的文献为联合目录，包含中国少数民族家谱资源的相关信息。为尽可能反映我国少数民族家谱的本来面貌，本书除了收录以汉字形式记载的少数民族家谱外，还同时收录有通过少数民族文字记载的家谱文献。

27.湖北家谱总目/（中国）范志毅.—崇文书局，2019.05.

摘要：本书收录的谱牒文献主要是集中在湖北各姓氏家族的家谱，收录时间为2010年以前的家谱文献，数量共计5000余种。本书收录体例包含家谱拥有者的籍贯、家谱的名称、编修家谱人员的姓名、编修家谱的版本信息及载体信息、附录等部分内容，尽最大可能性反映家谱的始祖、迁徙源流等信息。本书按照姓氏音序进行排列，并且在末尾附录家谱名称、堂号等信息以便于检索查找。

第二节 现当代谱牒图书目录提要

1. 泉州回族谱牒资料选编 陈埭西姓回族部分/泉州市泉州历史研究会，晋江县陈埭公社回族委员会编.—内部出版，1980.

摘要:我国是一个多民族的国家，在许多兄弟民族中，回族是一支人口较多、分布地区较广的民族。它不同于某些少数民族集中居住在一定的地域，而是散居在全国各个省区。泉州这个东南海滨的古城，由于海外交通发达，也居住有回族的兄弟。本书主要研究泉州回族的居住情况，对该地区的回族情况进行了介绍。

2. 泉州回族谱牒资料选编 泉州文献丛刊第三种/泉州市泉州历史研究会编.—内部出版，1980.

摘要:本书主要记述了泉州地区回族的相关资料。

3. 谱牒学研究 第1辑/中国谱牒学研究会编.—书目文献出版社，1989.

摘要:主要包括谱牒学研究的任务、史料价值、宗族制度对中国历史的影响、家谱起源研究及相关地方如闽粤、广东地区相关姓氏族谱的研究等内容。

4.《彝族创世志》谱牒志 1/贵州省赫章县民族事务委员会，贵州民族学院彝文文献研究所.—四川民族出版社，1991.04

摘要：《彝族创世志》是由古乌撒地区（今威宁、赫章）流传的彝文古籍《确匹恒所》和《把书》《凯咪书》整理翻译而来。此书共分为《谱牒志》（2卷）和《艺文志》，共三卷。《确匹恒素》编为《谱牒志》（一）、（二）两卷；《把书》《凯咪书》编为《艺文志》一卷。其中，《确匹恒素》是贵州省赫章县妈姑镇海子村陈执中毕摩收藏的珍本，《把书》和《凯咪书》是赫章县民委的龙正清同志搜集而来。

彝族古乌撒地区东邻毕节，在商、周之际属"卢夷之国"。此书的《谱牒志》，主要记载彝族远祖希慕遮到道慕能、笃慕到六祖分支后的一些家支谱系，共一百四十三个标题。对彝族六祖分支以后武支系及其所属的舒碧木、舒阿那、武阿洛、等家支的情况进行叙述，也有关于乍、糯、恒、布、默等支系的记载。

《谱牒志》是出于彝族鸟撒部地的古籍，记载布、默二支的历史较多，记载糯、恒支系和武支系的次之，而对乍支系的记载则少。全书内容和《彝族源流》有很大的相似度，只是各有详略。

5. 彝族创世志 谱牒志 2/贵州省赫章县民族事务委员会，贵州民族学院彝文文献研究所.—四川民族出版社，1991.04

摘要：《彝族创世志》是由古乌撒地区（今威宁、赫章）流传的彝文古籍《确匹恒所》和《把书》《凯咪书》整理翻译而来。此书共分为《谱碟志》（2卷）和《艺文志》，共三卷。《确匹恒素》编为《谱牒志》（一）、（二）两卷；《把书》《凯咪书》编为《艺文志》一卷。其中，《确匹恒索》是贵州省赫章县妈姑镇海子村陈执中毕摩收藏的珍本，《把书》和《凯咪书》是赫章县民委的龙正清同志搜集而来。

彝族古乌撒地区，包括今贵州省威宁、赫章二县和毕节、水城的一部分。据彝、汉文古籍记载，以及威宁中水和赫章可乐的出土文物考察，在古老的年代，这片土地上就居住着彝族先民。其东邻毕节，在商、周之际属"卢夷之国"。此书的《谱牒志》，主要记载彝族远祖希慕遮到道慕能、笃慕到六祖分支后的一些家支谱系，共一百四十三个标题。对彝族六祖分支以后武支系及其所属的舒碧木、舒阿那、武阿洛、等家支的情况进行叙述，也有关于乍、糯、恒、布、默等支系的记载。

《谱牒志》是出于彝族鸟撒部地的古籍，记载布、默二支的历史较多，记载糯、恒支系和武支系的次之，而对乍支系的记载则少。全书内容和《彝族源流》有很大的相似度，只是各有详略。

6. 谱牒学研究 第2辑/中国谱牒学研究会编.—文化艺术出版社，1991.07

摘要：《谱牒学研究》是一部有关历代家谱、族谱、世系研究的专业丛刊。本辑收论文21篇，其中有对孔子与字辈的考述、对鲁迅家世的概探等，首次披露珍贵材料，内容丰富，有阅读与收藏价值。

7. 谱牒论丛 第1辑/易邵白，吴砾星主编.—湘中谱牒学研究会，1991.08

摘要：谱牒研究，是发扬祖国优秀文化传统的需要，是加强当代精神文明建设的需要，是海内外炎黄子孙寻根认同以至渴望祖国统一的需要，是我们时代的需要。本书收录包括湖南《韶山毛氏族谱》述略、中华《刘氏族谱》概述、曾国藩与族谱、广东东莞地区家族之入迁。

8. 谱牒学研究 第3辑/中国谱牒学研究会编.—书目文献出版社，1992.12

摘要：本辑收有二十位谱牒学研究者的论文，包括对汉代、北朝、元代、明代家谱、族谱的研究或概说，对新近发现的有关家谱和著名谱牒学家的介绍;对小兴州移民、山西的商人家族、上海望族的盛衰等问题的探讨等。

9. 谱牒学研究/中国谱牒学研究会编.—书目文献出版社，1995

摘要：本辑收录文章主要有谱牒学研究的任务、试论中国族谱的社会史资料价值、宗族制度对中国历史的影响——兼论宗族制与谱牒学之关系、从字辈谱透视中国传统文化的内涵、中国家谱起源研究、西周宗法制释义——论西周典型宗法制等文献。

10. 谱牒学研究 第4辑/中国谱牒学研究会编.—书目文献出版社，1995.05

摘要：本辑收录文章主要有六朝时期家谱研究、四川族姓之班辈检讨、试论中国家谱的民俗史料价值、人口质量与血缘婚姻行为的思考、中国家谱中的社会人口统计资料概观、张氏源流初探、记《荣府史》的成书等文献。

11. 蒙学读本、谱牒/林德春，王凌皓编著.—吉林人民出版社，1996.08

摘要：这套丛书以中国传统文化中的具体文化事象立题，共选择100种文化事象，每两种文化事象为一本，共50本。其中谱牒篇主要包括谱牒、谱牒源流述略、谱牒的修纂、谱牒的体例、谱牒的作用与史料价值、谱牒资料的搜集与利用等。

12. 晋江谱牒研究 1-7期合订本/周仪扬主编；曾智良副主编.—福建省晋江市谱牒研究会，1997

摘要：晋江历史悠久，文化积淀丰厚，地方文献和谱牒在民间广为流传

. 资料十分富宏。其包含的栏目主要有谱牒纵横、海峡血缘、姓氏源流、艺文稿等，收录有姓氏源流研究的几个问题、中华民族形式源流窥探、闽南族谱中的"字行"浅说、厦门五通孙氏族谱管窥等文献。

13. 温陵芝山刘氏大宗谱牒/芝山刘氏大宗谱牒编委会编.1997

摘要：本辑主要包括新修刘氏大宗谱序、宋朝管制、《纲目通鉴》特书纪略、题刘氏宗谱序、祠堂坊匾、丰山岩记、重修虎岫寺记、金沙接待院记等篇目。

14. 中国南方回族谱牒选编/马建钊主编.—广西民族出版社，1998.02

摘要：本书主要中国南方回族相关情况的综合，主要由广东、广西、湖南、湖北、福建、四川、云南、海南的回族概况和回族族谱资料、回族谱牒考等文献构成。

15. 泉州谱牒华侨史料与研究 上/庄为玑，郑山玉主编.—中国华侨出版社，1998.03

摘要：本书记录文献主要包括鲤城区、安溪县、永春县、德化县、石狮市、晋江市、南安市、惠安县等相关谱牒史料的研究文献。包括泉州侨乡族谱华侨出国史料剖析、论我国一部较大的侨乡族谱、华侨与海上丝绸之路——部分侨乡族谱中的海外移民资料分析、略论琉球的中国移民问题——从谱牒资料记载移民琉球谈起、明清琉球华侨的构成及其对中华文化的传播、族谱的琉球华侨史料等文献。

16. 泉州谱牒华侨史料与研究 下/庄为玑，郑山玉.—中国华侨出版社，1998.03

摘要：本书记录文献主要包括鲤城区、安溪县、永春县、德化县、石狮市、晋江市、南安市、惠安县等相关谱牒史料的研究文献。包括泉州侨乡族谱华侨出国史料剖析、论我国一部较大的侨乡族谱、华侨与海上丝绸之路——部分侨乡族谱中的海外移民资料分析、略论琉球的中国移民问题——从谱牒资料记载移民琉球谈起、明清琉球华侨的构成及其对中华文化的传播、族谱的琉球华侨史料等文献。

17. 中国谱牒研究 全国谱牒开发与利用学术研讨会论文集/王鹤鸣等主编；上海图书馆编.—上海古籍出版社，1999.1

摘要：本书汇集文章均为"全国谱牒开发与利用学术研讨会"会议论文，文章对家谱的重要学术价值及建立中国家谱资源信息库等问题进行了论述。

18. 荥阳马氏宗谱 第1卷 上 文化卷 下 谱牒卷/荥阳马氏文化研究会编；马连水主编；马德锋，马学良副主编.—荥阳马氏文化研究会，2000.05

摘要：本书介绍了荥阳马氏的起源和历代发展以及在不同时代不同领域涌现出的杰出代表人物。

19. 小店文史资料 第2辑 张氏谱牒研究专辑 天下张氏出太原/太原市小店区政协，文史资料委员会，张氏研究会合编.—太原市小店区政协文史资料委员会，2000.05

摘要：本书分为考证篇、史话篇、寻根篇、转载篇及附录等栏目，主要收录有天下张氏出太原、张氏源晋史探、张氏源流考、张氏祖庙在太原及各地《张氏家谱》追溯根在太原等考证文章及张学良将军关内祖籍考、张学良将军祖籍探源、张氏寻根之源起、三千里路河山云月等文章。

20. 谱牒研究/孙发全主编.—山东·淄川谱牒学会，2000.08

摘要：本书收录了苏州市外经贸委高级经济师、《中国孙氏世系源流》主编陆允昌先生的《族谱研究随笔》．费县职业中专副教授孙以欣先生的《要把族谱编成姓氏文化史》，寿光市史志专家孙仲春先生对孙武、孙膑研究的新成果和政协山东省委《春秋》期刊总编王汝柏先生的《卢泰愚祖籍山东长清》以及编者的《试谈家谱改革》等文章．系统地阐述了有关倡导家谱改革，续修新家谱和家谱研究的意义等：还有本书介绍的"姓氏探源""谱牒知识""家谱选录""古今人物"和"机构活动"等方方肉面的内容，值得大家耐心一读，细细品味．会有一定益处。

21. 中华谱牒研究 迈入新世纪中国族谱国际学术研讨会论文集/王鹤鸣等主编；上海图书馆编.—上海科学技术文献出版社，2000.11

摘要：本书是在上海图书馆举办的"中国族谱国际学术研讨会"论文集，收有：《中国家谱知多少》《美国图书馆及家谱收藏》《族谱与文化认同》等。

22.根 晋江市首届谱牒展览/福建省晋江市谱牒研究会编.2001

摘要：本书栏目有晋江概况、族谱中的晋江华侨、族谱中的晋台关系、侨乡宗祠，主要介绍了晋江华侨出国的历程、路线、分布等情况以及晋台关系的部分。同时包含有丁氏、庄氏、张氏、唐氏等的资料。

23.谢氏谱牒知见与浅议 谢氏研究会议资料/谢宗楷编著.—福建谢氏委员会，2001

摘要：本书是谢氏研究会议相关资料的汇编，主要有江苏、安徽、山东、浙江、江西、湖南、湖北、河南、广东、广西、四川等地谢氏研究的文献，其中以浙江、江西、湖南、广东的谢氏文献为主。

24.中华姓氏谱牒丛谭/曹涛，王炯尧主编.—江西省谱牒研究会，2001

摘要：本书主要包括中国姓氏的演变、论谱牒在史学中的地位和作用、寻根、认宗与统一祖国，振兴中华、古文化的珍品——谱牒、中国的姓氏学、杂议中国之人口、谱牒研究与"寻根热"、研究谱牒 服务当今、中国姓氏研究中的误区与盲点、中国姓氏研究之历史回顾、中国姓氏文化对周边国家的影响等文献。

25.谱牒研究与闽台源流/周仪扬，陈育伦主编.—国际文化出版公司，2002

摘要：本书收录的文章主要有谈谱牒的编纂、发挥谱牒积极作用 促进中华民族团结、略论谱牒的作用与价值、新修谱牒的时代精神、谱牒中的民间宗族文化实践、泉州家谱简论、宋儒与谱牒之学、谱牒与闽台历史文化关系、台湾民间谱牒研究、早期晋江人开发台湾的典型、从族谱看闽台关系等文章。

26.江西公藏谱牒目录提要/梁洪生著.—江西教育出版社，2002.07

摘要：本书收录有江西省、市、县各级图书馆、档案馆、博物馆等公共藏书机构以及部分县志办公室收藏的谱牒文献。这些谱牒文献中主要是江西谱牒，包括原来修订的以及新编的各种版本谱牒，将这些谱牒文献进行了编目提要处理。同时收藏的能够说明江西省与周边省区之间的政治、经济与文化交流情况的外省谱牒也被专门编撰在一起，放置在后面，并做了简要介绍。

27.巩义东街张氏谱牒 思忠堂/张春旺，张运兴主编.2003

摘要：本书收录了张姓渊源，张姓之变迁，张姓祠堂对联集锦，张氏排辈用字等内容.

28. 燕黄谱牒重光/燕黄家庙管委会编.—南安市燕山黄氏家庙管委会，2004

摘要：本书主要收录了有关燕黄谱牒发布的相关图片及文字信息，主要有亲切关怀、谱牒首发、盛况空前、燕黄史迹、寻根谒祖等。

29. 韩氏谱牒集 中 韩氏英贤列传 第6-9章 英贤列传 风俗典故 古今楹联诗词杂文/韩志琦主编.—相州韩氏宗亲理事会；中华韩琦文化研究会，2005

摘要：本书囊括了有史以来历代韩氏帝王、将相、名人、名贤近千人之略传、墓碑、神道碑、德政碑五十余通，楹联、诗词、典故、古迹近数百条，家谱二百篇，先祖绘像、遗迹、祭祖照数十张.

30. 韩氏谱牒集 下甲 韩氏谱牒集汇 第10章1部-18部 河北 北京 广东 广西海南 江西 湖北 福建 台湾 山东 江苏 浙江 辽宁 山西/韩志琦主编.—相州韩氏宗亲理事会；中华韩琦文化研究会，2005

摘要：本书囊括了有史以来历代韩氏帝王、将相、名人、名贤近千人之略传、墓碑、神道碑、德政碑五十余通，楹联、诗词、典故、古迹近数百条，家谱二百篇，先祖绘像、遗迹、祭祖照数十张。

31. 韩氏谱牒集 下乙 韩氏谱牒集汇 第10章 119部-170部 陕西 甘肃 河南河北/韩志琦主编.—相州韩氏宗亲理事会；中华韩琦文化研究会，2005

摘要：本书囊括了有史以来历代韩氏帝王、将相、名人、名贤近千人之略传、墓碑、神道碑、德政碑五十余通，楹联、诗词、典故、古迹近数百条，家谱二百篇，先祖绘像、遗迹、祭祖照数十张.

32.红河哈尼族谱牒/杨六金编著.—民族出版社，2005

摘要：本书作者收集了哈尼族不同地区、不同村寨和不同姓氏的200多家父子连名谱系，并对其进行了分析和研究。本书就是作者在其中选取的56家谱系汇集整理而成的。

33.中华之根–海峡两岸谱牒研讨会论文集/林仁川主编；厦门市政协办公厅等编.—中国文史出版社，2005

摘要：本书主要收录了本次会议参会者提供了82篇论文以及20篇论文提要。其主要内容包括以下几个方面：族谱价值及其资源的开发利用、族谱的收集整理和编目、族谱的个别案例的研究以及其中所展示的两岸之间的渊源。

34.韩氏谱牒集 上 韩氏寻宗探源/韩志琦主编.—相州韩氏宗亲理事会；中华韩琦文化研究会，2005.12

摘要：本书囊括了有史以来历代韩氏帝王、将相、名人、名贤近千人之略传、墓碑、神道碑、德政碑五十余通，楹联、诗词、典故、古迹近数百条，家谱二百篇，先祖绘像、遗迹、祭祖照数十张.

35.谱牒研究与华侨华人/周仪扬，陈育伦，郭志超主编.—新华出版社，2006.04

摘要：本书主要收录了研讨会上的多篇论文主要有族谱是世俗文化的一种形式、档案馆馆藏族谱及其开发利用、新加坡福德祠绿野亭文献的学术价值与出版状况、新加坡闽人的谱牒与族史：文献资源的开发、管理与利用、族谱、村志及其对华侨的记述、台湾地区姓氏演变初探、早期移民菲律宾的闽南华侨等文章。

36.中华谱牒知识概问/李道生编著.—金盾出版社，2006.07

摘要：本书是介绍谱牒的通俗读物。分为谱牒历史概问、谱牒历史修撰、谱牒功能与现代认识、姓氏谱牒学历史人物、正史载录姓氏谱牒类书目录，中国历史年代表6部分。

37. 谱牒学论丛 第1辑/王岳红主编；山西省社会科学院家谱资料研究中心编.—山西古籍出版社，2006.08

摘要：本书收入《中山县移民夏威夷的历史考察》《闽台儒林张氏同根同源》《中华李氏根系河东》《杨氏家族史上的两大亮点》等文章。

38. 塔江（晋江）乐安孙氏谱牒诗文集/孙秀赏主编；孙以灌，孙怀伟，孙建斌等副主编.2007

摘要：本书主要包括塔江孙氏宗祠文化设施、塔江孙村文史资料初探、闽南孙氏家族与闽南张颜孙宗亲资料、塔头孙氏与台湾孙氏宗亲关系、中国孙氏名人谱略选录、诗联学作、生活随笔、塔江内外若干资料选录几个部分的文献资料汇编。

39. 谱牒学撷萃/邹木生编辑.2007

摘要：本书收录了姓氏与谱牒学著作文章，选取历代姓氏与谱牒研究中学术性较高，影响较大的几种著作并一一做简单介绍。

40. 浙南谱牒文献汇编 诗词篇/郑笑笑，潘猛补主编.—香港出版社，2007.01

摘要：本书属于浙南谱牒文献汇编中单录的诗词篇。收录有宋、元、明、清代诗词。

41. 明代家庭上行流动研究：以1595篇谱牒序跋所涉家族为案例/宗韵.—华东师范大学，2007.04

摘要：本书主要有谱牒序跋所涉及家族的地域分布、明代家族的社会分层、明代家族上行流动的基本途径、明代家族上行流动的内在机制、制度变革与家族社会流动、家族崛起与地域社会资源的再分配——以江西泰和为中心的考察等部分。

42. 谱牒学论丛 第2辑/山西省社会科学院家谱资料研究中心编.—山西出版集团；山西古籍出版社，2007.12

摘要：本辑中收录有中国家谱的姓氏、傅山论历代傅氏名人、海南家谱所反映的历代海南移民特点、清代玉牒版本与资源开发初探、新加坡闽人的谱牒与族史：文献资源的开发、管理与利用、郭氏之源在阳曲、论山西洪洞苏堡刘氏从清初到民国时期的六次修谱、中华吉姓源流考等文献。

43. 中国彝族谱牒选编·楚雄分卷/楚雄彝族自治州民族事务委员会编.—云南民族出版社，2007.12

摘要：本书主要收录的文献为彝族谱牒的文献汇编，主要包括三个部分：彝族彝文谱牒、彝族汉文谱牒、彝族口传谱，本书对于研究彝族谱牒具有十分重要的作用。

44. 中国彝族谱牒选编 四川卷 1-4/曲木车和主编.—四川民族出版社，2007.12

摘要：本书的编排方式主要是围绕古候、曲涅的主干谱系两部分来进行的。文献中各家族的谱系分支按其类别分别归属到古候、曲涅这两个部分。

45. 韩氏谱牒集 下丙丁 韩氏谱牒集汇/韩志琦主编.2008

摘要：本书主要收录韩氏谱牒文献，包括先祖像·墨宝·遗迹照、韩氏源流、宗源与发展史、韩氏源流、排辈、韩氏谱牒、世系集汇等部分的文献。

46. 麻城祖籍寻根谱牒姓氏研究/孙晓芬主编.—四川大学出版社，2008.1

摘要：本书以六个世纪的历史眼光，从赣、鄂、湘、川广大地域的视角，来贯穿研究一个地方虽小但却影响深远的移民发源地、中转地－麻城孝感乡。本书视野广阔、逻辑性强、资料翔实，实乃人文历史方面的一部研究力作等。

47. 满族谱牒文化研究/张德玉，赵岩，姜晓莉编.—吉林文史出版社，2008.1

摘要：本书记录了满族谱牒与姓氏研究、满族谱牒与家族史研究、满洲谱牒与部族史研究，包括满族谱书编纂综述、满族姓氏的形成、发展与演变等文章。

48. 清代汉军旗谱牒资料汇编与研究 第1辑/尹郁山，孙守朋编著.—吉林文史出版社，2008.1

摘要：本书共分为吉林满族（陈汉军）"常二氏"宗谱、牡丹江满族（新汉军）孟氏宗谱、吉林满族（新汉军）刘氏支谱、辽中汉族（新汉军）宗氏支谱四个部分，收录文章主要有谱序、宗族族规、谱图、人物小传等内容。

49. 五台韩氏族谱 中华姓氏谱牒卷/韩崇义主编.2008.01

摘要：本书包括韩氏总源世系、圣谕 格言 谱序、古代韩氏王侯将相名录、韩氏古今碑铭篇等部分的文献。

50. 中国彝族谱牒选编 大理卷/李泽主编.—云南民族出版社，2008.1

摘要：本书重点整理选编了3个家族的谱牒，即《南诏谱牒》《蒙化左族谱牒》《李文学谱牒》。

51. 闽台粘氏满族谱牒研究/麻健敏著；杨华基，刘登翰主编.—海风出版社，2008.12

摘要：本书分为粘氏先祖与金国的建立、金代以后留居中原的女真后裔、粘氏入闽定居及宗族的繁衍发展、跻身明清时期晋江十大望族、粘氏在台湾的扎根与发展、闽台粘氏的族亲交往、关于闽台粘氏几个问题的研究、台湾粘氏族谱摘录等几个部分的内容。

52. 谱牒学论丛 第3辑 纪念中国谱牒学研究会成立20周年专集/王岳红主编.—三晋出版社，2008.12

摘要：本书收录了"首届中国谱牒学研讨会开幕词""中华族谱学整理研究与开发利用的新篇章""广东姓氏、族群与族谱""编修家谱与构建和谐社会"等28篇。

53. 谱牒学论丛：谱牒学论著目录索引（1978-2008）第3辑/王岳红主编.—三晋出版社，2008.12

摘要：本目录共分为四个部分：（1）报刊论文资料索引，收录报纸、期刊上公开发表的有关谱牒学研究的论文篇目3459条二（2）论文集篇目索引，根据论文集中收录的谱牒学研究的文章编成，引用论文集4种，收录文章篇目247条。（3）台湾地区论文集篇目索引，根据台湾地区出版的论文集中所收录的谱牒学研究的文章编成，引用论文集3种，收录文章篇目544条。（4）书目索引，收录了有关谱牒学方面的书籍330余种。

54. 马云鹿谱牒研究文选/马云鹿著.—大众文艺出版社，2009

摘要：笔者20余年以来. 以千篇文章中编入本书的几十篇的论文（部分文章合并为一篇）从民间收藏的宗谱中，收集了大量的地情史料，从宗谱史料与历史文献记载的两个方面，来探讨与弥补东阳的社会、宗族、宗法、制度、姓氏、古建筑、旅游、文学、人物、经济、地理（地名）等几十个学科的地方史的发展历程。本书有社会、历史、文献、参考、实用等价值：也是国内首次出版的研究谱煤文选的个人专著。

55. 中国彝族谱牒选编 云南卷/普学旺主编.—云南民族出版社，2009

摘要：本书重点介绍了彝文谱牒、汉文谱牒、口传谱牒、古侯谱、曲涅谱五个部分的内容。

56. 闽东畲族文化全书 谱牒祠堂卷/钟雷兴主编，缪品枚编撰.—民族出版社，2009.02

摘要：本书介绍了闽东畲族谱牒祠堂的相关情况，内容包括：修谱牒与建祠堂、谱牒内容、各姓藏谱、畲族祠堂四章。

57. 明代家族上行流动研究 以1595篇谱牒序跋所涉家族为案例/宗韵著.—华东师范大学出版社，2009.05

摘要：本书主要内容包括：绪论；谱牒序跋所涉家族的地域分布；明代家族的社会分层；明代家族的社会分层；明代家族上行流动的基本途径等内容。

58. 乐清谱牒文献选编/蒋振喜选编.—线装书局，2009.12

摘要：本书收入六十六个宗族，文章三百零六篇，主要是谱序、墓志、行状、传记等，包括有《忠肃公行状》《明南京礼部左侍郎章公墓志铭》《刑部左侍郎省斋陈公墓志铭》《有福建等处提刑按察司金事侯公墓表》等。

59. 哈尼族口传文化译注全集 1 红河州哈尼族谱牒/李扬，李涛主编.—云

南民族出版社，2010

摘要：本书记录了金平苗族瑶族傣族自治县金河镇和阿得博乡两个乡镇19个村委会、50个自然村、310户的哈尼族谱牒，涉及自称罗毕、罗美两个分支。

60. 哈尼族口传文化译注全集 2 红河州哈尼族谱牒/李扬，李涛主编.—云南民族出版社，2010

摘要：本书在金平苗族瑶族傣族自治县沙依坡乡、大寨乡、勐桥乡等11个乡镇32个村委会98个自然村，搜集了306户具有代表性的哈尼族谱牒，涉及自称罗毕、罗美、各和、各作、腊咪等分支。

61. 哈尼族口传文化译注全集 3 红河州哈尼族谱牒/李扬，李涛主编.—云南民族出版社，2010

摘要：本书收录了元阳县上新城乡、小新街乡和逢春岭乡3个乡14个村委会39个自然村329户的哈尼族谱牒，涉及称为老邬、糯比、糯美的哈尼族30多个宗支。

62. 哈尼族口传文化译注全集 4 红河州哈尼族谱牒/李扬，李涛主编.—云南民族出版社，2010

摘要：本书收录了元阳县逢春岭乡、大坪乡和嘎娘乡3个乡19个村委会50个自然村344户的哈尼族谱牒，涉及自称老邬、糯比、糯美等支系。

63. 畲族卷-家族谱牒 上/福建省少数民族古籍丛书编委会编.—海风出版社，2010.06

摘要：本书收录了浯洲金门城蓝氏族谱、三微堂汝南郡蓝氏宗谱、福安井口汝南郡蓝氏宗谱、罗源上土港蓝氏支谱、永安蔡地汝南郡蓝氏族谱、宁化西坑冯翊郡雷氏家谱、惠安丰山雷氏族谱等文献。

64. 谱牒学论丛/王岳红主编.—北京燕山出版社，2010.08

摘要：本辑为《谍谱学论丛》第四辑，分两个部分：（一）内地及港台地区谱牒学、姓氏学方面的研究论文；（二）内地及港台地区论文、著作目录索引。

65. 乌蒙朱姓（国老支系）谱牒/朱绍洋主编.—六盘水乌蒙朱姓（国老支系）谱牒编辑组，2010.08

摘要：本书分为治家格言及排行、治家格言、朱性排行、国老公郑氏祖批墓碑复修记、墓碑复修记、墓志铭、国老公后裔部分人物简介、国老公支系一览、支系一览表等几个部分。

66. 世系谱牒与族群认同/张全海著.—世界图书上海出版公司，2010.12

摘要：谱牒研究目前还是一个冷门科目，而族群认同则是国际学术界普遍关注的热门话题，本书作者从自己参与修谱活动的经历出发，经过多年的学术思考，将这两个问题结合起来加以审视，为谱牒学研究打开了新的视阈。

67. 阿迪谱牒/阿迪嘎嘎主编.—云南民族出版社，2011.03

摘要：阿迪支系的族谱，由于过去没有一部完整的文字记载，单凭口传而几乎遗失。抢救和保存谱牒阿迪家族联谊会的倡云泛下是广大阿迪家族成员的心愿和呼声。为此，在我们组织专产沌收集和整理了云南、四川省 21 县（市）的阿迪家语，历时两年多精心编撰而成。该书详细地i已载了我们凉山弃族的共同祖先－好的历史文献资料，迪涅以另之阿迪家族五大支系的来龙去脉，是一部很具有较高的研究和保存价值。

68. 中国宗族制度与谱牒编纂/冯尔康著.—天津古籍出版社，2011.05

摘要：本书作者冯尔康对中国宗族和谱牒的研究已经经历了多年，将近半个世纪。早期在20世纪60年代开始就针对宗族和谱牒发表过读书札记，所研究的内容主要是宗族通史和谱牒学史，研究时代集中于清代的时期。随后对两汉时期、南北朝时期、宋代时期以及现当代宗族史进行了相关研究。研究的关注点起初是跟随当时的主流意识，对封建主义"四权"之一的族权进行批判，关注点是宗族政治功能。到了80年代中期开始，开始从正反两个方面来研究和评价宗族活动的历史作用和地位，开始关注宗族的社会功能。本书是作者对于宗族制度与谱牒的相关研究的编纂，对研究宗族制度以及谱牒文献具有十分重要的意义。

69. 福建省少数民族古籍丛书 畲族卷 家族谱牒 下/张忠发主编.—海风出版社，2011.11

摘要：本书从众多畲族宗谱等家族文书中精选代表性和对后世有影响的族谱，以明清两代的版本为主，及畲族蓝、雷、钟三大主姓编辑成册。本书上册已经在我社出版。畲族是福建省最主要的世居少数民族，福建的畲族人口占全国畲族人口一半以上。由于内容丰富广泛，畲族家族谱牒是畲族历史传统文化的最重要组成部门，是畲族历史渊源、民族迁徙、家族繁衍和生活习俗、社会经济活动的主要载体。

70. 谱牒学论丛 第5辑/王岳红主编.—北京燕山出版社，2012

摘要：本书以山西省社会科学院家谱资料中心收集的8000余种家谱为依托，将1949年以后编纂的姓氏家谱112个姓氏，共计401种家谱的目录信息结集成册，每种家谱著录书名、作者项、编纂年、版本项、册数、页数；并附内容提要、家谱资料中心索书号。

71. 姚江谱牒总目提要/叶树望主编；马晓红副主编.—浙江古籍出版社，2012.01

摘要：余姚历来是文化重镇，历代所出的名人不可胜数，如王阳明、朱舜水、谢迁。这些名人在当地均有深厚的家族背景，而每一家族维系彼此关系的家谱、家牒也是各家族膜供之物。本书即对余姚地区各家族的谱牒进行了系统地梳理。

72. 彝族谱牒/楚雄彝族自治州人民政府编.—云南民族出版社，2012.1

摘要：本书稿收集、注译了具有一定代表性、资料性的彝族谱牒，反映云南楚雄等地彝族的源流、发展等，蕴含着丰富的文化内涵。书稿的整理对了解和研究彝族的家族文化、社会历史发展等有参考价值，对继承和弘扬彝族传统文化有积极意义。

73. 缅晗集 张海瀛谱牒研究文选/张桂萍编.—山西人民出版社，2012.11

摘要：本书主要内容包括：缅怀我受益终生的吴晗导师——纪念吴晗先生诞辰100周年、一部填补明清史料空白的鸿篇巨制——读吴晗编著《朝鲜李朝实录中的中国史料》等。

74.谱牒研究与闽台节俗/周仪扬主编.—中国文艺出版社，2013.04

摘要：本书收录的文章主要与谱牒研究与闽台节俗有关，有试论中国传统节日的文化意蕴、略论晋江传统年节文化与社会功能、闽台节俗的中华共性和地域特征及其价值、古俗遗存的边缘模式、民俗信仰中的家国文化底蕴、闽南民俗与族群迁徙等文章。

75.少数民族谱牒研究/王华北主编.—中央民族大学出版社，2013.06

摘要：本书为中国少数民族谱牒研究的论文集，共收论文34篇。书稿从搜集到的各少数民族谱牒入手，从各个角度对所搜集到的谱牒进行研究，涉及满族、蒙古族、畲族等13个少数民族。书中配有图片37幅。本书具有较高的学术价值。

76.明人谱牒序跋辑略 上/吴宣德，宗韵辑.—上海古籍出版社，2013.06

摘要：一、本书各篇文字辑自明人别集，其现存家谱、族谱中之序跋未予辑录。二、各篇按作者生卒年先俊编排。首取生年。其不知生年者，依卒年。其生卒年皆不知者，依其生活时代。作者名标于各篇题下，附注生卒年偷检。三、各篇皆施以标点，并略做校勘。凡有改字，以〔〕标明改正之字，原字或衍文用（）标记之，以供查核。四、各篇末附注文献来源，含书名、卷次、版本、页码。五、为便于查核错序所属姓氏，少量原题不明者重新拟定标题，并脚注说明。六、为便于复检原文，所引书优先采用四库系列之图书，而后及于其他通行版本。先取原刻或影印本，次取今人校点本。七、凡同一作者尽量采用同一版本之书。惟别本内容可增补者，并存别本。

77.明人谱牒序跋辑略 下/吴宣德，宗韵辑.—上海古籍出版社，2013.06

摘要：一、本书各篇文字辑自明人别集，其现存家谱、族谱中之序跋未予辑录。二、各篇按作者生卒年先俊编排。首取生年。其不知生年者，依卒年。其生卒年皆不知者，依其生活时代。作者名标于各篇题下，附注生卒年偷检。三、各篇皆施以标点，并略做校勘。凡有改字，以〔〕标明改正之字，原字或衍文用（）标记之，以供查核。四、各篇末附注文献来源，含书名、卷次、版本、页码。五、为便于查核错序所属姓氏，少量原题不明者重新拟定标题，并脚注说明。六、为便于复检原文，所引书优先采用四库系列之图书，而后及于其他通行版本。先取原刻或影印本，次取今人校点本。七、凡同一作者尽量采用同一版本之书。惟别本内容可增补者，并存别本。

78. 首届海峡两岸民间谱牒文化交流大会论文汇编/中国闽台缘博物馆文献信息中心编.—中国闽台缘博物馆文献信息中心，2013.07

摘要：本论文集主要收录了本会议五个方面的论文，一是探讨如何不断完善编修谱牒的表现形式，二是探讨如何不断完善编修谱牒的主要内容，三是探讨如何强化编修谱牒的社会功能、四是探讨如何做好闽台文献的征集工作、五是探讨如何做好闽台谱牒对接的服务工作。

79. 澜沧哈尼、阿卡谱牒/澜沧拉祜族自治县民族宗教事务局编.—云南民族出版社，2013.08

摘要：本书以图文并茂的形式及翔实的资料，记录了澜沧拉祜族自治县哈尼、阿卡唐盘吓支系、唐盘满支系、唐盘忠支系48个家族240个典型户谱牒，记录了父子连名制人文资料，同时对哈尼族社会历史、民俗文化作了简要概述，再现了哈尼族的社会历史发展进程和独特的口碑历史文化及重要的非物质文化遗产，具有重要的史料价值。对研究哈尼族传统文化和社会家庭结构，具有重要的参考价值。

80. 谱牒学论丛/李书琴编.—三晋出版社，2013.1

摘要：本书是山西省社科院家谱资料研究中心精心选编的全国关于谱牒学研究的论文集，共22篇论文，并由中国当代著名历史学家李学勤先生作序。内容围绕谱牒学的相关论题，全书体例精严，论述精当，具有很高的史料和研究价值，对全国的谱牒学研究有一定的贡献。

81. 谱牒学研究/廖庆六著.—万卷楼图书股份有限公司，2013.12

摘要：《谱牒学研究》一书，是作者继《族谱文献学》之后，第二本关于中文族谱文献之学术研究著作。本书内容分上下两编。上编收录近年来，个人在世界各地举行学术研讨会发表的论文十二篇；下编收录关于姓氏论坛、读谱随笔及演讲记录等，介绍姓氏与族谱之一般性文章。上编主要论述课题，包含关于传统中国谱牒学理论方法、探讨清代玉牒及族谱资讯论文、介绍族谱与血缘、地缘之关系，及族谱文献与姓氏文化、宗族文化、客家文化、地方文献等相关研究之实例。下编则以常识性与趣味性方式，介绍姓氏文化与名人族谱，《演讲记录》一篇，则摘录笔者在国立联合大学，针对族谱文献与客家研究之关系演讲词。

82. 莫俄惹古谱牒/蒋木吉主编.—云南民族出版社，2014.02

摘要：在由彝族六组分支后形成的大、小凉山古侯、曲涅两大部落中，莫俄惹古是较为发达的一支。该稿件记录的即是来源于曲涅的莫俄惹古家支的族谱。全稿按莫俄惹古谱源和莫俄支系9个分支分为10章，分别是莫俄惹古谱源、莫俄张扎谱、莫俄所曲谱、莫俄斯尔谱、莫俄阿自谱、莫俄阿斯谱、莫俄打土谱、莫俄阿来谱、莫俄俄曲谱、莫俄海曲谱。

83. 洞头县谱牒文献汇编/王和坤编.—吉林文史出版社，2014.08

摘要：本书以洞头县各姓氏的谱牒文献资料为基础，收录我县84个姓氏的各类重要信息；对在调查走访过程中的始迁祖、家族口传或载谱历史、家谱人物等信息亦进行汇编，该书为第一辑，调查过程中尚未收集到的谱牒文献，本辑暂不予收录。

84. 中国彝族谱牒/石一文忠，沙马吉哈主编.—云南民族出版社，2014.09

摘要：家谱是记录家族血缘关系的文献。石一家族是中国彝族六子分支中属曲涅分支的一个大支系。该家谱记载了彝族石一家族的渊源、迁徙和发展过程。

85. 卢氏谱牒 裕德堂家谱 第1册/裕德堂家谱编纂委员会编修.2014.11

摘要：本书分为四册，第一册主要收录有卢氏源流文章包括名家题咏、先祖画像、谱序、谱赞等。第二册主要收录有史料汇编和祖山遗照。第三册收录有昭穆字辈。第四册收录有历代祖先纪略。

86. 卢氏谱牒 裕德堂家谱 第2册/裕德堂家谱编纂委员会编修.2014.11

摘要：本书分为四册，第一册主要收录有卢氏源流文章包括名家题咏、先祖画像、谱序、谱赞等。第二册主要收录有史料汇编和祖山遗照。第三册收录有昭穆字辈。第四册收录有历代祖先纪略。

87. 卢氏谱牒 裕德堂家谱 第3册/裕德堂家谱编纂委员会编修.2014.11

摘要：本书分为四册，第一册主要收录有卢氏源流文章包括名家题咏、先祖画像、谱序、谱赞等。第二册主要收录有史料汇编和祖山遗照。第三册收录有昭穆字辈。第四册收录有历代祖先纪略。

88. 卢氏谱牒 裕德堂家谱 第4册/裕德堂家谱编纂委员会编修.2014.11

摘要：本书分为四册，第一册主要收录有卢氏源流文章包括名家题咏、先祖画像、谱序、谱赞等。第二册主要收录有史料汇编和祖山遗照。第三册收录有昭穆字辈。第四册收录有历代祖先纪略。

89. 海峡两岸谱牒文化研究/朱定波主编.—九州出版社，2014.12

摘要：本书主要收录了对于两岸谱牒编修、信息化、对接服务以及谱牒的文化内涵方面的多视角，多层次进行的探讨研究。基本内容包括首届海峡两岸民间谱牒交流文化大会的贺词以及两岸民间谱牒文化的交流等方面，以及对于两岸谱牒研究的见解等文章。

90. 萨古曲木谱牒/曲木车和编.—四川民族出版社，2014.12

摘要：作为彝民族先祖古侯的支系之一，萨古曲木有着漫长悠远的发展历程。本书主要记述谱系中则得格波一支，并着重于其中里惹五子的各支系介绍。作者曲木车和经过长时间的搜集整理，由文字材料到口述流传，反复求证修订。力求将自家家族谱系规范汇编，以供后人传承，也为彝族历史文化的研究提供了宝贵的资料。

91. 沙玛曲比嘎哈俄滋支谱牒.—四川民族出版社，2015.01

摘要：本书收集整理了沙玛曲比嘎哈俄滋支的谱系，用彝汉文对照的形式编排。该谱牒以本支家族的大小秩序按篇、章、节、小节排列，资料齐全，编排有序，用字准确。其中尤其具有特点的是：该谱牒在每个人名的左上角标注出了从央古书布算起到此人的代数，从而方便查找和理顺家族内部成员的辈分与称谓。

92. 田氏谱牒 冀鲁津田氏谱牒 第1部 第1卷/第六届田氏修谱合谱委员会编.2015.01

摘要：本卷图书主要包括南院各支系的田氏谱牒，包含了南院长门长份一到六支、青县西小堤、羊二庄镇陈庄、南院长门三份（含姜庄、黄井子）、南院次门长份等部分。对于查询南院各支田氏信息具有指导意义。

93. 田氏谱牒 冀鲁津田氏谱牒 第1部 第2卷/第六届田氏修谱合谱委员会编.2015.01

摘要：本卷图书主要包括了马棚口相关分支，同时包含了沙井子长门次份、大道口赵家堡长份次份、赵家堡三份（岐口）、赵家堡四份、沧县杜林郭庄子（含大布村）。对于查询马棚口相关田氏信息具有指导意义。

94. 田氏谱牒 冀鲁津田氏谱牒 第1部 第3卷/第六届田氏修谱合谱委员会编.2015.01

摘要：本卷包括马闸口相关支系、北院相关支系及盐山贾牛、青县邢码头、南院次门长份等的田氏家族的信息，对于查询相关田氏信息具有指导意义。

95. 田氏谱牒 冀鲁津田氏谱牒 第1部 第4卷/第六届田氏修谱合谱委员会编.2015.01

摘要：本卷包括北院、北院五门长份一支、二支、李子札五门长份三支、河西陈家庄、北院五门次份一支、二支、等的田氏家族的信息，对于查询相关田氏信息具有指导意义。

96. 田氏谱牒 冀鲁津田氏谱牒 第1部 第5卷/第六届田氏修谱合谱委员会编.2015.01

摘要：本卷包括孔家庄田氏老坟宗纲图、世系图等的田氏家族的信息，对于查询相关田氏信息具有指导意义。

97. 田氏谱牒 冀鲁津田氏谱牒 第1部 第6卷/第六届田氏修谱合谱委员会编.2015.01

摘要：本卷包括田庄村相关田氏信息及孟村县代庄、青县兴济、青县河西苟家楼等的田氏家族的信息，对于查询相关田氏信息具有指导意义。

98. 田氏谱牒 冀鲁津田氏谱牒 第1部 第7卷/第六届田氏修谱合谱委员会编.2015.01

摘要：本卷包括扣村长门长份、小辛庄、高家口等的田氏家族的信息，对于查询相关田氏信息具有指导意义。

99. 田氏谱牒 冀鲁津田氏谱牒 第1部 第8卷/第六届田氏修谱合谱委员会编.2015.01

摘要：本卷包括海兴县马厂、田马闸口东田、海兴县小山、海兴县中尤长门之硕等的田氏家族的信息，对于查询相关田氏信息具有指导意义。

100. 田氏谱牒 冀鲁津田氏谱牒 第1部 第9卷/第六届田氏修谱合谱委员会编.2015.01

摘要：本卷包括山东省无棣县大田村南院世系图、大田村西南院一至三门、无棣县马庄、大田村四门、无棣县席家庄等的田氏家族的信息，对于查询相关田氏信息具有指导意义。

101. 田氏谱牒 冀鲁津田氏谱牒 第1部 第10卷/第六届田氏修谱合谱委员会编.2015.01

摘要：本卷包括盐山常庄乡田庄长门长份、盐山千童村史庄、田庄长门次份、大黄庄（田庄长门三份）等的田氏家族的信息，对于查询相关田氏信息具有指导意义。

102. 元代史料丛刊初编 元人传记谱牒 上.—黄山书社，2015.01

摘要：本书根据元代传世文献分布特点及学者使用习惯，分为十个专题:元代地理方志、元代史书、元代政书、元人文集、元代金石、元代文艺、元人传记谱牒、元代子部书、元代民族文字史料、元代域外史料。

103. 元代史料丛刊初编 元人传记谱牒 下.—黄山书社，2015.01

摘要：《元代史料丛刊》丛刊根据元代传世文献分布特点及学者使用习惯，分为十个专题:元代地理方志、元代史书、元代政书、元人文集、元代金石、元代文艺、元人传记谱牒、元代子部书、元代民族文字史料、元代域外史料。本书为元人传记谱牒（下卷）。

104. 家族谱牒/张忠发主编.—民族出版社，2015.02

摘要：本书作为《福建省少数民族古籍丛书·回族卷》的第一分册，选编了民国以前省内有代表性的、对后世有一定影响力的回族谱牒，加以整理、校点、编辑。这对于进一步了解福建回族的历史渊源、家族迁徙和社会经济文化活动都有一定的史料价值。作者并力求最大限度地保存古籍原貌，同时按现代汉语规范标注了标点符号，原文中的繁体字、古今字、异体字尽量改用简化字。

105. 乐清谱牒文献二编/周健选编.—线装书局，2015.06

摘要：《乐清谱牒文献二编》，由选编者周健从几十个姓氏宗谱中筛选出精品内容，这些内容几乎没出现在已出的各类文史资料中。鉴于蒋振喜《首编》以收录谱序为主，故是书不收录任何谱序。本书分传略、序、记、诗词等几大块，按一个姓氏一个姓氏排列。具有很高的地域文献价值和文学艺术价值。

106. 出土墓志所见中古谱牒研究/陈爽著.—学林出版社，2015.07

摘要：本书是一部关于中古家谱的研究专著。研究成果具有独创性和前瞻性。全书由中古谱牒研究的史料与视角、从"家牒"到"谱籍"——中古时期谱牒编纂由私入官德转变、出土墓志所见中古谱牒探迹、中古谱牒复原研究、出土墓志所见中古谱牒辑存、谱牒所见中古社会风貌、中古谱牒与传承与流变等章节组成。

107. 谱牒研究文选/江阴市暨阳名贤研究院，江阴市谱牒文化研究会编.2015.07

摘要：本书分为论文篇、姓氏篇、续修篇、源流篇、祖贤篇、宗祠篇、家风篇、序文篇、资料篇几部分内容，分别收录有相关的论文文献。

108. 彝文典籍集成 云南卷 谱牒.—四川民族出版社，2015.12

摘要：《彝文典籍集成云南卷谱牒》是从云南省境内的有关机构和彝族民间搜集、整理而成的彝文谱牒类古籍文献，通过筛选、拍摄、专家审读、专家遴选、分类、内容提要提炼、深度遴选、编辑审读等过程整理成1册。其内容包涵了彝族著名家族特别是毕摩家族的谱系和迁徙路线，其中还涉及有部分丧葬习俗，对研究彝族历史和毕摩文化及民俗特点都有极重要的意义。

109. 莒地谱牒辑录.—中国文史出版社，2016.01

摘要：本书对莒地明清、民国至今的一百多个氏族近二百部谱牒，及莒志二百多个氏族总况进行了辑录，重点对代表性氏族谱牒谱序、凡例、源流、世系、字辈、族规、家训、祠堂、茔田、碑志、家传、堂号等方面内容作了分析。依据莒县图书馆现有馆藏谱牒，参考了专家、学者的研究成果编写而成。

110. 萧氏谱牒/肖干才编.—文汇出版社，2016.03

摘要：本书详细记述湖北松滋市八叶堂萧氏家族近百年来的政治、经济、文化状况与人物故事。时间跨度160多年记录家族人物事件的同时反映了时代的变迁。

111. 谱牒新编/任清剑编著.—大象出版社，2016.04

摘要：本书从五个方面探讨了传统谱牒概念、功能和作用，传统谱牒起源、诞生和发展，传统谱牒的辨证，新式谱牒的基本内容，新式族谱编撰的体例等问题，是研究谱牒领域有创见的著作，对当代族谱编撰有一定的研究价值和参考价值。

112. 俄其曲比谱牒/《俄其曲比谱牒》编委会.—四川民族出版社，2016.06

摘要：谱牒是彝族人们对家族繁衍生息史的记录，以父子联名的形式一代代口耳相传至今，在凉山彝族社会中具有重要的地位和作用。《俄其曲比谱牒》收录了盘踞于大小凉山境内的俄其曲比家族的传承谱系，以彝汉对照的形式收集了该家族所有男性成员的名字，是俄其曲比家族在大小凉山境内生存发展史的全面体现，该书的出版对加强民族团结，形成民族凝聚力有着重要的现实意义。

113. 谱牒汇编/钱基博著；傅宏星主编.—华中师范大学出版社，2016.07

摘要：本书收入钱基博所作三部家谱，分别是《上海倪王家乘》《常熟狄氏家谱》《堠山钱氏丹桂堂家谱》，为无锡钱氏家族文化研究提供了珍贵的历史资料。具有比较高的学术价值和史料价值，可以供文史爱好者和研究人员学习和参考。

114. 诸暨谱牒家训文选译注/杨国忠主编.—南京大学出版社，2016.09

摘要：为整理地方文献，保存地方文化，弘扬民族传统中的优良家风，诸暨市档案局征集现存的各类谱牒文献，对其中规训类文字进行选编整理工作，另根据现代汉语标点符号用法加以现代标点，对难解词汇加以注释，并译成白话文字。

115. 东北谱牒文化研究基地/许淑杰主编.—吉林人民出版社，2016.11

摘要：《东北谱牒文化研究基地》一书是"吉林省特色文化基地概览"丛书第6卷，是吉林省社科基金规划办公室项目图书，本书由该办公室主任金中祥做总主编；中共吉林省委常委、宣传部部长高福平撰写卷首语；吉林出版集团原总经理、专家学者胡维革撰写总序。该书由吉林师范大学满族文化研究所编写，从自然历史资源到理论研究与实践发展状况概述，到科研基地状况再到规划、展望，到科研成果精选五个部分编纂而成的。

116. 谱牒文化与寻根研究/林建春主编.—福建教育出版社，2016.12

摘要：本书稿主要收集了相关文章49篇，涵盖面广内容丰富。书稿内容共分为两个部分：一是谱牒文化研究，涉及姓氏源流、祠堂文化、家族文化、历史名人史迹等方面；二是寻根对接研究，包括姓氏寻根研究和两岸同宗（同名）村寻根研究。书稿中的论文均是海峡两岸谱牒专家、学者们通过长期对谱牒文化与寻根文化进行深入研究的成果。

117. 沙马曲比恒惹九子谱牒/马忠华.—云南民族出版社，2016.12

摘要：书稿用彝、汉文对照形式，主要记述了彝族沙马曲比恒惹九子支系的源流、发展及族内发生的重大事件、人员变动等，反映了他们的变迁及独特文化。书稿的整理对了解和研究彝族的家族文化、社会历史发展等有参考价值，对传承彝族传统文化有积极意义。

118. 柘城黄堂各家族谱牒/黄连平主编.—中州古籍出版社，2016.12

摘要：中原大地，文明流长，积淀深厚，每一寸土地都浸润着五千年文化的芬芳。商丘柘城黄堂，地方虽小，绵延久远。重视挖掘根文化，是长久以来文化发展的重要组成部分，也是新时代文化发展的一大方向。黄堂有黄姓、闫姓等等姓氏，对其渊源发展的研究，有其价值，而对该书的出版，也有利于宣传黄堂，凝聚黄堂力量，促进黄堂发展。

119. 洞头谱牒文献集成/温州市洞头区档案局编.—中国文史出版社，2017.05

摘要：洞头境内各姓氏的宗族都编纂有各自一部传世的族谱。这些内容不仅记录了各自家族的历史，也翔实地记录了一个地域在编修当时的历史细节，补充了地方史和国史的不足，掌握了这些史料也对当地的经济、政治、文化、教育和基础建设有整理完成的《洞头宗谱文献集成》将结集出版，这是一部由家谱组成的洞头历史，也是一部有相当份量的历史档案资料。对我们从一个新的角度去了解、掌握和传承洞头深厚的历史、文化底蕴都有着非常现实和重要的意义，也必将有力地推动地方档案工作和洞头文化建设。着非同寻常的意义。

120. 山西省社会科学院家谱资料研究中心藏家谱系列丛书 历代姓氏文献丛刊 中国谱牒学研究会/山西省社会科学院家谱资料研究中心编.—北京燕山出版社，2017.06

摘要：《历代姓氏文献丛刊》，为山西省社会科学院家谱资料研究中心耗时多年整理的精选的家谱资料文献，全书共94卷，每谱前均附有提要，内容包括谱籍、谱名、卷数、纂修者、版本及年代，并简述其卷目、序跋等，具有重要的文献价值和研究价值。

121. 中国彝族谱牒选编/阿西依坡主编.—云南民族出版社，2017.07

摘要：本选题包括序言、前言、谱源、正谱、附录、后记等部分，客观真实地记录了川滇毗邻县市阿西惹尼氏族的渊源及其流变过程。此次收集整理这本谱牒，意在通过家支的力量，把本氏族成员组织起来，更好地拥护中国共产党的领导，并在本地区做好禁毒防艾、抵制邪教组织等工作。

122.谱牒学通论/仓修良著.—华东师范大学出版社，2017.11

摘要：仓先生深入探索谱学发展史，宏观论述其历史与理论，明确学科概念定义，是该领域部系统完备的通论性著作，填补研究空白，学术价值极高。全书运用文化反映论的原理，探讨谱牒起源问题，对各时期谱学发展及其代表人物与著作进行细致研究，展现其阶段特色以及有代表性的理论主张。

123. 史姓世系探讨 从谱牒释疑到合谱商榷/史定华等编著.—金城出版社，2017.12

摘要：这本小册子从解读史氏谱牒文献出发，注重探讨史姓的血缘世系，为大家提供主要史氏家族一个比较真实的概貌。内容包括三部分：第一章介绍史姓概况和谱牒方面的基础知识；第二章基于20篇谱牒文献，通过注释和分析，展现史氏谱牒曲折的演变历程；第三章针对大同合谱不可信的世系，说明四个假说（发散中心说、四大家族说、模糊逻辑说、血缘社会说）的危害，以消除其扰乱史姓血缘世系的影响；附录则收集了相关史料和照片。可供研究宗谱的学者和史姓族人参考。

124.中国南方回族谱牒碑刻楹联资料补遗.—中国言实出版社，2017.12

摘要：回族古籍是民族祖先留给后人的宝贵文化遗产，为了做好南方回族古籍的保护、抢救、普查、搜集、整理、出版、翻译、研究等各项工作，1996年成立了《中国南方回族古籍丛书》编委会，在国家民委全国少数民族古籍资料研究室精心指导下，各协作省、区积极参与，先后出版了回族谱牒、碑刻楹联、文化教育、历史人物、社会团体、经济贸易、清真寺等7册，并于2006年出版了《中国南方回族古籍资料选编补遗》。《中国南方回族谱牒碑刻楹联资料补遗》是对2006年版《中国南方回族古籍资料选编补遗》中回族谱牒、碑刻楹联部分的再次补遗。主要收录了湖南、湖北、四川、云南、贵州、海南、广东、广西、福建等10省、自治区的有关古籍资料，时间下限仍为中华人民共和国成立前。

125. 客家珍稀谱牒文献丛刊/广东人民出版社.—广东人民出版社，2018.02

摘要：本书影印广东、福建、江西及台湾等客家地区明清及民国时期客家的珍稀族谱（家谱、宗谱）文献，共收录王、邓、卢、叶、冯、任、刘、杨、李、吴、何、余、邹、沈、张、陈、林、范、周、郑、赵、施、柳、袁、徐、郭、黄、萧、董、傅、童、曾、雷、蔡、廖、戴、上官37个姓氏族谱86部。按姓氏编排，共分100卷，每卷500页。收录时既注重地域与姓氏代表性，也着重选取能反映两岸同胞同根同源亲缘关系的谱牒，是一项对濒危历史文献进行保护与抢救的出版工程。

126.徽州谱牒 第1辑 全10册/刘伯山.—广西师范大学出版社，2018.08

摘要：谱牒是被用来记载宗族成员世系及事件的文献，而徽州谱牒生产的数量巨大，保存到现在的谱牒数量也比较大，种类非常丰富，几乎包含了传统宗族社会里多出现的所有民间谱牒的类别。从这个角度来说，徽州谱牒具有十分重要的研究价值和研究意义，不仅对于徽学的研究有重要意义，同时对多学科领域的研究都有重要的价值，是十分重要的历史文献。刘伯山自20世纪80年代以来一直关注和从事徽州文书与徽州谱牒的抢救与收集。从2004年6月份开始，由于得到广西师范大学出版社的全力配合和共同协作，开始了徽州文书的整理、调查与影印出版工作，至2017年，已经影印出版八开本《徽州文书》6辑60卷。实际上，在已出版的《徽州文书》中收入了不少谱牒。它们皆是作为归户徽州文书的一部分而收入的，共计收入有38部。由于徽州谱牒的存世量大，收藏的地方多，整理的工作是很艰巨的，尤其是对各谱的出自地考证与调研非常不易，《徽州谱牒》将是与《徽州文书》一样分辑出版，每辑10卷，每卷500页左右，八开本。《徽州文书》与《徽州谱牒》虽然分列出版，但它们之间不是绝对分立的，而是内容上互补，逻辑上共恰，构成了一个整体。《徽州谱牒》第一辑共整理收入谱牒28部，其中26部的原件为刘伯山家藏，它们均是2000年10月份以来在徽州民间的新获得与新发现；2部是十几年前刘伯山分别根据原件和复印件的拍摄，当时原件还藏在徽州乡村民间，为谱主所有。共有印制本12部，印制本的复印本1部，手写本13部，印制接写本2部，另有文书5份。28部谱涉及徽州11个姓氏，有程氏谱3部，皆为手写本；戴氏谱2部，印制本与手写本各1部；洪氏谱5部，其中印制本2部，印制本的复印本、手写本、印制接写本各1部；胡氏谱3部，其中印制本1部，手写本2部；黄氏谱2部，皆为印制本；柯氏印制谱1部；李氏谱4部，其中印制本2部，手写本2部；吕氏印制谱1部；潘氏手写谱2部；詹氏谱2部，其中印制本与手写本各1部；张氏谱3部，其中印制本、手写本、印制接写本各1部。在谱牒的种类中，属于本徽州宗族和人编制的谱24部；自徽州迁居外地宗族编制的谱1部；回迁徽州的宗族和人编制的谱1部；出自徽州的外地宗族和人编制的谱2部。

127.徽州谱牒 第2辑 全10册/刘伯山.—广西师范大学出版社，2018.09

摘要：《徽州谱牒》第二辑以姓氏为序，汪、吴、詹、张、郑、周等6姓共19种家谱。图片约6000幅。有手写本，也有印制本，形制多样，内容丰富。本辑《徽州谱牒》除以谱牒文书为主外，还收录与谱牒直接相关的其他文书，如《黟县一都二图七甲平阳郡汪氏清明会簿与实征册》《歙县产业簿与归户清册》《歙县阳坑民国年间王应文抄录王宗支氏图谱与土地清册》，等等。整理者在田野调查时，发现这些文书可归户于相应的谱牒，是谱牒资料的重要补充；为保持文书的归户性，最大限度地保持文书原貌，发挥其研究价值，故在整理中与谱谍一并收录。为使用便利，整理者简要著录了每种谱牒及其他文书的形制、内容，以及调查情况，并逐一拟定了题名目录。还附有田野调查时拍文书所在村落的照片，方便使用者了解文书的出自地目前的状况。谱牒是一个家族历史和现状的记录，历来受到传统地方社会的重视，是其文化信仰之根。

128.谱牒研究文萃/杨春茹主编.—吉林人民出版社，2018.1

摘要：家谱是一个家族的档案，记录着该家族的来源和迁徙轨迹，被史学家称为是与正史、地方志构成的中华文明三大支柱之一。谱牒学理论是伴随着撰修家谱的社会实践应运而生的一门古老的社会学科，属历史学范畴，

"国学"之一种。主要研究谱牒学的形成、发展、价值、概况及家谱收集、撰修研究活动等。本《论文汇编》征集了当代"谱牒学"研究名人学者的力作及部分民间学者的编修家谱实践经验，可谓是谱牒学理论研究兼实际操作相结合的宝典佳作，必将受到"谱牒文化"学界的广泛欢迎。

129. 家族谱牒编辑出版的变革/李新华编著.—吉林出版集团股份有限公司，2019.01

摘要：本书介绍了一种数字编码横排典籍式族谱的编辑出版方法，其特征在于采用横向书写录入，族人条目以按世代层次归类的典籍式编辑，且其主要信息以数字代码表征。采用此编辑方法使族谱的篇幅缩减到传统欧苏版式族谱的约六分之一，大大降低了族谱的出版成本，且符合现代人的阅读习惯、查寻便捷，将为族谱的出版、流传、使用、珍藏乃至研究带来极大的方便，并有利于加速族谱储存数字化和流传网络化的实现。本书的出版将为族谱的编撰带来新的方向。

130. 中国吉俄尔几九子谱牒/马海达罗主编.—四川民族出版社，2019.06

摘要：《中国吉俄尔几九子谱牒》《吉俄尔几九子谱牒》编写编辑委员会、马海达罗等几位前辈依据2008年编辑发行的《吉俄尔几九子谱牒》为基础，于2017年3月在西昌召集来自云南省丽江市玉龙县、永胜县等32个县市的吉俄尔几九子家族承头人员1000多人一起研究协商同意重新修编完善，《中国吉俄尔几九子谱牒》编写编辑工作于2017年5月8日正式开展，历时2年多的艰苦努力，这部吉俄尔几九子儿女们十分关心期盼已久的家谱。

131. 邓氏宗族支脉谱牒/邓清远，邓一编著.—吉林文史出版社，2019.09

摘要：该书从上古时期邓氏宗族源流史略写起，分六个部分叙述了邓氏宗族数千年的历史演变过程，洋洋大观。为我们了解邓氏宗族的来龙去脉，提供了十分珍贵的资料，也为我们恢复历史记忆提供了想象空间。而且该书增强和满足了邓氏人群认祖归宗的情感需要，具有历史学、民俗学、人口学、社会学的价值。

132. 谱牒诗词精粹/吉育斌主编.—广陵书社，2019.1

摘要：诗词集汇编。将《丹阳东门丁氏十三修族谱》《丹阳延陵潘氏重修族谱》《丹阳仁里庄潘氏族谱》等27部丹阳家谱、宗谱、族谱中的诗词作品析出，编辑成书。涉及写景、咏物、怀古、友人赠答唱和等多种题材，有古体诗、律诗、绝句、画像赞、词等多种体裁。基本呈现了丹阳当地文化风貌，具有一定文献价值。

133. 三山南门外天水村赵氏谱牒/赵麟斌主编.—福建教育出版社，2019.1

摘要：天水村赵氏族谱始编撰于1404年。1472年续修。明代吴山族人续修为《吴山赵氏族谱》，1639年再次续修，题名为《三山赵氏族谱》。本次续修重点在于记录魏王十五世孙赵德京由福州南津坊迁到福州南门外吴山赵厝定居后的繁衍生息、分支迁徙、不断拓展的历史，展示本族内仕宦科第、功业成就、乡情乡愁等宗族文化，以垂后鉴。

134. 两岸谱牒文化的研究与交流.—九州出版社，2019.11

摘要：本书汇集的是第三届海峡两岸民间谱牒文化论坛论文45篇、活动综述1篇。其中台湾12篇、大陆33篇。论文内容涉及两岸族谱对接与编修、谱牒收藏与管理、谱牒资源的信息化及同宗（同名）村交流等方面，对于增进两岸文化交流、推动两岸文化协作具有重要的现实意义。

135. 瑞安谱牒文献汇编.—中国文史出版社，2020.05

摘要：《瑞安谱牒文献汇编》由瑞安市谱牒文化研究中心与瑞安市姓氏文化研究会合作编辑，最后由瑞安市图书馆统稿而成。收集了瑞安市当地30多个姓氏的120多册谱牒中的谱序、续修序、族规家规、人物传略等文献资料。所据资料除广泛采用有关地方史料、方志、文献等外，编者还作了实地调查，核对订正了旧有资料。从中可见瑞安历代人口迁徙、家族变迁、地方特色民俗风情发生演变等地方文化轨迹，见证地方文化与中华文明建设的优秀成果，为斯地百姓记住乡愁提供不可多得的载体。

下编

第三章　德州区域谱牒概要

第一节　明清时期德州文化兴起的社会背景

一、经济文化背景

德州历史悠久文化厚重，地理位置十分优越，傍山依海紧邻济南，处交通要塞是鲁冀的交界处，把守着山东西北部的大门；历史悠久，明朝时期受济南府管辖；人杰地灵，走出了田雯、卢见曾等诸多名人，在明清时期的文化和政治领域享誉声望。滚滚黄河水、滔滔大运河都流经德州，带来了交通、经济、文化的飞速发展，古老的德州再度欣欣向荣朝气蓬勃。明清时期，随着大运河的建成和旧河道的疏浚，德州逐步确立了水路、陆路的"要塞"地位，交通变得更加方便，农业、商业进一步发展，八方来客在这里聚集，德州的文明程度进一步提高，经济发展更加迅速，德州的对外交流、交往增多，成为运河沿岸的经济重镇，进入了历史上的全面发展时期。

德州地区四通八达的水路为农田灌溉工程和排水工程的实施提供了极大地便利，防洪和排水问题得到解决，农田种植面积进一步扩大，促进了农业的发展和农作物的改良，粮食产量得到提高。仓廪实而知礼节，农业的基础地位得到加强，为经济发展和文化繁荣奠定了坚实的物质基础。大运河贯通南北，促进了南北方农作物相互移植，使得南方作物走进北方的农业版图，丰富了德州地区的农作物品种，提高了地区农业生产能力。农业的繁荣和宜居的环境，让更多的人口愿意前来定居，德州进一步充实了人口，逐渐成为屯粮、屯军的战略要塞。大运河的繁荣大大促进了商业贸易的发展，德州的商业活动非常活跃。纺织、印刷、制造业等手工业蓬勃发展，作坊密集，人口集中，在德州地区定居和前来进行贸易的人口数量增长迅速，使区域市场、贸易进一步形成，市场规模逐渐壮大，交易频繁，工商业发达；利用运河作为主要的水上销售线，不断将货物在德州和其他地区间进行互换，使得德州经济迅速发展壮大。经济的繁荣带动了文化的昌盛，明清时期，德州涌现出多位文化名人，呈现出前所未有的文化昌盛局面。同时，兴学重教大行其道，书院教育蔚然成风，这一时期，德州建成了多家书院，读书治学成为风尚，为农耕家庭转向书香世家提供了条件，许多人从德州的书院走出，或出仕为官，或成为大儒，成为德州文化的标志，进一步推动着德州文化的向前发展。

文化的发展吸引了四面八方文人墨客的目光，越来越多的人顺运河而上到访德州，作诗研学、交流文化，既开阔了德州本地学子的视野和格局，也促进了各地文化的交融与繁荣，德州文化呈现出更加百花齐放的繁荣景象。清朝初年诗坛领袖钱谦益与德州名儒卢世㴾、谢陛等成为至交好友，曾两次来访德州，与友人结伴出游唱诗和词，成为美谈。明末清初"三大儒"之一的顾炎武与德州南李家族、北李家族、谢氏家族、程氏家族都私交甚密，曾多次在德州停留，与德州学子论辩研学、交流文化，清康熙九年（1670），顾炎武应邀来到德州开坛讲学传授《易经》，学子们奔走相告聚于德州，成为当时的文化盛事。诗坛宗匠王士禛也多次到访德州，与田氏家族的田雯等把臂同游，成为德州文坛的一段佳话。康熙、乾隆皇帝南巡时多次在德州停驻，在董子台留下了多首耳熟能详的诗篇，如康熙皇帝的《次德州即事》，乾隆皇帝的《过运河》《过德州》等一直流传至今，乾隆皇帝还曾在南巡回途经过德州时，召见了致仕归田的卢见曾，这既是对德州文化地位的肯定，也激发了德州学子苦学研读、报效国家的志气。

随着文化的不断繁荣，读书研学成为风尚，德州的名士大儒为了方便谈诗论教，彰显文化品位，热衷于修建雅园画亭，一时间德州园亭林集，成为文化发展的标志性产物。田氏家族修建的山姜书屋、数帆亭，卢氏家族的尊水园、雅雨堂，南城李氏家族的古槐堂等，或依水而建，或精巧别致，园内雕梁画栋、风雅无双，文人学子不时相聚一起谈论诗歌交流文化。这些园亭展现了世家大族深厚的文化底蕴和举足轻重的文化地位，引领着德州文化的发展潮流。

"尊水园"位于德州城西侧，是卢氏家族的杰出代表卢世㴐的别墅居宅，修建于明朝末年。园内绿树成荫、古朴风雅，设计有精巧假山和玲珑水池，"尊水园"一则取于园内池水潺潺，二则取卢世㴐的号"德水"一字。康熙年间，卢氏家族后人将尊水园赠与田雯，田雯非常喜爱，略做整修后入住，田雯一号山姜，因此改名"山姜书屋"，成为田雯治学会友的重要场所，见证了田雯成为著名政治家和诗人的历程。康熙皇帝南巡路过德州时，下榻山姜书屋，为田雯书房题写匾牌"寒绿堂"，代表了对田雯为官业绩的肯定与表彰。濯锦园由程氏家族程绍修建，程绍时任明朝工部尚书，为人严肃耿直，因弹劾官吏惹得龙颜大怒后被罢官，回到德州修濯锦园，日日读书自得其乐。濯锦园内多处牌匾为书法名家所题刻，如进园后左侧的"濯锦园"大字、入门牌坊"启秀坊"、翼然临于前方的"咏俊亭"以及主体建筑"眙燕堂"，这些扁牌都由明代著名的书法家董其昌所题写；"眙燕堂"高耸宽敞，堂内悬挂一块匾额，为德州籍著名书法家邢侗所书，程绍在眙燕堂亲自教导儿子们读书治学，闲暇时则邀约三五好友来园饮酒作诗，是当时文化交流的重要场所之一。濯锦园的修建风格精巧别致，颇得江南园林精髓，园内凿石引水流于园中，叠石为山、曲径通幽，处处可见小桥流水，风雅无双；亭台楼阁均画栋雕梁、朱栏曲槛，假山上山石奇秀、沟壑交纵；四处杨柳依依，芳草鲜美，树间常能听到鸟儿的清脆鸣叫，在园内游玩徜徉，能让人忘掉世事的烦恼，心灵平静安宁。可见园是德州北李家族的杰出代表李源在清朝初年所建造，园内专门修建"四清馆"方便文人墨客举办文化交流活动，见可园成为当时文人云集之地。后李源之孙李庭灿为了纪念先祖李诚明的冰心铁骨，特将其居住过的"矩亭"移于见可园内，并在多处栽种花草竹林，以承先人之志。见可园内植有苍松翠柏，也有杨柳依依，一派绿意盎然景色，尤其是园内外植有的六十六棵老松柏，傲骨峥嵘庄严肃穆，寓意着不畏强权、固守本心的一贯家风；曲径通幽，尽头是一池荷花，夏日荷叶连连，清香荷花点缀其间，令人诗兴大发。"扬州八怪"之一的高凤翰曾游赏于可见园，题画诗留念。数帆亭由田氏家族的著名诗人田霡所建，位于运河岸边，从亭子内抬头可见董子读书台。据史料记载，数帆亭的实体建筑是土砖结构，顶上覆盖有茅草，极为简陋矮小，可是在数帆亭内又可以远眺运河蜿蜒而来，在阳光照耀下波光粼粼，运河上的大小船只白帆点点，因此取名"数帆亭"。田霡在此地交友治学，一时成为文人雅士汇集之所。这些园亭的修建，是德州文化繁荣的一个缩影，体现了当时读书人互相交流学习的诉求，也推动了习文之风的繁荣壮大。

德州文化的发展推动了区域内名门望族的崛起，涌现出田氏家族、卢氏家族、南城李氏家族等一批文化世家。田雯字纶霞，号漪亭，又号山姜，是清朝初年著名的政治家、诗人，在政治事务上取得了瞩目的成就，深受人民热爱，被称为"德州先生"；田霡，字子益，晚号菊隐，聪慧过人才华横溢，在诗文方面名声大显，因性爱菊花，常常一身布衣在田间篱头摆弄菊花，人送"香城先生"；卢见曾，字澹园，号雅雨，一生手不离卷，笔耕不辍，精通经史百家，曾任职于两淮都转盐运使，主持了扬州瘦西湖在古代的最后一次修缮。德州丰厚的文化底蕴，为文化世家的兴起提供了肥沃的土壤，从而形成了明清时期德州世家大族交相辉映的局面。

二、社会政治背景

明清时期，随着大运河的建成和黄河河道的疏浚，德州逐步确立了水路、陆路"交通要地"的地位，越来越受到朝廷的重视。明永乐年间，朝廷在德州设置递运所，为官方物资及军需的运送提供中转，四年后的明永乐九年（1411），在南关和恩县设置两所马驿，提供换乘的马匹和休整的场所；在西关、城南、城北设置三所水驿，为水路运输休整所用。明永乐十三年（1415），扩建了原有的陵州粮仓，建成德州水次仓，收贮山东、河南两省的漕粮，成为当时的四大漕运粮仓之一，同时修建了贮存德州支用之粮的常丰仓，德州域下24个县都将粮食直接交到水次仓，运河码头人来车往，物资周转十分频繁。随着德州政治、军事地位的逐步提升，明洪武九年（1376），德州原千户所改为德州正卫，统领六个千户所，后又增设德州左卫，共同戍卫德州。明成祖朱棣发动"靖难之役"取得皇位，连年征战导致生灵涂炭，百姓流离失所，德州区域人口急剧减少，劳动力严重缺乏，大量田地荒芜无人开垦，随着战争的结束，明成祖朱棣推行一系列政策休养生息，为了进一步强化德州的戍卫功能，从多地迁入兵士及军户充盈军队；为了增加粮食产量，保证军粮供给，又从外地迁入农户，开垦荒田，这些迁入的军户和农户扎根于德州这片沃土之上，繁衍生息逐渐家族壮大，德州多个世家的先祖也在这些迁入的军户与农户之列。

德州赵氏家族的始祖为武将，随太祖皇帝朱元璋打天下，因军功升总旗；二世祖仍以武将安身立命，升职为百户，"靖难之役"后以军户落户德州开垦荒田，赵氏开始在德州这片土地上落地生根，枝繁叶茂；三世祖则继承了父亲的官位，并在"土木堡之变"中因救驾有功升为副千户，这一职位世袭多代，家族成为著名的官宦世家。赵氏家族迁入德州后，组织士兵开垦荒田、发展农业，把百废待兴的凋敝荒地修整出肥沃良田，有效减少了当地人员流动，保证了军粮供应。德州是明清时期的运河重镇，士兵们闲时种田，战时则迅速集结，维护地区安定；后期赵氏家族由兵转读转仕，培养了赵继鼎、赵念曾等政治文化名人，走出两名进士八名举人，赵氏家族步入了德州名门望族之列。

德州卢氏家族的先祖最初以兵立身，明初时在河北涞水县入伍，后追随朱棣夺得王位，战后以军户扎根于德州，先祖家人随军迁入德州，成为左卫军户后安心务农，家族资产累积四世，第五世卢经考中秀才，摆脱军户走上了读书入仕的道路，成为卢氏家族第一个当朝为官的人，卢氏家族又相继培养出卢门鳌头卢宗哲、治水干吏卢茂、山左名宿卢世㴖、风雅廉吏卢道悦、德水耆英卢见曾等大批名仕大儒，卢氏家族从兵转读转仕，从明朝到清朝几百年间，共培养出进士8名，举人3名，为官者多达40余人，是德州有名的名门望族。

德州田氏家族的始祖明初由河北省枣强县迁来德州落户，从最初的务农开始，在德州这片土地上生息繁衍，从三世田三戒初入仕途开始，田氏家族由农耕家族转向了文化世家发展，在家族发展史上出现了田雯、田霡、田同之等优秀代表人物，他们中有执政一方的封疆大吏，有爱菊如痴的诗坛大家，也有治学严谨的地方大儒，明清时期田氏家族共培养出田三戒、田绪宗、田雯、田需、田璞、田元春六名进士，培养出田同之、田毓恒两名举人。

德州南城李氏家族的始祖以军户身份自山东胶东半岛即墨地区迁来德州，在家族发展中，走上了务农转读书从而入仕的道路，经过四世的发展积累逐渐丰厚，五世李岐于明朝万历年间捐官记名，虽未有实际任用，但这是南城李氏步入仕官的第一次尝试，之后的几世族人将南城李氏家族发扬光大，自明中期开始，南城李氏家族考出了进士两名，举人四名，有官职在身者百余人，家族中多人事迹载入地方志，影响深远。

第二节　德州地区谱牒书目提要

一、德城区、陵城区谱牒书目提要

1. ［德州德城］德州卢氏家谱六卷　（清）卢见曾纂修。清乾隆二十三年（1758）刻本，二册。

始迁祖子兴，明代人。

收藏地：日本东洋文库、美国犹他家谱学会

2. ［德州德城］魏氏家谱四卷　（清）魏广智等纂修。清乾隆十四年（1749）刻本，四册。书名据版心、目录题。

东门始祖伯高，始迁祖清，均明代人。西门始祖仲明，始迁祖源，均明代人。是为两支合修谱。

收藏地：中国人民大学图书馆

3. ［德州德城］德州尹氏族谱不分卷　（清）尹东郊等纂修。清光绪十年

（1884）木活字本，二册。书衣题尹氏族谱。三修本。

始迁祖庆元，明代人。

收藏地：日本国立国会图书馆、美国犹他家谱学会

4. ［德州德城］田氏家谱不分卷 （清）田同之纂修。清乾隆间刻本，四册。书名自拟。田雯初修谱于清康熙三十八年，谱前有乾隆五年田同之序。佚名增补至清道光十八年。

始迁祖畹，字德植，约明成化、弘治间由山东枣强迁居德州之崇五里。

收藏地：天津市图书馆

5. ［德州德城］安德田氏家谱 纂修者不详。1937年刻本。存卷二至四。

收藏地：德州市图书馆、德州市档案馆、德州学院图书馆

6. ［德州德城］李氏族谱四卷 魏廉敬纂修。1942年德州雅雨堂刻本。

收藏地：德州市图书馆、德州学院图书馆

7. ［德州德城］德州金氏支谱六卷 （清）金俊书等纂修。清道光十四年（1834）宝默堂刻本，四册。

始迁祖福忠，明代人。

收藏地：美国哥伦比亚大学东亚图书馆、美国犹他家谱学会

8. ［德州德城］德州封氏支谱三卷 （清）封光硕纂修。清嘉庆七年（1802）刻本，二册。书名据版心题。

始迁祖元鼎，字和五，清代人。

收藏地：国家图书馆

9. ［德州德城］德州马氏支谱四卷 （清）马棪庆纂修。清光绪二十三年（1897）静业堂刻本，二册。书名据版心、书签、书名页题。

始迁祖显忠，明代人。

收藏地：河北大学图书馆、山西省社会科学院中国家谱资料中心、美国犹他家谱学会

10. ［德州德城］赵氏家谱（第八次续修第三册） 第八次续修，2018年补续本。书名据书名页题。封面题赵氏家谱

始迁祖赵兴，明代人，武将出身。

收藏地：德州学院图书馆

11.［德州德城］苏禄王温安家族通谱　合族纂修。2017年四卷本，收于匣。书名据书名页题。封面题中华苏禄东王温安家族通谱。

收藏地：德州学院图书馆

12.［德州陵县］安陵吴氏族谱四卷　（清）吴莹等纂修。清道光二十六年（1846）刻本，四册。书名据卷端题。版心题吴氏族谱。

始迁祖得时（字南田，行一）、得平（字秉公，行二），明代人。

收藏地：中国科学院图书馆

第三节　德州其他县市谱牒书目提要

一、德州乐陵

13.［德州乐陵］刘氏家谱　（清）刘楫纂修。

清嘉庆十七年（1812）木活字本，一册。书名据版心题。

始迁祖昭、真，明时自德州寿光迁乐陵，称南户始祖、北户始祖。

收藏地：河北大学图书馆

14.［德州乐陵］乐邑卞氏族谱　（清）卞维新等纂修。清咸丰五年（1855）抄本，一册。封面题卞氏族谱。

始迁祖顺，明代人。

收藏地：美国哥伦比亚大学东亚图书馆、美国犹他家谱学会

15.［德州乐陵］卞氏族谱不分卷　（清）卞坪等纂修。清光绪二十四年（1894）积德堂木活字本，二册。七修本。

收藏地：日本东洋文库、美国哥伦比亚大学东亚图书馆、美国犹他家谱学会

16.［德州乐陵］史氏家谱不分卷　（清）史中立纂修。清乾隆十七年（1752）刻本，一册。书名据版心题。三修本。

始迁祖秀，号白马史将军，明代人。清史谱出于此族。

收藏地：中国人民大学图书馆、吉林大学图书馆、日本东洋文库、美国犹他家谱学会

17.［德州乐陵］史氏家谱不分卷 （清）史尚朴纂修。清乾隆四十八年（1783）刻本，四册。

收藏地：美国国会图书馆、美国犹他家谱学会

18.［德州乐陵］史氏家谱不分卷 （清）史鹤年等纂修。清嘉庆十七年（1812）刻本，二册。书名据版心题。

收藏地：中国人民大学图书馆、南京市图书馆

19.［德州乐陵］乐陵张氏族谱八卷 （清）张曾耆纂修。清道光十一年（1831）诒谷堂刻本，四册。书名据卷端题。版心、书名页题张氏族谱。有牌记。

始迁祖八老，明代人。

收藏地：中国科学院图书馆

20.［德州乐陵］乐陵董氏家乘不分卷 （清）董书云纂修。清光绪三十三年（1907）正谊堂木活字本，一册。书名据谱序题。版心、书名页题董氏族谱。

始祖秉贞，宋代人。始迁祖才广，明代人。

收藏地：河北大学图书馆

21.［德州乐陵］史氏家乘不分卷 （清）史炳绅等纂修。清光绪二年（1876）刻本，四册。书名据版心、书签、书名页题。六修本。

收藏地：国家图书馆、河北大学图书馆、美国哥伦比亚大学东亚图书馆、美国犹他家谱学会

22.［德州乐陵］宋氏宗谱不分卷 宋金铭纂修。1918年石印本，一册。书名据版心题。

始迁祖宣，一名垣，字旋枢，明季自直隶静海（今天津市静海县）移居德州乐陵。

收藏地：国家图书馆

23.［德州乐陵］乐陵宋氏族谱不分卷 宋哲元、杨兆庚纂修。1934年稿本，一册。书名据书名页题。七修本。

收藏地：华东师范大学图书馆

1935年铅印本，十册，平装。

收藏地：大连市图书馆、吉林大学图书馆、陕西师范大学图书馆、辽宁省图书馆、辽宁大学图书馆、日本东洋文库、美国犹他家谱学会

24.［德州乐陵］乐陵宋氏族谱 李惠兰纂修。1984年铅印本，一册，平装。书名据封面题。

先祖同上。

收藏地：北京大学图书馆、吉林大学图书馆、复旦大学图书馆

25.［德州乐陵］乐陵贾氏族谱一卷 纂修者不详。清光绪间抄本，一册。书名据版心题。

收藏地：山东省图书馆

26.［德州乐陵］刘氏族谱不分卷 （清）刘恩荣纂修。清咸丰元年（1851）谱寿堂木活字本，一册。书名据版心、书名页题。

收藏地：河北大学图书馆

二、德州禹城

28.［德州禹城］德州禹城张集乡大谢庄范氏宗谱 范盛岭纂修。1999年台北市铅印本，一册，平装。书名据封面题。

始迁祖双全，明末清初移居德州禹城张集乡大谢庄。谱载上古以来范氏世系图及大谢庄八世至十二世人物简历。

收藏地：上海市图书馆

三、德州临邑

29.［德州临邑］邢氏家乘十二卷 邢文萝纂修。1912年刻本，十册。书

名据版心、书签、书名页题。

始迁祖伯通，明代人。明人邢侗出于此族。

收藏地：吉林大学图书馆、山西省社会科学院中国家谱资料中心、美国犹他家谱学会

30.［德州临邑］德平葛氏族谱十四卷首一卷末一卷 （清）葛周玉纂修。清嘉庆六年（1801）树滋堂刻本，八册。书名据版心、书签题。

始迁祖士能，明代人。明人葛曦、葛守礼出于此族。

收藏地：国家图书馆、吉林大学图书馆

四、德州夏津

31.［德州夏津］李氏族谱不分卷 李宏升纂修。1988年油印本，一册，平装。

始祖淮、明刚，明万历间由德州即墨县城南关徙居夏津县城南河宝李庄，始迁祖玉奇，四世孙，再徙夏津城里北街。

收藏人：夏津县志办公室李宏升、栖霞市博物馆李元章

32.［德州夏津］夏津范氏族谱 范兴祖纂修。2003年排印本，一册，平装。书名据书名页题。封面题范氏族谱。

始祖文公，原籍江苏苏州，继迁河南，生五子。始迁祖四老，文公四子，明永乐间移居德州临清直隶州夏津县城西距城八里范家老庄。谱载序、凡例、历迁由来记、范氏分迁录、世系图、范氏族谱次支范庄本支逐世族人录、族务记略、族内文苑荟萃、跋等。

收藏地：上海市图书馆

五、德州宁津

33.［德州宁津］牛氏族谱一卷 （清）牛元祥纂修。清光绪二十八年（1902）刻本，一册。书名据版心、书签、书名页、卷端题。

始迁祖楠，顺天府宝坻人，明永乐间迁居宁津城东北固宁乡牛家庄。

谱初修于明，明末失传，此谱乃嘉庆十一年据乾隆四十八年草稿续成，光绪十八年再重订。谱载谱序、世系（止于十三世）。

收藏地：天津市图书馆、上海市图书馆

影印《天津图书馆家谱丛书》本

34.［德州宁津］李氏族谱二卷　李周棠等纂修。1933年刻本，二册。书名据版心、书签、书名页题。

始迁祖名讳失考，明永乐二年自德州即墨迁宁津李家庄。谱载序、世系。

收藏地：上海市图书馆、吉林大学图书馆

35.［德州宁津］六箴堂张氏家谱二卷　（清）张广训纂修。据1936年抄本影印，二册。书名据影印书衣题。三修本。该谱初修于明建文四年。谱系记事上起元代至正二十一年，下至1936年。

始祖原籍南京（金陵），明永乐二年，因靖难之役战火蔓延，金陵六箴堂药铺焚烧，家道中落，遂迁德州宁津长官镇，后有迁辽宁者。始迁祖锁壁，字伯韫，明代人。

收藏地：宁夏回族自治区图书馆、辽宁鞍山市张长尊

36.［德州宁津］郑氏族谱　郑庆连纂修。1981年油印本，二册，平装。书名据版心、封面题。五修本。

始迁祖荣，明永乐二年自山西平阳府洪洞县老鹳窝迁居宁津城北窑厂庄。谱载序文、契据、排行、世系、跋文、留言等。

收藏地：上海市图书馆

37.［德州宁津］荣氏族谱二卷首一卷末一卷　（清）荣续熙纂修。清光绪二十九年（1903）刻本，二册。书名据版心、书名页题。七修本。

始迁祖会，明代人。

收藏地：南开大学图书馆

六、德州齐河

38.［德州齐河］杨氏宗谱十卷首一卷末一卷 杨允升等纂修。1935年石印本，十二册。

始迁祖明吉，明代迁齐河。后裔散居德州省齐河县等地

收藏地：美国哥伦比亚大学东亚图书馆、美国犹他家谱学会

39.［德州齐河］贾氏族谱不分卷长清宋家庄贾氏族谱一卷 （清）贾之濂、贾之韩等纂修。清光绪十四年（1888）刻木，七册。

始祖敬先，明代人。始迁祖仲良，字广淑，明代人。

收藏地：中国科学院图书馆

40.［德州齐河］刘氏族谱二卷（清）刘开泰纂修。清道光二十四年（1844）聚训堂刻本，二册。书名据版心题。谱序题古祝刘氏族谱。初修本。

始迁祖德新，明代人。

收藏地：中国人民大学图书馆

41.［德州齐河］刘氏族谱不分卷 （清）刘振淮等纂修。清宣统三年（1911）刻本，四册。书名据版心、书签、书名页题。谱序题古祝刘氏族谱。三修本。

收藏地：慈谿市环城南路励双杰

42.［德州齐河］赵氏族谱四卷 赵景宸等纂修。1942年济南茂文斋印刷局铅印本，四册。书名据版心、书名页题。卷端题重修赵氏宗谱。

始迁祖琳，字佩甫，明永乐间自山西洪洞县棋盘街移居齐河县桑园赵庄。卷一谱序、世系，余卷载世系。

收藏地：国家图书馆、中国社会科学院历史研究所图书馆、吉林大学图书馆、上海市图书馆、山西省社会科学院中国家谱资料中心、美国犹他家谱学会

七、德州平原

43.［德州平原］恩城刘氏族谱 合族纂修，第六次续修。2016年，二册，平装。书名据书名页题。封面题德州恩县刘氏族谱。

始祖刘十公讳新，明代人

收藏地：德州学院图书馆

44.［德州平原］刘氏世谱 刘清璞纂修，第五次续修。同治戊辰年，四册，平装。书名据书名页题。封面题刘氏世谱。

始祖刘十公讳新，明代人

收藏地：德州学院图书馆

45.［德州平原］宋氏宗谱 合族纂修，第五次续修。2009年三卷本，收于匣。书名据书名页题。封面题德州平原宋氏宗谱。

祖上属明代锦衣卫指挥使宋忠（中华宋氏通将其确认为中华宋氏第81代）之长子宋诚、次子宋分支。

收藏地：德州学院图书馆

46.［德州平原］任氏族谱 合族纂修，翻印第四次族谱（民国二十年）和续修第五次族谱。2015年旧谱翻印后共分上下卷二卷，新续的族谱为四卷。新旧谱书合为一套，共六卷。书名据书名页题。封面题德州任氏族谱。

祖上（明永乐二年）任财富奉旨自莱州府平度州迁来平原县。

收藏地：德州学院图书馆

八、德州宁晋

47.［德州宁晋］托撒氏族谱（第六次续修本）合族纂修，2019年两册本，书名据书名页题。封面题托撒氏族谱

尊奉脱脱，撒敦为始祖

收藏地：德州学院图书馆

九、原德州商河

48. ［原德州商河］亓氏合族谱牒一卷　合族纂修。1913年抄本，一册，经折装。书名据书衣、书名页题。

始祖同上。始迁商河祖赞、知言，皆明人。赞，始祖士伯六世孙，系四门升祖后质祖系支；知言，始祖士伯八世孙，系一门端祖后宝祖系支。此为二支合谱。

收藏地：亓氏族谱文化研究会

49. ［原德州商河］马氏族谱不分卷　（清）马毓椿等纂修。清光绪八年（1882）刻本，四册。书名据版心题。

始迁祖成，元代人。

收藏地：中国人民大学图书馆

50. ［原德州商河］张氏家谱四卷首一卷　合族纂修。1914年木活字本，十二册。书名据版心、书衣、书名页题。八修本。谱初修清康熙三十九年。

始迁祖巨川，元代人。

收藏地：商河市张衍凯

第四章　德州田氏家族和家谱编修

第一节　德州田氏家族概述

德州田氏家族是明初由河北省枣强县迁来德州落户，从最初的务农开始，在德州这片土地上生息繁衍、逐渐壮大，从三世田三戒初入仕途开始，德州田氏家族由农耕家族逐步转向文化世家发展，在家族发展史上出现了田雯、田霡、田同之等优秀的代表人物，他们中有执政一方的封疆大吏，有爱菊如痴的诗坛大家，也有治学严谨的地方大儒，到清末，田氏家族共考出进士6名，即田三戒、田绪宗、田雯、田需、田璞、田元春，考出举人2名，即田同之、田毓恒。

德州田氏家族二世田禹民，幼年贪玩厌学，直至而立之年才有所顿悟，开始研学苦读，教导后人，虽没有功名在身，却是田氏家族第一代的读书人，为后学的发展和家族的兴盛打下了基础，被明王朝赠封承德郎、户部云南司主事。

三世田三戒（1510-1561），字子慎，号中泉。田三戒聪慧过人，勤奋好学，过目不忘，尤其喜爱研学诗文，青年时代所做诗文在德州城广为流传。二十七岁考取举人，之后更加用功读书，终在四十三岁考取进士，步入仕途，这也是田氏家族入仕的转折点，德州田氏家族名声初显。

四世田高（1548-1601），字绍泉。田高在父亲田三戒的教导下也期望走上读书至仕之路，因此他两耳不闻窗外事，一心读书，却屡考不中，又因不善经营，坐吃山空，只给后人留下半室书籍和苦学的精神。

五世田实栗（1577-1645），字裕所。田实栗幼年时父母双亡，生活坎坷贫困，但始终没有中断用功读书，他治学严谨，文章博古通今，得到当时主持院试的官员赏识，求学之路的顺畅让田实栗有些飘然，轻忽了未来科举之路的艰辛，致使考场屡次失利，田实栗不堪忍受挫折，放弃科举，一腔心血培养后世子孙，他的教育理念对孙辈田雯影响深远。

六世田绪宗（1609-1654），字仿文，号蓼庵，曾在河北省吴桥县桑园镇设私塾教书，后逢李自成攻破长安后赞扬其学识，请绪宗出任官职，绪宗不愿与之为伍，遂搬家安心读书，功夫不负有心人，42岁时田绪宗考中举人，被授予浙江丽水县知县。

田绪宗上任初始，深入民间走访，当时丽水赋税繁重，盗匪横流，民生凋敝，百姓苦不堪言，田绪宗从土地开始管理，核对田亩、农户，将赋税分摊到田，均摊赋税。又治理通济堰，兴修水利，大大改善了附近农田的水利条件。适逢农历端午节，田绪宗与百姓一起观看龙舟比赛，因天气炎热，贪凉暴饮山泉引起不适，七月卒于任所丽水。恩赠通奉大夫、刑部左侍郎加一级。

七世田雯（1635-1704），字纶霞，号漪亭，又号山姜。田雯聪明伶俐、才思敏捷，田雯的文化启蒙较早，六岁时被父亲田绪宗传授了《孝经》，幼年一直与祖父田实栗生活在一起，得田实栗悉心教导，耳濡墨染之下，田雯学业获益匪浅。少年时期的田雯热爱读书，学习用功，累积了丰富的知识储备，顺治七年庚寅（1650），田雯乡试以榜首入泮，少年意气，初显锋芒。顺治十八年（1661），田雯进京参加会试，考中贡士。但因为经济掣制，没有继续参考，直到三年后，田雯殿试名列二甲前茅，成为进士，从此踏入官场，沉浮一生。田雯曾主政贵州，期间重视教育文化、缓和民族冲突、疏通河道、发展商业、保护商旅安全、培养本地官员，在政治事务上取得了瞩目的成就，一定程度上改变了贵州的荒凉粗陋，深受当地人民热爱，被称为"德州先生"。

田需（1640-1704），字雨来，号鹿关，田雯仲弟，少年时期随父亲田绪宗到丽水任上，父亲去世后回原籍继续读书，康熙十八年（1679）中进士，康熙二十年（1681）敕授文林郎，后任河南乡试主考官，为朝廷选拔有识之士，后致仕还家。田需读书讲求根源，随身携带木片，遇到奇闻异见随时记录，但是所著文集独藏于家，并不示人。他致仕返德后长居卫河东岸，安享田园生活。

田霡（1681-1730），字子益，号乐园，晚号菊隐，田雯幼弟。年幼时恰逢家庭变故，父亲突然离世，家中骤然失去支柱。田霡聪慧过人、才华横溢，虽家境困顿，却苦读诗书，他在诗文方面与田雯风格迥异，后名声大显有所建树，不愿被俗务所累遂辞谢官府任职，回归田园生活。田霡性爱菊，常常一身布衣在田间篱头摆弄菊花，人送"香城先生"，著有多部文集。

八世田肇丽（1662-1735），字念始，号小霞，其父亲为田雯。幼年家庭教育较好，田肇丽读书好学，博闻强记，四书五经背诵如流，田雯任职期间精力有限，家中一切事宜都由田肇丽打典，事无大小都井井有条。田肇丽科举屡考不中，后蒙荫任户部江南司郎中，到任后，事无大小必查清楚来龙去脉，详细记录钱粮的去处，务求清白无惑，因常年积劳成疾，致仕还家。田肇丽嗜书如命，在诗文研究上有所成就，《四库全书》收录了他的《有怀堂诗文集》。

九世田同之（1677~1756），字在田，一字彦戚，晚号西，祖父是田雯，父亲是田肇丽。田同之生活在德州田氏家族的鼎盛时期，自幼年时期教育环境非常优越。

田同之从小随父母跟随田雯任职，辗转于多地生活，天资聪颖，智慧过人，常被田雯带在身边教导；年龄稍大后，由田雯每日教导诗文，田同之所做诗作才思敏捷，文采斐然，颇有其祖父田雯之风。田同之虽幼年聪颖，引人注目，但考举之路颇为不顺，二十一岁时因成绩优异取得科举资质，却屡试不第，心灰意冷之下彻底放弃科举之路。清雍正七年（1729），田同之蒙荫作为地方考官督导江南科举，后赴京在工部入职学习，他做事踏实认真，对同仁亲厚友善，传承了田氏优良的家风。随后近二十年里，田同之远离朝堂，潜心研究家族遗学，教导后辈读书治学，虽在晚年老病交加，贫困潦倒，但是他一直用顽强的意志进行研究和创作，留下了大量的传世之作。

田同之以后，田氏众孙在文名上大不如以前，再无进士举人或文学大咖出现。

随着文化的不断繁荣，德州的名士大儒为了方便谈诗论教，彰显文化品位，热衷于修建雅园画亭，田氏家族修建了山姜书屋、数帆亭，代表了田氏家族文化底蕴的深厚和文化地位的重要性。

"尊水园"是卢氏家族的杰出代表卢世㴐的居宅，修建于明朝末年。康熙年间，卢氏家族后人将尊水园赠与田雯，田雯非常喜爱，略做整修后入住，田雯一号山姜，因此取名"山姜书屋"，田雯在此治学会友，成为一代著名政治家和诗人。康熙皇帝南巡路过德州时，下榻"山姜书屋"，为田雯书房题写匾牌"寒绿堂"，代表了对田雯为官业绩的肯定与表彰。"数帆亭"由田氏家族的著名诗人田霡所建，位于运河岸边，从亭子内抬头可见董子读书台。据史料记载，数帆亭的实体建筑是土砖结构，顶上覆盖有茅草，极为简陋矮小，可是在数帆亭内又可以远眺运河蜿蜒而来，在阳光照耀下波光粼粼，运河上的大小船只白帆点点，因此取名"数帆亭"，田霡在此地交友治学，一时成为文人雅士汇集之所。这些园亭的修建，体现了田氏家族在德州区域重要的文化地位，也推动了德州习文之风的繁荣壮大。

第二节　安德田氏家谱

一、编修历程

西汉时期朝廷设立安德县，治所在今山东平原县东北，因此家谱前缀有"安德"。《安德田氏家谱》是田氏祖先司农公于康熙己卯年（1675）创修，之后宗族发展，人口繁衍，支系增多，先祖朝议公（田雯父亲）在雍正癸丑年（1733）至雍正甲寅年

（1734）尝试续修族谱，因疾病原因并未完成，乾隆庚申年（1615），田雯在父亲续修的基础上进行家谱续修工作，旧者敬存，新者按增，将朝议公所作家传内传、诰命以及庐墓的相关内容，增入并补充，世表内容则奉植德公为始祖，于康熙三十八年（1699）完成续修工作。其后又经5次续修，最后一版是1937年的第5次续修本，由田敩主修，四卷订，内容由世表、家传、恩命、行述、艺文、年谱、家训等部分组成，2018年被德州市史志办公室影印出版，德州学院图书馆和德州市档案馆均有收藏。

二、目录

《安德田氏家谱》共分为四卷内容，卷一包括总目录、原序、凡例、新增凡例、汪序传、重修家谱记和世表。

卷二包括家传、新增家传、内传、续增内传、外传、续增外传和恩命。卷三包括庐舍、坟墓、艺文和行述。

卷四包括乡贤录、明官录、节孝录、年谱、著述名目记、茹茶吟、家训和重修家谱记。

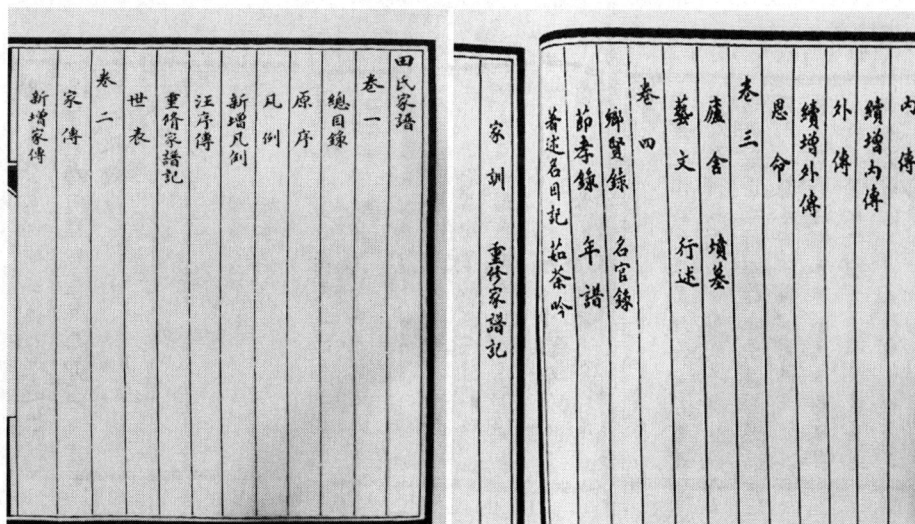

三、《安德田氏家谱》主要内容

1.原序（本族谱由中华书局古联公司"古联智能数据研究室"自动标点系统完成标点）

田雯于康熙己卯年（1699）正月为《安德田氏家谱》作序，记述了自己续修族谱的初衷。内容如下：

家谱之作，有繇来矣。苏洵云：亲尽则涂人。本一人之身，分而至于涂人，愀焉轸叹，谱之所以作也。子孙虽愚，过先人之墓，未有不动心者。时而祀其先，语及其遗事，未有不追泣者。故宗庙之制，祭祀之礼，君子以此崇本返始。知有身，当知身之所自出；知奉其身，当知吾身之所同出；知先人之德曷当世，泽贻祚昆，而为之阐之扬之，搦管联册，长留天壤，其作谱之义乎！小子伏深惭悚，周流恋念，抚今镜古，条缕析辞，载考挚虞之族姓昭穆记，贾执之姓氏英贤谱，孙秘之尊祖论世绿，裴松之家记，令狐德棻之家传，摹其规略，厘订流传。史家自序，远谢于孟坚；家训攸垂，窃淑于之推。谱之作也，顾可缓欤！

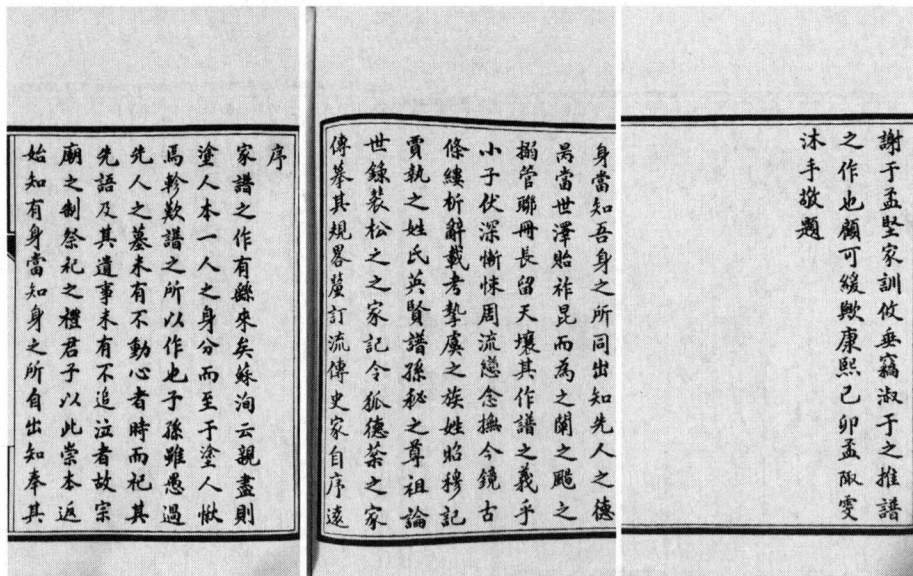

2.凡例

凡例内容主要介绍了家谱的编修体例、收录内容和编修规则，续修会在原有凡例的基础上新增或补充。内容如下：

序传。序，受姓之始，田所自也；传，迁德之祖，以及高曾祖父。谱，为亲作也。

世系。五世为准，示不紊也。

家傅。前人行实，无敢略也。

书讳。亲，则讳之，它，则直书也。

封典。重主恩也。

内传。尊母德也。

外传。古有外宗之典也。

祭祀。始祖不祧，思本源也。忌辰必祭，子孙斋食，不燕宾客，孺慕之诚也。

家庙。朔望焚香拜，四时令节设祭。男子远行，焚香拜，归亦如之。新妇庙见，主妇率之行礼，明有仪也。

家谱。十年一修，十年之中，旧者既存，新者可增，明宗法也。

家训。采撷古人之言行，与海内名贤所撰著，训后人也。

艺文。行状、铭志、年谱、诔章，将以传世行远也。

新增凡例：

家谱。司农公创修于前国博公，重修于后。祖作孙述，皆系自修。故自植德公至朝仪公，凡八世曰：某公，曰：讳某。盖仿苏谱遵所自出，而他则遂名之。新谱系合族公修，故不得不直书也。

新谱。自九世至十一世，名字多与旧谱不同，咸依其后日所改而载今，宜表出以免疑惑也。

续修增例：

谨查前次世表自九世起至十一世止。此次赓续进行自十二世起至十六世止，复自十七世起至二十一世，均行列入，示不紊也。

此次至先国博公悉遵。先司农公体例重修，承先启后，有功田氏。虽系醵资，而法良意美，实有不可湮没者，全族欢迎，故将公之名讳敬谨特书，用昭不忘。

此次外名号、内姓氏俱系采录，虑有未实，后应随时更正，庶无错乱疑惑之弊，内外两传均系后人记录，恐有木尽良善之处，惟望继续更正，以昭传实之意。

3.汪序传

《汪序传》内容为翰林院庶吉士汪士鋐所作，主要内容为田氏的起源、传承，田三戒、田绪宗和田雯所取得的成就。

汪士鋐（1658—1723），江苏长洲人，字文升，号退谷，又号秋泉。康熙三十六年进士。授翰林院修撰，官至右中允，入直南书房。善诗文、书法，有《长安宫殿考》、《全秦艺文志》、《三秦纪闻》、《玉堂掌故》、《华岳志》、《元和郡县志补阙》等。内容如下：

王符潜夫论曰：舜姓虞，又为姚君妫。武王克殷，封妫满于陈，是为胡公。陈哀氏、召氏、咸氏、庆氏、夏氏、宗氏、仪氏、司徒氏、司城氏，皆妫姓也。厉公孺子完奔齐，桓公悦之，以为工正，齐人谓之陈田矣。汉高祖徙诸田关中，先齐诸田徙长陵。丞相田千秋、司直田仁，皆陈后也。武帝赐千秋乘小车入殿，故世谓之车丞相，子孙遂为车氏。敬仲之后，又有皮氏、占氏、沮氏、舆天献氏、靰氏、梧氏、坊氏、高氏、芒氏、禽氏、穰氏、法氏、袁氏、辕氏、尚氏、夏氏、宋氏、司马氏、胡母氏、颛孙氏、第二氏、第五氏、第八氏。又田弘为纥干氏。王世贞云：王姓北海陈留，齐王田和后。如是，则太原之王，殆田裔欤？晋陆云祖考颂曰：有妫之后，将育于姜。而贞龟发鸣凤之兆，周史表观国之繇，故能光宇营丘，厥嗣昌大。由此以观，陆亦田也。凡此概论田姓之自也。古之以姓贵者，江左门高，故称王、谢。淮北大姓，又有崔、卢。迨蓨辟科举之政，行诵法孔孟之徒，旦白屋而夕朱户，其子弟习遗编以继显。故姓之所贵，不在门弟，而在诗、书。求之前人，亦何必浼梁公之华胄，痛汾阳之旧冢。传东海青齐之区，厥族繁衍，灵根既茂，万叶垂林。呜呼盛哉！夫隋号长河，秦名德水，汉蚡食采于鄃邑，公子分封于陆乡。平代绵邈，莫可罄述，溯自植德公始。植德公晼，由真定之枣强，偕兄畴迁于德州。晼生禹民，赠承德郎。禹民生三戒，以进士官户部主事，督漕赒饥，以廉干称。三戒生高，诸生，食贫。高生实栗，端方通直，好行其德。先贤后文，重规沓矩。乐志无尘之慕，砥节有井渫之洁。教授生徒，人比之河汾。卒之日，门人谥曰贞曜先生。二子，仲绪宗，以进士官浙之丽水令，为文章英拔自喜，性嗜饮，摛文掞藻，飞觞泛醳。年踰四十始第，三月廉吏以疾卒。丽邑祀之，今庙存焉。嗟乎！金石可碎，声华无寂，有如我公矣。小子雯，弱年夙孤，衔衈陟庭，负薪经时，披葛轶纪。春枯之条，得與秋兰重芳；陆沈之羽，复共翔刷翼。虽堂户增闳，而德义薄衰。家道颖颖，望古惭良。鞠躬踢蹋，胹汗亡厝。抚葳蕤之劲竹，缅照曜之寒松。清风绵绵，旧德奕奕。裘不改带，车实袭规。岂非余庆之积祐，神明之殷祥哉！

4.重修家谱记

田同之于乾隆五年（1740）秋，作重修家谱记，记述了重修族谱的缘由及编辑体例。

田氏家谱，自我祖司农公于康熙己卯创修，距今乾隆庚申，计四十有一年矣。宗支日繁，新者未增，揆诸十年之例，缺已三马，而尚可缓乎？在我父朝议公，于雍正丑、寅两年间，尝拟增脩，业经条记，无如痼疾缠绵，不二载而遽捐馆舍。余小子每一思及，殊怦怦然，因不揣而继踵之。旧者敬存，新者按增。凡司农公志状、乡贤录，前已载年谱中者，兹不重出。谨将朝议公所作家传、内传，并所受户部两代诰命，以及庐墓，悉行增入。又补撰先大夫、先恭人两传于后，父善母德，罔敢缺略，非文也。至世表则奉植德公为始祖，特列于前，昭不祧之规。二世则重起简端，层累递序，以便系准五世，示不紊焉。

第三节　德州田氏代表人物

一、德州田氏杰出人物田雯

田雯（1635-1704），字纶霞，号漪亭，又号山姜。田雯的父亲在德州桑园建立私塾，做教书先生，田雯也出生在这里。田雯自幼聪慧过人，才思敏捷，六岁时，父亲田绪宗就向田雯传授了《孝经》，母亲张氏出身书香门第，是一位较有文化的女性，幼年时期的田雯接受了很好的启蒙教育。田雯的家族作为书香世家，自德州田氏田三戒中举明嘉靖癸丑进士后，一直考举不利，直到田雯的出生，都没有人得到像样的声望，所以田雯的家人对他寄予很高的期望。田雯七岁时，与在德州当教书先生的祖父田实栗生活在一起，耳濡墨染之下，获益匪浅。田实栗对田氏家族考举不利的失望和对家族振兴的期望，在田雯十几岁时的记忆中留下浓重的一笔。少年时期的田雯热爱读书，学习用功，常常半夜还在苦读，父亲担心他的身体吃不消，呼喝他让他早休息，他一面答应父亲，一面关上门窗，盖上灯，整夜整夜的用功读书。田雯昼夜学习，常常忘了吃饭和睡觉，也因此累积了丰富的知识储备，六岁时，他就经史子集无一不通，每天可以撰写数千字的文章。清顺治七年庚寅（1650），田雯乡试以榜首入泮，少年意气，初显锋芒。次年，他的父亲通过努力考中举人，田雯也在父母的安排下迎娶妻子，德州田氏家族双喜临门。清顺治十年（1653），八月，田绪宗授浙江处州府丽水县知县，令田家意想不到的家庭变故悄然来临。第二年正月，田绪宗离开平原田家到浙江丽水任职，并于7月在丽水去世。田雯的母亲舟车兼程赶到丽水办理丧事，并携棺椁返回家乡德州。田绪宗的离世，田雯家中的支撑轰然而倒，家中仅剩弱母幼儿，随后的几年中，备受恶人欺辱，内忧外患，入不敷出，田雯深感世道炎凉。这几年中，面对乡人刁难、钱粮短缺、生活困苦，田雯在母亲的鼓励下，不闻不理，更加发奋读书，终于迎来了转折。清顺治十八年（1661），田雯进京参加会试，考中贡士。但因为经济掣制，没有继续参考，直到三年后，田雯殿试名列二甲前茅，成为进士。

　　在求学期间，田雯结识了许多文人墨客，一起读书和诗，田雯的文学造诣更加精进。在田雯的科试和岁试中，山东学政的施闰章都担任主考官，对田雯给予极高的评价。田雯在漫长的求学、游历、考举过程中多次被他指点提携，是一件非常幸运的事情。施闰章是闻名于世的文学大儒，在诗坛享有盛誉，他的肯定说明了田雯在诗学方面的才华和能力，也激励着田雯继续刻苦研学诗歌。田雯前后研学于青州、夏津、天津等地，先后两次拜访了济南，三次来到北京。先后师从于陆朝瑛等多位先生，并与王与裔等人研讨学问，不断锤炼自己的文学造诣。

　　田雯经过努力考中进士，光耀门楣，本以为可以凭才华进入庶常馆学习，以优异的成绩进入翰林院，从此平步青云，一展宏图，但是却因为选拔的新例需要其他官员的逐级推荐入选才能从仕。想改推官，却遇到刑部削减职位，改推官之路不通。于是只好改推为考，但因成绩不佳未能入围。入仕不利，只得暂时搁置，田雯继续四处游历，另等时机。这三年内，田雯前往杭州、苏州游历，丰富见识，也试着找一份文书的工作。直到清康熙六年（1667）六月，才被朝廷任命中书舍人，进入仕途，从底层开始打拼。

　　中书舍人属从七品官职，官位较低，从没有以进士身份入职的先例，按旧例，中书舍人的主要工作是对内阁办事的记录和抄写。因官位低微，工作内容单调，田雯和其他新近任命的十二人都感到无施展之地，任职期间还常常被翰林院里一些自命不凡的翰林呼喝指使、嘲笑打压，田雯感到误入歧途，心里万分苦闷。直到清康熙十二年（1673），在官场沉浸数年的田雯升为户部正六品官员。期间，田雯开始逐步实现自己的政治抱负，参与主持乡试，选拔人才，渐渐被康熙皇帝所关注。康熙曾评价田雯"禀质纯良，持心端谨"，对田雯的工作能力非常赏识，多次鼓励提拔，田雯仕途逐渐顺遂，次年（1674），升户部云南司员外郎（从五品）。当年三藩作乱，朝廷内忧外患，为了打击叛乱，朝廷需筹集钱粮，广开财路，充实国库。为了调查管理财政的统计和分配，康熙皇帝让户部官员发表意见，由于当时户部云南司也分管漕运事项，田雯向康熙皇帝建议，可以分散运输漕米的同时捎带白粮的运输，这个提议深得康熙皇帝的认同，没有再上会议讨论，直接下允实行。田雯再次建议对白粮进行疏减，减轻百姓的赋税压力，也得到了认可，并成为清朝统治数十年的成例，田雯逐渐被康熙皇帝重用。

清康熙十四年（1675），康熙皇帝任命田雯监督漕运事务，同年9月，田雯与王日高、王士禛等师友、同仁，泛舟同济河，和诗作对，请郁生绘制当时现场的场景，画毕田雯作诗一篇，其他诗人纷纷和诗，颇有曲水流觞之雅意。自此以后，每逢深秋，文人墨客纷纷泛舟通济河和诗作对，共享诗情雅意。

清康熙十六年（1677）十月，田雯回到德州省亲，在田园风光中想到自己官场浮沉多年，历尽艰辛，又身体不好，疾病缠身，产生了归田退隐的想法。第二年（1678），朝廷下诏举行博学鸿词科，命令各省选拔人才，当地官员不断敦促田雯再次入京任职。

清康熙十八年（1679），田雯管理工部的办事机构节慎库，负责军事、宴会、内务等各种所需用具的设计和制造。节慎库向来是工匠油滑，管理混乱的地方，田雯任职后恩威并施，制定了一系列条例，严肃整顿风气，详细记录支出，经过一段时间的整顿，节慎库管理条理分明，工匠各司其职，后田雯离任时，下属官员和工匠数百人准备了佳肴美酒，在路上为田雯送行。

自清康熙六年（1667）至清康熙十九年（1680），十多年来，田雯的官职一直徘徊在郎官的官阶上，仕途遇到瓶颈，很久没有再度升迁。虽然仕途并不顺利，但田雯却有了许多时间研究诗文，并把郁郁不得志的感怀写入诗歌，成就了一名诗人。这段时期内田雯的政务并不繁忙，有了很多空闲参加诗文集会，诗歌技巧也有所提高，被选为"金台十子"，留下了许多著名的诗句。

清康熙十九年（1680）六月，由工部尚书朱之弼荐举，田雯升提督江南学政按察使司金事，督察江南各地的学官。江南素来多才子，文人墨客汇集之地，监督江南意味着认可了田雯深厚的文学造诣和在学子间的威望，也说明了康熙皇帝非常欣赏田雯，这与田雯任职多年的工作业绩和诗坛声望分不开的。临行江南前，康熙皇帝召见田雯，命田雯督学江南各州府州县的考试、选拔人才等事宜，务必选拔有识之士为朝廷效力，且选拔结果不容他人干涉。田雯履职后谨记康熙皇帝的嘱托，兢兢业业，夜以继日地工作，曾在一年内走遍江南，翻阅档案卷宗十万余件，因太过疲劳导致了失眠和饮食紊乱。

随后几年，田雯回到家乡调养身体，清康熙二十四年（1685），新任漕运总督徐旭龄路过德州时，田雯与其会面，提出了治理漕运吏治混乱、弊病繁多的多条建议，全部被徐绪龄接受。

清康熙二十六年（1687）四月，田雯补授江宁巡抚（从二品），总理粮储提督军政，驻苏州府，成为总理一方的封疆大吏。苏州物产丰富，向来是朝廷的经济重地，田雯到任后深入民间走访，关心百姓疾苦，他发现当时的多条赋税条例过重，百姓苦不堪言，因此他连续上奏朝廷，酌减赋税、疏浚河道，都得到了朝廷的采纳，为苏州赢来了休养生息的时机，一时间苏州物丰民安，一片繁荣。

田雯曾在多地任职，在治理河道、预防水患方面积累了丰富的经验。康熙前期，黄河、淮河、运河都曾多次决堤，致使良田被淹，百姓流离失所，因此康熙皇帝历来非常重视治理河道，而江苏清口作为黄河、淮河、运河三条河道的交汇口，是治河工作的重点区域，更是康熙皇帝和朝廷关注的治理焦点。因治河能带来权力和利益，因此朝廷内部分为多个治河派系，互相倾轧，康熙皇帝一方面希望能彻底解决治理河患的问题，另一方面对派系之争深恶痛绝，伺机彻底瓦解。田雯受命治河，来到江苏清口与当地官员沿着交汇的河道一路勘察，分别提出了不同的治理方案。一同治河的总河靳辅认为，三河虽交汇于一处，却应统一进行治理，哪一方河道也不能放松，应重修河堤，规范河道，约束洪水；而其他人则深知康熙皇帝对河道治理的看法，坚持提出要疏浚下游河道，预防水患，两种意见无法兼容，只好上奏请旨定夺。事实上，这两种意见正是朝廷大学士明珠和直隶总督于成龙两派系之争的产物，而田雯作为地方大员，认为靳辅的方案放眼三河，考虑周全。

廷议中，各方官员针对这两个方案也是各抒己见，互不认同，康熙皇帝只得再次下旨派人重新勘察以确定方案，可再次勘察后上奏的治理意见依然是坚持靳辅所提出的方案，这让一直以来主张疏通淤塞的下游河道以预防水患的康熙皇帝十分不喜。康熙皇帝并没有让田雯参与重新勘察河道的工作，很多人认为田雯触怒了龙颜，对他落井下石，田雯本一腔热情治理河患，对此安排也十分不解，可是很快他就明白了康熙皇帝的深意。清康熙二十七年（1688）正月，康熙皇帝借治河不利罢黜、流放了一大批官员，沉重打击了派系之争，田雯也因为参与治河受到影响，康熙皇帝下诏命田雯以御史巡抚贵州纠劾官吏，兼理提督军务，田雯开始了治理贵州的时段。

田雯在贵州任职的三年中，恩威并施，重视教育文化，采取了一系列措施，如缓和民族冲突、整顿官员的管理、发展教育、疏通河道、发展商业、保护商旅安全、集合难民并编入管理、培养本地官员、鼓励农耕和规范军事纪律，促进了贵州的文明发展。

贵州多山，良田缺乏，山路崎岖不便。水旱天灾来袭则受灾严重。田雯刚到贵州，正赶当年丰收，粮食价格便宜，田雯鼓励官员用自己的俸禄储备粮食以备饥荒，在田雯的带动下，贵州三年时间里官粮充足，无后顾之忧。贵州多山，朝廷的军队驻地路途崎岖，来往多不便，物资粮食的补给都需要从省府贵阳拨支，路途遥远且险峻难行，劳民伤财，田雯上奏朝廷，改给米为给银，军队可以用银钱从当地购买物资军粮，百姓也能得到收益，两方满意。

田雯执掌贵州期间最重视教育，采取了诸多切合贵州实际的措施来发展教育。他翻修书院，平日集中诸生在书院读书，闲暇之余则亲自来到书院授课，一时间，学习读书之风盛行，后来田雯离开贵州时，将毕生收集的书籍捐赠给了学院以鼓励教育。鉴于贵州多地没有修建书院学校，田雯还请奏朝廷，为偏远州县设立新的儒学学校，并定出学额。

在贵州任职三年来，田雯在政治事务上取得了瞩目的成就，改变了贵州的荒凉粗陋，深受当地人民热爱，被称为"德州先生"，可见在治理贵州方面的成就巨大。清康熙三十年（1691），田雯因母亲去世回到家乡为母守孝，随着年龄渐老，致仕还家的想法愈发强烈，康熙四十一年（1702）正月，田雯因身体原因告老还乡回到德州。次年，康熙皇帝南巡时路过德州并下榻田雯居所，为其书房亲题匾额。清康熙四十三年（1704年）田雯于德州去世。

二、德州田氏杰出人物田同之

田同之（1677～1756）是德州田氏第九世族人，祖父是田雯，父亲是田肇丽。田同之生活在德州田氏家族的鼎盛时期，父亲田肇丽蒙祖荫出仕，母亲苏氏同样出自名门望族，自幼年时期，田同之的教育环境非常优越。

田同之从小随父母跟随田雯四处乔迁，曾在多地居住，对风土人情知之甚深，田雯曾任职驻南京学政，田同之的童年时光在南京度过。田同之天资聪颖，智慧过人，被认为有田雯当年的风采，常被田雯带在身边教导，被田雯寄予厚望。年龄稍大后，田雯在每日教导诗文之余常常出诗题让田同之作诗，田同之所做诗作才思敏捷，让田雯非常满意。田雯将自己常用的砚台送给田同之，勉励他坚持学习，笔耕不辍，对田同之影响颇深，田同之晚年字号砚思，表达对田雯的思念。

田同之虽幼年聪颖，引人注目，但考举之路颇为不顺，二十一岁时因成绩优异取得科举资质，为了能继续光耀田氏家族，田同之期冀着追随祖父也能走上仕途，一直认真苦读毫无懈怠，并在苦读之余仍坚持学习诗文，笔耕不辍，但是却屡试不第，直至清康熙五十九年（1720）在庚子乡试中举人，这时田同之已经四十四岁，他的祖父田雯已经去世十余年之久了。为了重振田氏门楣，田同之四次进京考试，却次次落榜，仅在最后一次中副榜，此时他已五十一岁，心灰意冷之下彻底放弃科举之路。

根据清朝科举制度，副榜是安抚科举失败的职位，一般官职都较低。清雍正七年（1729）己酉，田同之奉命督导江南科举，清雍正九年（1731）辛亥，按例应谒选县令，可是田同之坚决不去参选，村民认为田同之不媚世俗，有陶渊明遗世独立之风。此时他的父亲田肇丽在家里养病，朝廷多次敦促他参选，他为了不违父命，令父亲安心养病，只得赴京在工部入职学习，田同之在职期间虚心向前辈请教，学习毫不放松，两年后，差满补国子监学正，每逢堂试，即使遇到大雪阻路，他也风雪无阻，绝不旷课迟到。三年期间，他做事踏实认真，绝无投机取巧，对同仁亲厚友善，绝不阿谀奉承，传承了田氏优良的家风。田同之的贤良之名被交口称赞，备受赏识，当时冬官员缺，田同之被推荐任职工部清吏司，但他以侍奉双亲不能远离而未去任职，更因孝顺双亲、忠肝义胆而闻名。闲暇之余，田同之在京城结交了许多诗友同行交流诗歌和文学，田同之认为清朝中期诗坛缺少德高望重之人，因此作诗杂陈，乱象呈现，他的诗作并不趋同于现状，而是深具唐诗风范。清雍正十三年（1735）乙卯，父亲田肇丽去世，田同之急请归乡奔丧，回到德州。

随后近二十年，田同之远离朝堂，寄情于乡居生活，游走南北结交文人雅士，一同研讨诗文，他潜心研究家族遗学，教导后辈读书治学，过着自娱自乐的生活。回到家乡，田同之依靠祖上遗留的田产以温饱度日，但因不善经营，田产有尽，晚年生活陷入窘迫之中，虽在晚年遭受了丧偶、丧子的锥心之痛，老病交加又贫困潦倒，但是他一直以平常心面对一系列的打击，用顽强的意志进行研究和创作，留下了大量的传世之作。

第五章　德州卢氏家族及其家谱编修

第一节　德州卢氏家族概述

德州卢氏家族是德州有名的名门望族。其先祖以兵立身，明初时在河北涞水县入伍，后追随朱棣夺得王位，战后以军户扎根于德州，从明朝到清朝几百年间，卢氏家族从兵转读转仕，共培养出进士8名，举人3名，为官者多达40余人。

德州卢氏家族一世卢子兴，明永乐五年（1407）落籍德州。卢氏家族的第一世到第四世务农，积累家族资本。

五世卢经，字大经，号静居。卢经自幼聪慧过人，喜爱读书，父亲卢信对他寄予厚望，经过不懈努力，卢经考中秀才，走上了读书入仕的道路，明中期以子卢宗哲贵敕赠征仕郎、翰林院检讨，其家也由临清的陈官营迁居德州城里居住，是德州卢氏家族的始迁祖。卢经是卢氏家族第一个当朝为官的人，这代表着卢氏家族摆脱了军户，开始步入名门望族之列。

六世卢宗哲（1488-1574），字浚卿，号涞西。自幼表现出非凡的才华，幼年时熟读四书五经，出口成章，才华横溢，得到当地名儒交口称赞。卢宗哲经过十年苦读，悬梁刺股相砥砺，在明嘉靖七年（1528）考中举人，十四年（1535）中进士，成为卢氏家族第一位进士，先后任职于南京尚宝寺卿、太仆寺卿、光禄寺卿（正三品），严谨正直、两袖清风。卢宗哲在南京为官主管马政时，常有往来银两可入自己私账，旁人都理所当然地认为这个钱该要，可卢宗哲却说："吾岂怀金者耶？"拒不收钱。卢宗哲对子孙的教育管理非常严格，为卢氏的进一步发展和繁荣打下基础。

七世卢茂（1534-1598），字如松，号绍涞，由恩荫授河南归德府通判，食正五品服俸，所著有《滁阳漫录》。

九世卢世㴖（1588-1653），字灵饶，号德水，晚号南村。卢世㴖幼年爱书如痴，藏书万余卷，常常秉烛夜读每至天明。明万历四十三年（1615）考中举人，天启五年（1625）中进士，授户部江西清吏司主事，明崇祯八年（1635）改云南道御史，巡视中城，崇祯十年（1637）巡视漕储。当时明王朝政治黑暗、朋党林立、乌烟瘴气，卢世㴖心高气傲，不愿与之为伍，因而于崇祯十二年（1639）告病辞去官职，回归田园。卢世㴖在家乡德州建造了书斋"尊水园"，位于德州城西侧，园内绿树成荫、古朴风雅，设计有精巧假山和玲珑水池，"尊水园"一取名于园内池水潺潺，二则取卢世㴖的号"德水"一字。康熙年间，卢氏家族后人将尊水园赠与田雯，返修后田雯命名"山姜别墅"。卢世㴖是"杜诗学"大家，也是卢氏家族的第二位进士，与钱谦益有深交，一生潜心创作，成果颇丰，创修了《德州卢氏家谱》，其生平事迹载入通志、府志、邑志。

十一世卢道悦（1640-1726），字喜臣，号梦山。卢道悦早年丧父，他发奋苦读，后考中进士，是卢氏家族走出的第三位进士，历任陕西陇西县令、河南偃师县令。卢道悦为官体恤百姓，却因过于刚正不阿、不思变通而被不断排挤，多年仕途不顺却并不为意，家徒四壁依然安贫乐道，不违本心，晚年则教育子孙、著书立说，乐在其中。

十二世卢见曾（1690-1768），字澹园，又字抱孙，号雅雨。一生手不离卷，笔耕不辍，精通经史百家，是卢氏家族第四位进士，曾任职于庐州府、江宁府、江西分巡，广饶九南道，两淮都转盐运使，兼管盐法道事，兼管下河水利。授中宪大夫，江南颍州府知府，赠光禄大夫、体仁阁大学士、太子太保。卢见曾重视教育，任职期间多修建学堂，培养了大批人才，因卷入"两淮盐引案"而冤死狱中，后昭冤得雪。

九世卢谦（1714-1786），字挥之，号蕴斋，贡生，刑部陕西司郎中、广司郎中，湖北武汉黄德道，造授中宪大夫。

十世出现卢荫惠、卢荫溥、卢荫文兄弟三进士，使卢氏家族一门进士达到了七人。其中卢荫惠为卢氏家族第五位进士，卢荫溥为卢氏家族第六位进士，卢荫文为卢氏家族第七位进士。卢荫文（1752-1835），字景范，号海门，是卢谦三子，乾隆四十八年（1783）考中举人，五十四年（1789）中进士。

卢荫溥（1760-1839）字霖生，号南石。幼时因家族蒙难四处飘零，却一直刻苦攻读，终在沉冤得雪后入仕为官，光耀门楣。历任翰林院编修，军机大臣上行走，内阁学士、六部尚书、加封太子太傅，位列三公，官至阁老，尊荣至极。

第二节　卢氏家谱

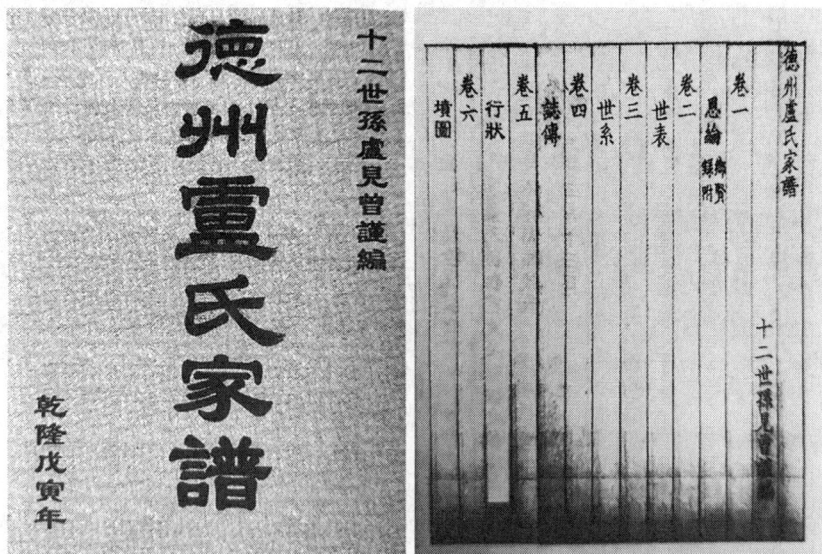

一、《德州卢氏家谱》目录

《德州卢氏家谱》是德州卢氏的第一部族谱，是开山之作，有肇始之功，开创了卢氏家谱的基本体例。家谱一共六卷内容，卷一恩纶（乡贤录附）、卷二世表、卷三世系、卷四志传、卷五行状、卷六坟图，对卢氏家族自明初迁入德州至清朝中期三百余年历史进行了系统总结。

二、《德州卢氏家谱》内容

1.总序（本族谱由中华书局古联公司"古联智能数据研究室"自动标点系统完成标点）

《德州卢氏家谱》总序的作者是顾栋高。顾栋高，字复初，一字震沧，江苏无锡人。卢见曾与顾栋高为同年进士，二人关系十分融洽。卢见曾十分赏识顾栋高的才学，将之延入府中，课子读书，并研究经学。乾隆初年，卢见曾先父卢道悦崇祀乡贤祠，顾栋高应卢见曾所请，作《敕授文林郎河南府偃师县知县诰赠中宪大夫江南颍州府知府崇祀乡贤卢公墓表》；清乾隆二十三年（1758），卢见曾所编《德州卢氏家谱》完成，请顾栋高为之序。

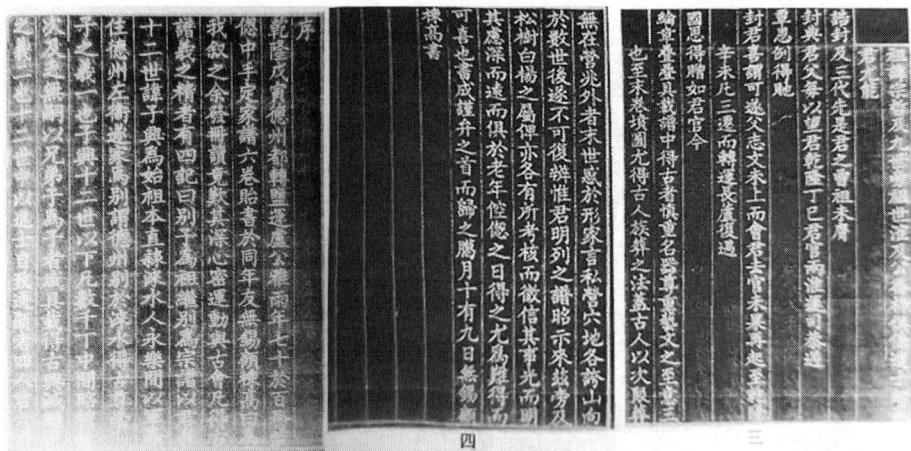

乾隆戊寅，德州都转运监运卢公雅雨年七十，于百务□傯中手定家谱六卷，贻书于同年友无锡顾栋高曰：为我叙之。余发册读竟，叹其深心密运，动与古会，凡得古谱义之精者有四。记曰：别子为祖，继别为宗。谱以君为十二世，讳子与为始。祖木，直隶涞水人，永乐间以军住德州左卫，遂家焉。别谓德州，别于涞水，得古尊崇别子之义，一也。子与十二世以下凡数千丁，中间昭穆世次及乏无嗣以兄弟子焉子者咸具载，得古舆减继绝之义，二也。十二世中，以进士自致通显者四人。君六世祖讳宗哲，及九世旁祖世

潍及公乔梓，俱系进士起家，君尤能诰封及三代。先是，君之曾祖未膺封典，君父每以望君。乾隆丁巳，君官两淮运司，恭遇覃恩，例得赀封。君喜谓可遂父志，文未上而会君去官，未果再起。至乾隆辛未，凡三迁而转运长芦，复遇国恩，得赠如君官。今纶章叠叠，具载谱中，得古者慎重名器、尊重艺文之至意，三也。至末卷坟图，尤得古人族葬之法。盖古人以次聚葬，无在茔兆外者。末世惑于形家言，私营穴地，各夸山向，于数世后遂不可复辨。惟君明列之谱，昭示来兹，旁及松树、白杨之属，俾亦各有所考核而征信。其事光而明，其虑深而远，而俱于老年倥偬之日得之，尤为难得而可喜也。书成，谨弁之首而归之。

德水卢公墓志铭（出自《德州卢氏家谱卷四 志传》）

《德水卢公墓志铭》的作者是王永吉。王永吉，字修之，号铁山，历任明清两朝。卢世潍与王永吉同为明天启五年（1625）进士，感情深厚、交往密切，两人在京城居住时是邻居，交情在世俗形骸之外。明朝灭亡后，王永吉南还时路过德州，拜访卢世潍，两位好友在历经变乱后重逢，百感交集而相拥大哭。王永吉描述为：

"戊子四月，余放舟南还，得与公促膝道故，凡言所能尽与言所不能尽者，无不曲折透露，日出而饮，日入而罢，频行与公诀，曰：从此南北殊绝，须沉醉如泥，两不相识，乃可分手，大叫狂呼，进爵无算，薄暮登舟，果不记如何别！"

卢世潍去世后，王永吉悲痛欲绝，亲书墓志，以表哀思。

内容如下：

余同年友德水卢公既没，日月将葬有期矣。其孝子松祜等走使千里，持工部郎程君先贞所为状，特请余志其隧中之石。余泪洒行间，累歔不能卒业。忆自甲申离乱之后，同籍兄弟落落如晨星，率皆阻隔关河，不相开问。戊子四月，余放舟南还，得与公促膝道故。凡言所能尽与言所不能尽者，无不曲折透露。日出而饮，日入而罢。频行与公诀曰：从此南北殊绝，须沉醉如泥，两不相识，乃可分手。大叫狂呼，进爵无算。薄暮登舟，果不记如何别。去年辛卯八月，再起趋朝，意谓可重续旧欢。时公在平原，余登堂瞻顾，怅然者久之。比入京，回忆往时两寓比邻，备极缱绻，岂谓公遽已没耶？用是心裂肠摧，不能自已。则以余两人交情在世俗形骸之外，向年一会，遂成千古。茫茫海内，心知何人？呜呼！其可悲也已。虽然，又忆公之诗有曰：攒簇身后计，学古预制棺。棺材乃椁料，古朴而长宽。一朝化异物，魂魄足盘桓。公今盘桓于古朴长宽之棺中，应为奔走京尘，仆仆牛马之劳，卜感额叹息，而余顾为公悲。余则陋矣，遂不辞烦兄，扙泪而志之。按状：公讳世淮，字德水，别号紫房，晚称南邨病叟。本涞水人，明初徙德州左卫。数传为俍西公宗哲，嘉靖乙未进士，繇翰林检讨历官光禄卿。宗哲生茂，历官归德府通判。茂生永锡，太学生，以公赠承德郎、户部主事。配纪氏，恩县人，故礼科给事中、山西岢岚道纪公公巡女，以公封太安人。生二子：长世滋，太学生；次即公。公九龄而孤，哀毁如成人，事母太安人暨兄姊孝友特至，不可须臾离。或卒业邨墅，即一飱，意未尝不在庭闱也。十八岁入郡学，试则必冠其耦。又十年而举于乡。又十年为天启乙丑，实与余同登进士，授户部主事。未几，归侍太安人养。太安人既天年，终栖迟久之，始强起补礼部，旋改御史，管漕运。适久旱河竭，贼盗生发，条议上闻，皆犁然中窾，艰阻备尝，得竣役。世雅羡台官雄要，公又劳苦有功，少濡忍其间，循资取卿寺，犹掇之耳。乃复移疾归，掉头不顾矣。皇清定鼎，即家拜监察御史，征诣京师，病笃不能行，蒙恩以原官在籍调理，卒于家。乡之人以为孝友忠贞，各行修立，称其为乡先生也，请祀之学宫，而积君辑其遗文以行于世。八八生于万历戊子十二月初三日，卒于顺治癸巳三月二十九日，享年六十有六。配谢氏，浙江道御史、赠太子少保、吏部尚书谢公庭策女，封安人。继配程氏，侧室陈氏、高氏、杜氏，生六男二女。松祜，庠生，娶故城人礼部主事王开期女。孝余，娶内院大学士太傅吏部尚书谥清义谢公陛女。原留，聘陕西道御史罗国士女。观德，聘举人赵起凤女。尊水，聘交河人山西道御史苏铨女。仆天，聘山西驿传道佥事李赞明女。孙男一，道绳，松祜出。兹卜顺治十二年十二月初十，启谢安人合葬城南祖茔之次。今夫程君之言曰：公环讳倜傥，髯而顾，粹然见于面，盎于背，顾啸谈，精光四射。性嗜酒，多而不乱，日惟以诗书自娱。然而坦荡真醇，诚能动物。一与公涉，则族而族人，乡而乡人，官而官之。兆人鼻间栩栩，皆以为卢公爱己，而愿为之死。海内士大夫声应气求，以至游侠，方使轻客畸人效用不乏。又心地明彻，料事多中，虽不言而示人以微，事定始觉其异。筮仕以还，即耿耿不寐，如有隐忧。以故绝意功名，一出领汛舟之役，非其本怀也。甲申春，龙蛇起陆之时，公手诛伪牧，勇往直前，发崇祯帝之表，哀感傍人，矢死靡他。此岂知有义旗西荡涤凶逆者乎？孔子谓仁者必有勇，惟公有焉托庇。

熙朝以原官终其身。病废之余，饮酒赋诗而已。十年前，自作棺椁，埽除墓地，迹其平生，淡泊宁静，凡世间声色臭味、珍奇玩好，举不足以樱其意，所谓杜亭、书扇斋、匿峰菴诸胜茆屋耳。独架上有书万卷，数鸥夷俯仰其内，清夜诵读，寸夹案，燃巨烛，每至达旦。称诗一遵少陵，顾其诗亦颇类青莲。独饮酒则不论贤愚贵贱，汛滥喧杂，俾书作，夜或一日至数十家，略无倦容。世所号为大贤者，理学、经济、气节三者尽之矣。公诗酒自行于三者，必不肯居于其名，而真理学、真经济、气节乃友在是，其所谓诗酒者，性所近欤！程君之言如此。余不识程君为何人，观其议论明爽，信而有征，足为卢公写照。因骊栝其语为铭曰：广川之野，厥风乐易。是生伟人，拔乎其萃。圭璧瑚琏，蔚为重器。筮仕户曹，持筹会计。将母来谂，承颜养志。免丧复命，出入讽议。挽漕汛舟，鞠躬尽瘁。慨赋录欤，琴书自媚。诗酒从容，五经鼓吹。大寇西来，邦家覆坠。手提长剑，斩除丑类。旧君有股，糢糊涕泗。万死一生，无所回避。

熙朝君子喻义。俾复原官，山中稳睡。乾坤既老，六子用事。远比卢烟霞，嬉戏全节。完名俯仰，不愧卫河。环抱佳城，记山闼。我作铭辞，纳诸埏隧。亿万斯年，发祥启瑞。

第三节　德州卢氏代表人物

一、卢门鳌头——卢宗哲

六世卢宗哲（1488-1574），字浚卿，号涑西。自幼表现出非凡的才华，幼年时熟读四书五经，才华横溢出口成章，得到当地名儒交口称赞。经过悬梁刺股相砥砺的十年苦读时光，卢宗哲在明嘉靖七年（1528）考中举人，十四年（1535）中进士，成为卢氏家族第一位进士，先后任职于南京尚宝寺卿、太仆寺卿、光禄寺卿（正三品）。

卢宗哲任职期间兢兢业业，勤政为民。明嘉靖十六年（1537），庶吉士学习期满考核，卢宗哲以优异的成绩"留馆"成为正式翰林，授翰林院检讨。明嘉靖二十年（1541）充会试同考官，嘉靖二十三年（1544）参订《大明会典》。卢宗哲做事一丝不苟，勤勉干练，口碑甚佳。明嘉靖二十六年（1547）升迁为南京国子监司业，因国子监祭酒官缺而以司业身份主持国子监。时南京国子监教条废弛、管理混乱，国子生学业不振，卢宗哲到任后以身作则、率先垂范，严立规矩，凡有教而不改者一并实施处罚，有的学生请家人来求情，然不论是何皇亲贵戚都被卢宗哲一口回绝而处罚照旧，顿时监事为之一振。卢宗哲以身垂范、严格管理，不论贵族子弟还是贫寒之士都一视同仁，国子生都心服口服。后转任太仆寺掌管军马，卢宗哲熟悉马政、讲求变革，再任光禄寺，革除弊政、抑制宦官巧取豪夺。明嘉靖三十年（1551）入京述职，因考绩优异而被吏部拟授京官，留都重用。但权臣严嵩在朝结党，希望卢宗哲投其门下，但卢宗哲性情刚直，以请托为耻，未予理会，因忤严嵩之意没能被留京重用，迁任南京尚宝司卿，次年转任南京通政使司右参议，常年不得升迁。与卢宗哲同为翰林出身的同年官吏，后来大多位居高位，跻身重臣之列，卢宗哲依然安贫故道而泰然处之，从未患得患失。卢宗哲为官在其位而谋其政，多以体恤百姓为先，所到之处为百姓兴利除害，深得民心。明嘉靖年间，卢宗哲任职光禄卿，掌供御馔及宫廷朝会宴享之事，宴席所需物资的采购多由宦官操办，宦官则常常巧取豪夺谋利，低价强买甚至赊账不给钱，商民叫苦不堪。卢宗哲到任后一改前规，革除弊政，常常训诫属吏：朝廷设采购的职位是为了对上侍奉而不是为了对下欺压，如今你们不在乎民怨沸腾自己给市场定价，难道也不在乎朝廷的体面吗？命令属吏按市价偿还商民，公平买卖，使得商民大悦，市场秩序恢复井然，政通人和。

卢宗哲为官多年两袖清风，在南京为官时主管马政，常有银两可入自己私账，旁人都理所当然地认为这个钱该要，可卢宗哲却说："吾岂怀金者耶？"拒不收钱。宗哲曾南下路过天津，当地官员为他接风设宴，见卢宗哲衣帽皆是洗得发白，便奉以新冠，卢宗哲不愿当面回绝，谢过后换着新冠，但离开时仍着旧冠，将新冠奉还。为官二十余载，告老还乡之时积蓄不过四十两。他以廉洁、忠孝为后辈作则，谆谆告诫子孙，莫为小利而忘义，子孙皆深受其教诲。卢宗哲的儿子卢茂对伯父卢宗贤非常孝顺，卢宗贤感动之余要给卢茂许多金银，卢茂却拒不接受，卢宗哲听说后非常高兴，表扬了卢茂，由此可见卢氏家风一贯以清廉忠孝传承。

卢宗哲在生活中豪放洒脱、忠肝义胆，孝顺双亲、厚待亲族、仗义为友，他天性孝恭，初发科所得的银俸，自己纤毫不取全都送给父母双亲，居京官时，迎父亲入京，每日晨昏定省，尽心尽力奉养；父亲生病，卢宗哲昼夜不舍，随侍在旁，早晚亲自喂饭端药，不假他人。先祖的遗产都让给了自己的二兄，照顾寡居的孀姊直至送终；严谨正直，教育子孙非常严厉，常常坐卧几榻，静设书史，授课启迪子孙，因太过严厉，其子卢茂一直非常害怕他，可正是因为卢宗哲的严格要求，卢茂两岁习字，七岁能诵诗，十二岁能作文，以力学攻文、能继父志为己任，有所成就，为人处事也谨遵父亲教诲以忠孝为先。卢宗哲为官任职南京时卢茂随行，日日侍奉父亲左右，因不服当地湿热的气候水土而常常生病。卢宗哲爱子心切，令其回籍完婚，卢茂"坚不愿行，曰：古人不以一日易三公，儿何忍以姻媾远违下"，后卢茂赴京科考临考三日时听闻继母魏氏病重，众人都劝他安心考试，不要回去了，卢茂却以孝为先乃星夜驰还。

卢宗哲致仕后，将父亲卢经所经营的宅第统统让于二兄、田地捐给族人，对家族"拥护周至，迄今门如初"、"党有贫者则恤而周之"。卢宗哲对待朋友侠肝义胆，做翰林时与李仲西、郭朴二人为契友，三人同室而居，出入相随。翰林院庶吉士俸禄微薄，郭朴家贫，卢宗哲常慷慨解囊为友解困。与本籍德平人刑部尚书、左都御史葛守礼为至交，二人志同道合，以清廉正直相砥砺。致仕还乡后，常与州城旧友笑谈对弈、吟诗作赋，终其一生。

二、治水干吏—卢茂

卢茂（1534-1598），字如松，号绍涞，幼时刻苦读书却时运不济，屡试京闱不中，但后恩荫入仕。

明万历十三年（1585）授直隶宛平县簿，主管地丁钱粮等杂项。许多劣绅大户为了逃避丁税田赋而隐匿田产人丁，这样则增加了一般民户的负担，小民困苦多不堪重赋。卢茂到任后，清点户口、均摊赋役，减轻了百姓负担，深受百姓爱戴。明万历十六年（1588）升直隶大兴县丞。大兴在北京之郊，受宦官势力所扰，大内宦官往往借各种名目巧取豪夺扰民，就连顺天府尹都惧之三分，遇到宦官生事则退让妥协，不敢秉公执法，致使宦官气焰嚣张。卢茂到任后力图为民解困，遇事刚柔并济、左右逢源，即不枉法又不过激，使大兴城上下安然，深得京兆公（顺天府尹）的赏识。万历皇帝亲弟璐王朱翊镠向京郊各县摊派银两，顺天府尹打算以三万银两进献，卢茂则据理力争：这数以万计的金银固然可以丰厚钱囊，可是置法纪良心于何处呢，说动了顺天府尹，最后仅以三千进献。卢茂处事干练且秉公办事，被顺天府尹向吏部推荐任职。

明万历二十年（1592），卢茂升卫辉府（今河南卫辉市）通判，捕奸抚民使境内安然。所辖淇县境内凋敝县政废弛，卢茂受命兼摄淇县县令，期间多有善政令境内大治，当地百姓打算树碑建祠以感念其所做业绩，被卢茂劝止。明万历二十二年（1594），河南旱灾，襄城（今河南襄城县）灾情最为严重，颗粒无收，百姓以树皮草木为食，饿殍遍野。卢茂被推举署理襄城，到任后体察民情、广设粥厂、赈灾抚民。同时有序发放种粮、耕牛，尽快恢复农业生产以度过灾荒，灾民赖以全活者数万，无不颂其恩德。

明万历二十二年（1594）秋，黄河决口，漕运不畅，卢茂素有循良干练的声望，河督便极力推荐他。于是改任命卢茂为归德府（今河南商丘市）通判，专理河务。卢茂临危受命，星夜赶赴归德河署所在地考城（今河南兰考县），亲统万夫治黄疏漕，所属工料银数十万两全部用于河务，无毫厘之差，而所住衙署敞门陋室，不加修葺。河疏漕通，卢茂以首功上报得升服俸一阶。卢茂又率民夫在宿迁疏浚运河，保证了漕运畅通。

明万历二十四年（1596）秋，黄河在虞城（今河南虞城县）决口，卢茂又赶赴虞城，亲莅决口指挥民众筑堤塞口，昼夜不辍。治河疏漕近五载，终积劳成疾以辞官还乡。万历十六年（1598），卢茂病卒。

三、风雅廉吏——卢道悦

十一世卢道悦（1640-1726），字喜臣，号梦山。父亲卢裕早亡，当时的卢道悦年仅十五，弟弟道恒、道和不满十岁，道思还在襁褓之中。在母亲曾氏的教育与感召之下，卢道悦自幼发愤苦读，幼入乡塾，学为文章，是卢氏家族第三位进士，历任陕西陇西县令、河南偃师县令。

原陇西县令张琦病亡，全家十口没有盘缠回乡而滞留陇西，卢道悦听说后倾囊相助其回乡。当时正值朝廷在西南用兵平滇蜀之乱，军需草豆皆由陇西各府县供应，卢道悦精心筹措军需。旧制草豆支取以木刻小票为凭，奸吏往往冒领，常常要靠增加赋税以填补军需空缺，令百姓负担加重。卢道悦咨访谋划以改革弊政，统一改用印票为凭支取草豆军需，杜绝了冒领现象，既不伤民又不误事。邻县戍兵因饷银没有按时发放起哄闹事，县令害怕躲藏令事态恶化。卢道悦单人独骑驰赴军营安抚军心，对带头将领晓以利害，并暂借本县军需发放给士卒，将领悔泣，对卢道悦佩服之极。陇西太守王肇春常常以填报空名的方式空头冒领军需物资，卢道悦查实后拒绝发放，王肇春想说服卢道悦结为同党，但卢道悦刚直不阿、不与之同流合污，王肇春恼羞成怒，阴纵手下骚扰陇西县，卢道悦屡谏不止遂上书揭发。陕西巡抚花善却以揭报迟延为由，对王肇春、卢道悦各打一大板，卢道悦有功却被罢官，按察使为卢道悦鸣不平，但为时已晚。卢道悦任期不到一年，秉公执政甚得民心，离职之日百姓遮道哭送。卢道悦身无分文惨然回乡，家有老母在堂却无以资奉，羞愧难当。其母曾氏知晓大义，对卢道悦称赞不已。

卢道悦与山东郭琇等人结为莫逆之交，此三人都为卢道悦同年进士（康熙九年），均为当世廉吏，几人相互砥砺，足见其情怀。清康熙三十四年（1695），卢道悦复起为河南偃师县令。到任后去除苛捐杂税，百姓安居乐业，徐潮巡抚河南，见状大为赞叹；同郡登丰县大兴徭役，工值少、米价贵，民不聊生，有一家夫妇被逼自尽致使民怨沸腾，巡抚徐潮听从了卢道悦的建议发放赈银，得到百姓感恩。卢道悦治偃师十年期间深得民心，去职后，偃师父老在当地名胜浔溪寄胜亭为其建生祠，岁时祭祀，此后多年念念不忘卢道悦为官爱民之德，"德州人往来偃师者，偃师父老争挽问公安否以为忧喜"，卢道悦儿子卢见曾初任四川洪雅县令时途经偃师，偃师父老"争赍酒食为馈，至挥涕不忍别"。

卢道悦秉承卢氏家训，为官清廉、体恤百姓，却因过于刚正不阿、不思变通而被不断排挤，多年仕途不顺，家徒四壁。卢道悦并不为意，依然安贫乐道不违本心，晚年则教育子孙、著书立说，乐在其中。致仕还乡后居家二十余年，与谢重辉、萧惟豫等和诗连对、交游论学，过从甚密。雍正四年（1726），卢道悦病逝，享年八十七岁，崇祀乡贤祠，岁奉祭祀。

四、卢氏门风

作为德州世家大族，卢氏家风以传统纲常礼教为核心，坚守礼法门风。

第一，孝亲。孝为纲常名教的核心，卢氏家族以孝悌为本，如卢宗哲天性孝恭，自己纤毫不取初发科所得的银俸，全都送给父母双亲；居京官时迎父亲入京，每日晨昏定省尽心尽力奉养，父亲生病，卢宗哲昼夜不舍随侍在旁，早晚亲自喂饭端药，不假他人；先祖的遗产都让给了自己的二兄；照顾寡居的媚姊直至送终。为人严谨正直，教育子孙则非常严厉，常常静设书史坐卧几榻，授课启迪子孙，其子卢茂一直非常害怕他，可正是因为卢宗哲的严格要求，卢茂两岁习字，七岁能诵诗，十二岁能作文，以力学攻文、能继父志为己任，有所成就，为人处事也谨遵父亲教诲以忠孝为先。卢宗哲为官任职南京时卢茂随行，日日侍奉父亲左右，因不服当地湿热的气候水土而常常生病。卢宗哲爱子心切，令其回籍完婚，卢茂"坚不愿行，曰：古人不以一日易三公，儿何忍以姻媾远违下"，后卢茂赴京科考临考三日时听闻继母魏氏病重，众人都劝他安心考试，不要回去了，卢茂却以孝为先乃星夜驰还。

卢世潍的母亲纪氏以贤孝被族人称道，其父卢永锡死后，纪氏上侍老母下抚孤子。卢母高太君长寿，年近九十，纪氏也近七十，但从不因为年龄原因而废礼，早晚侍奉。高太君去世时纪氏披麻跪拜哭泣，见者无不动容。卢世潍九岁而孤，自幼与母亲相依为命，后登科入仕进京为官，想接母亲纪氏进京颐养天年，但纪氏不愿离开家乡，卢世潍两次辞官归乡侍母，奉食请安数十年如一日。卢道悦父亲早亡，自幼与母亲曾太君相依，性情孝顺忠厚，不论何事对母亲都是温和细语，从不急怒。卢见曾对嫡母程氏、生母王氏恪尽孝道，视程氏如生母，垂首受训，言听计从。卢谦侍奉其父卢见曾左右数十年如一日，卢见曾因两淮盐引案受牵连，屈死狱中，卢谦受株连充军塞外，闻父蒙难痛不欲生，三年后卢谦赦还即刻回乡葬父，但因家早被查抄，已无尺土片瓦，妻子儿女寄食外家，父无葬身之穴，卢谦哀痛欲绝但忍辱负重，积数年薄禄赎回墓地，将父亲安葬于城南。致仕后在城南纪家庄傍父墓筑庐数间，与父为伴再不踏入州城。德州卢氏代有孝子，尊老孝亲之门风世代相传。

第二，睦族。卢氏家族和睦，尊长爱幼、济困救贫。卢宗哲致仕后将父亲卢经所经营的宅第统统让于二兄，为媚姊养老送终；卢蕃性情慷慨，将田地捐给族人；卢茂对家族拥护周至，及时解囊相助；卢道悦致仕还乡后尊兄、爱弟、和族，为人称道，对待异母兄弟尤其恭谨，事必协商，从不独自专断。卢道悦之姊丈夫早亡，孤儿寡母家贫难以度日，卢道悦将姊、甥迎入家中，养姊抚甥，外甥终学有所成。卢道和善于经营、性情豪爽，多周济兄弟、族人，卢道悦在陇西被罢官后身无分文无以糊口，卢道和慷慨相资。卢见曾的弟弟卢闻曾、卢昭曾早亡，留下孤儿寡母无以为生，卢见曾则抚养教育如同己子。卢见曾致仕还乡后置祭田、建家庙，周济族人，对亲族里贫苦无所依者资助银两、筹划生计，婚丧嫁娶都帮助操办，无论是母家族人还是妻家族人，只要需要都尽力相助；邀请名师大儒教导子孙，对族人中略通文字者因材施教，卢门由此大盛。但不幸的是，卢见曾被两淮盐引案发牵连，死于狱中，惨遭抄家之祸，子孙皆受株连，长子卢谦充军塞外，众子孙逃离家园，不久卢见曾昭雪，卢谦赦回复官。卢谦忍辱负重，还乡后家中已无尺土片瓦，兄弟、子侄寄食外家，卢谦在城南纪庄筑屋，将兄弟、子侄等召还，读书劝业重振家室，三子卢荫惠、卢荫溥、卢荫文先后考中进士，再兴卢氏门楣。后卢荫惠、卢荫文致仕还乡，与弟卢荫长同理卢门，睦邻、亲族、孝友卢氏更盛。卢荫惠秉性慷慨并善医方，族人有难处总是极力周济，有病痛总是尽心救治。卢荫文贡生出身，赋性恬适，最善理家、治产，置祭田、义田以赡族人，晚年以"齐家"之道训诫子孙，成为后世卢氏族训。

第三，敦友。卢氏交友"义"字当头，以诚相待、乐于助人。卢宗哲为翰林时，与李仲西、郭朴二人为契友，三人同室而居，出入相随。翰林院庶吉士俸禄微薄，郭朴家贫，卢宗哲常常慷慨解囊为友解困。卢蕃有侠义之气，嗜友如命，有朋友来访必定准备酒肉、扫榻相迎；卢世滋待友挚诚，朋友即使夜晚来敲门也必定热情相迎，如遇难处身无分文穷困潦倒，必然不遗余力倾囊相助；卢道悦与山东郭琇等人结为莫逆之交，郭琇病逝后，卢道悦非常悲痛而至魂牵梦萦。

五、卢氏操守

德州卢氏世代为官、循吏辈出，为官操守为其家法的重要内容。自卢宗哲始，卢氏历代官员以身作则，垂训子孙：为官以廉、勤、忠、正为本，以恤民为先，坚守清正廉洁、勤政爱民、秉公执法、崇尚气节、不畏权贵的节操。

第一，清正廉洁。清正廉洁是卢氏为官的基本操守。卢宗哲是卢家第一位高官，其节操在卢氏家族中堪称表率，在南京为官主管马政，有银两可入自己私账，旁人都理所当然地认为这个钱该要，可卢宗哲却说："吾岂怀金者耶？"拒不收钱。卢宗哲曾南下路过天津，当地官员为他接风设宴，见卢宗哲衣帽皆是洗得发白，便奉以新冠，卢宗哲不愿当面回绝，谢过后换着新冠，但离开时将新冠奉还仍着旧冠，为官二十余载，告老还乡之时积蓄不过四十两。卢茂任归德府（今河南商丘市）通判，亲统万夫治黄疏漕，所属工料银数十万两全部用于河务，无铢两之差，而所住衙署敞门陋室，不加修葺。卢道悦任陕西西县令，清正廉洁、秉公执政，甚得民心，但因得罪上司而被罢官，百姓遮道哭送，卢道悦身无分文惨然回乡，家有老母在堂却无以资奉，羞愧难当，其母曾氏知晓大义，对卢道悦称赞不已，后起为河南偃师县令，以清正廉洁为本，百姓为其立生祠，卢道悦也成为后辈之表率，其子卢见曾赴任四川之时道经偃师，偃师父老夹道相迎为卢道悦祈福，卢见曾感同身受，以父为楷模。卢见曾子卢谦为官十载，还乡后筑草庐自居。卢谦四子卢荫惠曾为偃师县令，以曾祖卢道悦为榜样，偃师百姓深感卢氏之德。卢谦五子卢荫溥身为翰林数十年，家无余资，为母过寿时需靠妻子袁氏当卖嫁妆首饰为资，后虽为阁老重臣仍清廉如初。

第二，刚直不阿。卢氏为官秉公执法、不畏权贵、刚直不阿、崇尚气节。嘉靖三十年（1551），卢宗哲入京述职，因考绩优异被吏部拟授予任京官，留都重用。时权臣严嵩在朝结党，希望卢宗哲投其门下，但卢宗哲性情刚直，以请托为耻，未予理会，因而忤严嵩之意，没能被留京重用，迁任南京尚宝司卿，次年转任南京通政使司右参议，常年不得升迁。与卢宗哲同为翰林出身的同年官吏大多位居高位，跻身重臣之列，卢宗哲则泰然处之，安贫故道从未患得患失。万历皇帝亲弟潞王朱翊镠向京郊各县摊派银两，顺天府尹打算以三万银两进献，卢茂则据理力争：这数以万计的金银固然可以丰厚钱囊，可是置法纪良心于何处呢，说动了顺天府尹，最后仅以三千进献。

卢世漼于明天启年间考中进士，授户部主事，当时明王朝政治黑暗、朋党林立、乌烟瘴气，卢世漼心高气傲不愿与之为伍，因而于崇祯十二年（1639）告病辞去官职，回归田园。原陇西县令张琦病亡，全家十口因没有盘缠回乡而滞留陇西，卢道悦倾囊相助其回归故里。当时正值朝廷在西南用兵平滇蜀之乱，军需草豆皆由陇西各府县供应，卢道悦精心筹措军需。旧制草豆支取以木刻小票为凭，奸吏往往冒领，常常要靠增加赋税以填补军需空缺，令百姓负担加重。卢道悦咨访谋划以改革弊政，统一改用印票为凭支取草豆军需，杜绝了冒领现象，既不伤民又不误事。陇西太守王肇春常常以填报空名的方式空头冒领军需物资，卢道悦查实后拒绝发放，王肇春想说服卢道悦结为同党，但卢道悦刚直不阿、不与之同流合污，王肇春恼羞成怒，阴纵手下骚扰陇西县，卢道悦屡谏不止遂上书揭发。陕西巡抚花善却以揭报迟延为由，对王肇春、卢道悦各打一大板，卢道悦有功却被罢官，按察使为卢道悦鸣不平，但为时已晚。卢道悦任期不到一年，秉公执政甚得民心，离职之日百姓遮道哭送，卢道悦身无分文惨然回乡，家有老母在堂却无以资奉，羞愧难当，其母曾氏知晓大义，对卢道悦称赞不已。

第三，体恤百姓。卢氏为官多以恤民为先，所到之处为百姓兴利除害，深得民心。明嘉靖年间卢宗哲任职光禄卿，掌供御馔及宫宦朝会宴享之事，宴席所需物资的采购多由宦官操办，宦官则常常巧取豪夺谋利，低价强买甚至赊账不给钱，商民叫苦不堪。卢宗哲到任后一改前规，革除弊政，常常训诫属吏：朝廷设采购的职位是为了对上侍奉而不是为了对下欺压，如今你们不在乎民怨沸腾自己给市场定价，难道也不在乎朝廷的体面吗？命令属吏按市价偿还商民，公平买卖，使得商民大悦，市场秩序恢复井然，政通人和。明万历年间，卢茂任河南卫辉府通判，所辖淇县县政废弛，境内凋敝，受命兼摄淇县县令，轻徭薄赋，多有善政，境内大治，百姓感念，父老欲为之树碑建祠，被卢茂劝止。万历二十年（1592），卢茂升卫辉府（今河南卫辉市）通判，捕奸抚民，境内安然。所辖淇县县政废弛，境内凋敝，受命兼摄淇县县令，多有善政，境内大治，百姓感念，乡亲父老打算为他树碑建祠，被卢茂劝止。万历二十二年（1594），河南旱灾，襄城（今河南襄城县）灾情严重颗粒无收，百姓以树皮草木为食，饿殍遍野，卢茂被推举署理襄城。到任后体察民情、广设粥厂、赈灾抚民。同时有序发放种粮、耕牛，尽快恢复农业生产以度过灾荒，灾民赖以全活者数万，无不颂其恩德。万历二十四年（1596）秋，黄河在河南虞城决口，卢茂赶赴虞城亲莅决口，指挥民众筑堤塞口，昼夜不辍，治河疏漕近五载卓有成效，后终积劳成疾。康熙三十四年（1695），卢道悦复起为河南偃师县令，到任后去除苛捐杂税，百姓安居乐业，徐潮巡抚河南，见状大为赞叹；同郡登丰县大兴徭役，工值少、米价贵，民不聊生，有一家夫妇被逼自尽致使民怨沸腾，巡抚徐潮听从了卢道悦的建议发放赈银，得到百姓感恩。卢道悦治偃师十年期间深得民心，去职后，偃师父老在当地名胜浔溪寄胜亭为其建生祠，岁时祭祀，此后多年念念不忘卢道悦为官爱民之德，"德州人往来偃师者，偃师父老争挽问公安否以为忧喜"。乾隆年间，卢见曾为安徽六安知州，六安劣绅贿赂前任占据官塘八十三口，百姓数千百家、数万亩田灌溉受到影响，卢见曾到任后惩治劣绅，将官塘付之于民，调任他处之时六安百姓纷纷前来送行，追随着卢见曾的车马久久不愿离去。卢见曾为官，所到之处兴修水利、兴办教育、为民兴利除害，先后在安徽蒙城浚河开渠、大兴水利；在亳州疏浚淤塞的河道、兴修水利工程，让淮河不再泛滥，确保了农田用水；在颍州重开西湖，涝时可蓄水防洪，旱时可泄洪浇灌庄稼，辖内百姓安居乐业；在直隶永平疏浚洋河，解除了多年的洋河水患；乾隆二十年，江淮大水致扬州被淹，饥荒漫延。卢见曾下令开仓赈济，出官粮三十余万石，持续三月广开粥场，五十余万灾民得以全活，大灾过后，卢见曾在扬州开挖修竣河池以避免类似水患。卢见曾重视教育，任职期间多修建学堂，培养了大批人才，卢见曾子卢谦为政时善治水，有其父遗风，在任武汉黄德道其间率官民构筑提防、疏水导洪，卓有成效。在广平期间修治漳河、滏河、沙河、牛尾河等，疏浚河道、修筑堤防，水患大减，政绩卓然。山东巡抚建议运河漕船用民夫拉纤，卢谦奉命勘查后力陈劳民之弊，为民请命，最终免除劳役之苦。卢谦子卢荫惠、卢荫溥、卢荫文为官继承祖训，以民为本，口碑甚佳。

第四，敢当大任。卢氏为官以忠君、受民为本，见义而为、敢当大任。卢宗哲做事果敢，南京国子监教条废弛、管理混乱，国子生学业不振，卢宗哲到任后以身作则、率先垂范，严立规矩，凡有教而不改者一并实施处罚，有的学生请家人来求情，然不论是何皇亲贵戚都被卢宗哲一口回绝而处罚照旧，顿时监事为之一振。卢宗哲以身垂范、严格管理，不论贵族子弟还是贫寒之士都一视同仁，国子生都心服口服。邻县戍兵因饷银没有按时发放起哄闹事，县令害怕躲藏令事态恶化。卢道悦单人独骑驰赴军营安抚军心，对带头将领晓以利害，并暂借本县军需发放给士卒，将领悔泣，对卢道悦佩服之极。卢见曾为官雷厉风行，当仁不让。乾隆元年（1736），卢见曾被擢升为两淮盐运使，当时两淮盐商勾结、贪赃舞弊，盐民苦不堪言，卢见曾初到任时推行新法、革除沉疴，经常微服出巡了解盐民疾苦，并探查盐法政策的落实情况，在一系列的措施下，盐价回落，盐市买卖重回正规。据历史记载，当时盐商与官府沆瀣一气，将盐民的盐池划为己有，盐民不服，双方争讼不下，卢见曾到任后重新审判此案，认定盐池由盐民所有，盐民也需交纳一定的赋税，这就是著名的"灶属商亭，粮归灶"的判决，卢见曾将详情上报朝廷，陈述自己的主张并获得了朝廷的同意，维护了盐民利益，后卢见曾因卷入"两淮盐引案"而被投入监狱并冤死狱中。直隶滦州发生旱灾而颗粒无收，数千饥民向官仓、大户强行"借粮"，滦州知州镇压，致使民怨沸腾震动京师。总管高斌言卢见曾能判大事而极力推荐，于是卢见曾临危受命赶赴滦州。当时千余饥民被拘城中导致民变将起。卢见曾到任后星夜受理，将灾民"借粮"原由及数量一一登记画押后即刻予以释放，令丰年偿还，被劫大户也赞同此法，一场即将发生的民变被化解，次日喜降大雨，滦民欢呼如雷。

卢氏子弟多胸怀大志，当仁不让，敢为人先。卢氏妇人则坚守礼法妇道。卢永锡妻子纪氏寡居，独处一室从不迈出家门。其儿子卢世潍交游甚广，几位好友恳请再三想要拜见卢母，卢母深领其意，自言老妇人岂能面见外人，于是婉言谢绝。卢世潍九岁而孤，自幼与母亲纪氏相依为命，后登科入仕进京为官，想接母亲纪氏进京颐养天年，但纪氏不愿离开家乡。卢世潍两次辞官归乡侍母，奉食请安数十年如一日。卢昭妻子张氏十九岁守寡，上侍奉年老的婆母，下抚养年幼的稚子，教子理家，尽孝守节，其儿子卢诰成人后，入国子监苦读以应对科考，但不幸暴病而亡。张氏年青丧夫，中年又丧子，不幸至极。张氏与吕氏（卢诰妻）婆媳苦度时日，寡居养育教育卢诰年幼的儿子，年九旬仍劳作不辍，朝廷旌表："守节妇人"。有清一代，卢氏女眷共有二十五人被朝廷旌表为："守节妇人"。

第六章　德州南城李氏家族和族谱编修

第一节　德州南城李氏族谱

一、德州南城李氏家族概述

德州南城李氏家族是德州区域著名的世家大族，虽然其家族取得的荣耀稍逊于卢氏、田氏等豪门世族，但是南城李氏培养的大批文人仕官在政治、文化、教育等诸多领域大放光芒，奠定了家族在地区文化发展中的重要地位。

德州南城李氏家族的先祖最初以行伍立身，"靖难之役"后以军户自山东即墨迁入德州并在此安家，在家族发展中走上了由兵转农转读从而入仕的道路，自明中期开始，南城李氏家族考取了进士2名、举人4名，有官职在身者百余人，家族中多人事迹载入地方志，足见其家族影响深远。

南城李氏家族的得名源于该家族在德州落户时所处的位置。明清以来，由于临近运河交通发达，八方来客汇集于德州，德州经济飞速发展，一时间商户林立买卖频繁，经济的发展带动了文化的繁荣，德州地区兴建了多所书院，也涌现出多个名门望族和文化世家，这些世家中仅李姓就有三家，人们为了方便区分这三个李姓家族，就根据这三个家族所处的地理位置不同加以辨别，居住位置于德州北部的李氏家族被称为北李家族，居住位置于南门内的李氏家族被称为南李家族，南李、北李两个家族历史更加悠久，称谓被人们口口相传，一直延续了下来。在德州随后的文化发展中，居住于城南的李氏家族因家中连续走出两位进士而被人瞩目，也迈入了名门望族之列，为了与之前的南李、北李相区分而被称为南城李氏家族。南城李氏家族以军户为始，经过四世的发展积累逐渐丰厚，五世李岐虽于明朝万历年间捐官记名，但是并没有实际的任用，这是南城李氏步入仕官的一次尝试，之后的几世族人将南城李氏家族发扬光大。

五世李岐，字兴周，别号鸣冈，幼时认真读书期望以科举入仕，却因屡考不中捐官入太医院，未得到实际任用。李岐性情纯孝，其父亲去世时将幼弟李峨托付给他，李岐抚养幼弟恩义两全，经过勤劳致富，家庭物资丰厚，李岐主动将家产与弟弟平分而没有丝毫不舍。李岐对待族人乐善好施，家族内有贫穷无收入者、幼而失去双亲者，李岐都慷慨解囊，或者资助生活，或者资助读书，令其有所建树；对待亲族宅心仁厚、宽以待人，从未与他人有过争执，族人都交口称赞。

九世李升，字阶五，号槐村。李升是清康熙乙酉年（1705）举人，选中书舍人，没有入职。性情仁厚，在族中置办义田又置义冢，遇到灾荒则开仓放粮以安置亲族中没有生存能力的人员；如果遇到偷盗则视而不见，并不加以追究；李升家中的一位婢女年幼聪慧，李升见到后直觉是大户人家的子女，询问后果然如此，李升派人送其回家并分文不取。李升重视教育，训课子弟严而有理。

十世李世垣，字星门，雍正癸丑（1733）年进士。在富平县任知县时廉洁自律，修北山湖以兴水利；重视教育，修葺了南湖书院、创办了义学，受到百姓拥戴。

二、《德州南城李氏族谱》编修历程

南城李氏家族第一部完整的族谱于清乾隆丁丑年（1757）编纂，清道光丙申年（1836）进行第二次增订续编，清光绪乙巳年（1905）进行第三次续修，民国壬午年（1942）进行第四次续

修，1942年续修本分为"元、亨、利、贞"四册。正文内容繁体竖排，体例完备，世系、职官、举贡、世表、茔图分明，行述、传记、寿序、墓志、外传均齐全，内容还含有封赠敕命、保荐呈文、义田由来。历经四次编修，前序后跋俱全。2015年进行第五次族谱编修工作，目前德州学院图书馆收藏《1942年续修本》，德州市档案馆收藏《2015年续修本》。本谱以《2015年续修本》为例进行介绍。

三、目录体系

《德州李氏族谱》（2015年版，第五次编修）共分为三卷，卷前目录包括《德州李氏族谱》新版序言（李政）、《德州李氏族谱》标点记言（张春来）、李氏家族上古三祖（李占国）、李氏族徽图腾赞、鬲津古槐堂诗赞（田同之、卢见曾）；第一卷正文目录包括新修德州李氏宗谱序（王合祥）、续修德州古槐堂李氏家谱序（魏廉敬）、续修德州李氏族谱序（张书元）、德州李氏续家谱序（封宗翕）、原序（卢见曾）、家谱记言（世佩）、族谱凡例、祖茔志略、茔图、李氏义田记（李升）、复义田记（世垣）、世系图；第二卷目录包括职官举贡表和世表。世表分为第一至六世、七世、八世、九世、十世、十一世、十二世、十三世、十四世、十五世、十六世、十七世、十八世、十九世、二十世、廿一世、廿二世；第三卷目录包括乾隆十六年封赠敕命（两篇）、乾隆三十六年封赠敕命、德州志人物传（三则）、德州志节孝传（二则）、太医院吏目鸣冈李公墓志铭（周诗）、李母郭孺人墓志铭（杨榗）、博兴县训导高冈李公行状（何显宗）文学伯培李子圹志（周诗）室人孟氏墓志（枝发）、李母周孺人墓志铭（杨榗）、李室杨孺人墓志铭（杨榗）、亡室杨孺人行实（聚顺）、克明李公暨崔孺人合葬墓志铭（程先贞）、知澄迈县李公墓志铭（田雯）、敕封孺人显妣曾太君行述（犹龙）、拔贡生仲斗李公墓志铭（田需）、李母陈太君墓志铭（田需）、记敏斋公轶事（世佩）、例授儒林郎乘云李公墓志铭（卢道悦）、文学郑履李君墓志铭（李涛）、候选教谕李君公裕先生墓志铭（黄越）、候选内阁中书仲弟槐村君墓志铭、槐村李公墓表（田肇丽）、李母吕太孺人墓志铭（张文灿）、例封孺人显妣吕太君述略（世垣）、明经济臣李君墓志铭、亡室田氏墓志、继室张氏墓志、例赠孺人李母王太君墓志铭（魏廷珍）、山径李君暨配鲁安人合葬墓志铭（许朝）、庚子科举人念庵李君墓志铭（张元）、李母谢孺人墓志铭（王洪谋）、乾隆五年旌表节孝宋孺人原题事实、李母宋孺人节孝寿序（沈文镐）、鲁斋李君暨赵孺人合葬墓志铭（金甡）、显考渭川府君暨妣卢孺人行述、云南昭通府大关同知李滋园公传（封大受）、敬持李公墓志铭（苏遇龙）、右奉李君墓志铭（吴楚椿）、显祖妣萧太君行述、李君隐萝小传、赞斯李翁《学吟草》跋（封大受）、族兄上馨公传（仁辅）、嘉庆十五年旌表节孝赵人册卷稿、陈孺人传（苏元菱）、道光元年保举孝廉方正呈、寿山公县志人物小传（董瑶林）、费李公号寿山词句（魏廉敬）、雨轩公行实（承训）、跋（民国二十三年）（董瑶林）、阅董瑞芝《跋》随笔咏句（魏稚鹤）、继室举氏小志（露文）、跋（民国三十年）（关从龙）、李君露原行实传略（魏廉敬）、节孝贞妇刘氏（英杰）、友荣承嗣天孝单据（露原）、李公庭孝之墓志铭（友尊）、追忆和怀念父亲（占国）；附录包括卢母李太君寿序（魏丕承）、卢节妇传（高泓）、节孝王母李孺人传（世保）、李氏族谱后跋（江溁）、续刊家谱后跋（传后）、重刊族谱后跋（燕庆）、第四次重刊族谱后跋（英杰）、第五次编修族谱后跋（友尊）

四、历代族谱记（序）集

本谱共收历代族谱记（序）集共8篇。

1.清乾隆丁丑（1757年）李氏族谱原序

（1）清乾隆丁丑（1757年）赐进士出身，两淮都转盐运使，同乡卢见曾为《李氏族谱》作序，内容如下：

家之有谱，尤国之有乘。凡祖宗之积德开先，暨伯叔兄弟，尊卑长幼，同原共本，井如秩如。俾读是谱者，惕然凛水源木本之义，油然生仁人孝子之思，此谱之所为设也。顾世之知此意者，或鲜以生同，一气之人渐分渐远，至对面不相识；又或攀缘贵族，支派不明，昭穆不辨，而强附为同宗。二者皆无与于谱之义，余于南关李氏之谱有取焉。

李本菜之即墨人，永乐间，择族望丁多者屯田于德州之左卫，遂家于德，距今十三世矣。支系分明，凡非即墨来者，皆不得与。而余所笃服于李氏谱者有二：一则祖茔有记。自始祖以下讫十三世，凡别葬者，皆书其处所，其子孙祔葬若干世。二则义田有记。乙酉科（1705）举人升，割田二百亩以赡族，且谓："予家贫，非能效文正公也，惟酌量寒素，得行吾志而已。为设规五条：一，族中贫寡无依者，岁给米三石；一，贫不能具棺者，给银三两；一，贫不能娶者，给亦如之；一，不能嫁女者，给银二两；一，无力应试者，小试给一两，大试给二两。可勒诸金石以明吾志。"厥后，其子世垣早岁成进士，任陕之富平令，为拓其资至五倍。

呜呼！以李氏父子其最得志者，不过绾县篆、陟知州，非有大禄秩奉养过厚也，而其能景慕前哲，为人之所不能为。若此，令食禄者皆体此意，以赡其族之人，世岂有流离无依烦朝廷之赈恤者乎？夫自文正公参大政，割常稔田千亩为义田，而其子忠宣公纯仁暨弟纯礼、纯粹，仍再世为宰相，次亦为名侍从，声华勋绩照耀前史。而李氏尚无显宦，疑不逮文正远甚，然李氏科甲日以盛，居官者皆廉慎有为，其发祥殆未可知。以文正之为，能歆动李氏，复以李氏之为，歆动后之人。则兹谱之所关实大，又不止李氏一族能晰其世次、详其懿行而已也！

（2）清乾隆丙子（1756），十世李世佩为族谱作记。

万物本乎天，人本乎祖。祖也者，百世子孙之天也。祖之发祥，一人之身耳。以一为三，以三为五，以五为九，而九族萃焉。系之以姓而弗别，缀之以食而弗殊，绵绵延延，流及百世，而亲亲弥敦，尊祖之义明也。《（礼）记》曰："尊祖故敬宗，敬宗故收族"，《周礼·小史》掌定系世，辨昭穆谱系之由来，尚矣！唐季以后，谱系不明，人皆忘其祖。于是乎，族人散乱，骨月（肉）乖离，昭穆无伦，祭享不肃，此苏明允有"视若途人"

之叹，而欧阳永叔至重慨于"人道几息"也！谱之所关，顾不重与（欤）?!

吾宗即墨李氏，自明洪武时，始祖讳凤公迁于德州，隶籍十有三世，孝友传家，载在郡志，彰彰可考。然自始迁以来，支繁裔演，何宗何派？名号爵秩，何隐何见（现）？生寓卒葬，何里何阡？书缺不详，久且失据。况乃数百年间，积德累仁，懿言矩行，祖宗之所以诒孙谋而昭嗣服者，不急为纂辑，或至代远年湮，等于无稽，此尤吾子孙所懔懔然惧，或失坠者也！吾从兄世垣，念祖睦族，每以谱之不修为憾，顾一行作吏，薄书鞅掌，尝有志而未逮。

岁乙亥（1755）春，祖叔选，授博兴县训导。博兴，故五世祖高冈公铎旧地也。将之官，宗族治具祖饯，少长咸集，昭穆以齿，时东乡一支竟有不相识者，世佩矍然而起，请于祖叔曰："今兹萃焕一堂，溯之木本水源，犹一身也。而或至泛泛，若途人之适相值，此由谱法不立，故食不合、丧不讣、冠娶生子、易名不告，以至于斯。叔为祖望，宜任其责。"公乃退而论述行实，条列世次，支分派衍，若网在纲，以授宗党，而命世佩与族侄震董其事。自春徂秋，卷帙粗成，义例亦具。首标世系，提其纲也；次列世表，详其目也；又次之以祖茔图，慎远也；又次之以艺文录，扬祖德也。

昔李崆峒自作家谱，不远叙得姓受氏，不虚援华宗望族，竞兢以诬祖非孝为戒。今之所作，亦同斯旨。《大传》曰"别子为祖"，郑（玄）云"若始来在此国者，后世以为祖"。即吾李氏，始迁祖凤公是也；"继别为宗"，则二世祖斌公是也。谱义明，而大宗小宗之法立，昭穆有伦，长幼有序，父子以笃，兄弟以睦，吉相庆也，忧相恤也，冠娶生子易名，相告相问也。由九族联为五，由五族联为三，以会于始祖之一本。后之览者，孝弟（悌）之心可以油然而生矣。书既成，走寄盐城令弟世保，俾求鸿笔弁于简端，且捐俸以任剞劂之费。

2.清道光丙申（1836）第二次续修李氏家谱序

清道光丙申（1836），封宗翕为第二次续修德州李氏家谱作序，内容如下：

天地其无终始乎?吾弗知：生人其有终始乎?吾弗知。然则吾何知?知有续而已矣。沉寥无垠，续其气耶；广轮无际，续其质耶。石续而山高，水续而川流，日月四时续而岁成。金石以和而续，雷风以应而续。鸟兽虫鱼之孳生，百谷草木之华荣，盈天地之间罔不续，而人尤善续！

帝王之绍统也，道相续也；将相之接踵也，功相续也；先后圣贤之传心也，德相续也。三者之善续，续世宙者也。一家之中，农或续稼穑，工或续规矩，商贾或续市廛，彼亦各以世业相续也。若夫以伦纪续者，端人也；以德施续者，豪俊也；以仕宦勋名爵赏恩荣续者，循吏也；以文学辞章续者，博物君子与夫风雅之士也。兼此而续之，德州李氏家谱之续，尤为善续！

曷言乎李氏家谱也?家之有谱，犹国之有乘，统李氏为一家，即统李氏之家为一谱也。称德州何也?李之得姓也远，远传疑而近传信，德州近也。何续乎尔?《诗》曰"似续妣祖"，又曰"以似以续"，续古之人，人续故谱。

续也然则安所始乎?李氏家德州亦数百年矣，前此固有谱焉者矣，续非其始也。安所终乎?德州李氏之家，方兴未艾矣，后此当更有续焉者矣，今之续岂其终耶?虽然，以其无终无始者言之，微特今之续不可为始，即德州之李氏亦非其始！厥初生民，何莫非黄炎之苗裔耶?不独今之续不可为终，即后此之续亦非其终。瓞绵椒衍，或数十年而一续，或百数十年而再三续，方将与天地万物无终穷也！

吾又孰从而知之耶?若自其有始有终者言之，前有谱，方望今之续成其终；后有续，又以今之续开其始，且成其终。而前谱之始，可以该开其始；而后续之终，可以推谱以此始，即以此终。此固李氏续谱之意乎?！

李子药亭，述其叔曾祖松峰先生之言，求余序。余嘉其善续，而因感于善续者皆当如是也。书此以复先生，俾益励其后人，图其终无忘其始。

3.清光绪三十一年（1905年）第三次续修李氏族谱序

清光绪三十一年（1905年），蓝翎同知衔、山西特用知州、丁酉科拔贡张书元为第三次续修族谱作序，内容如下：

德州李氏，吾乡之望族也！自明永乐间由菜迁德，遂家焉，盖数百年于兹矣。其间世系之源流，支派之分别，与夫里居茔域、仕宦科名，以及诸先达之嘉言懿行，足厉当时而风后世者，俱详载谱牒中。有图有表，有记有碑铭，缕析条贯，井如秩如。雅雨卢都转序之于前，萼亭封孝廉踵之于继，巨册煌煌，争光史乘矣。

抑古人有言曰："莫为之前，虽美弗彰；莫为之后，虽善不继。"族谱之作也，如日星炳耀之经天，江河浩瀚之行地，非只炫文采骇瞬视也，将以昭来许而传之无穷。夫爪（瓜）绵椒衍，历时人而孳息愈蕃，况李氏积德累仁，代有培植，其子孙昌盛，更必缉缉绳绳。于莫可纪稽，使不随时增修之，窃恐代远年湮，似续梦如，后之人将有数典而忘者，毋乃非弓治箕裘之本志乎?!

李子敬轩，与其族侄寿山氏，深抱此惧，乃于光绪乙巳岁（1905），上接道光丙申年（1836），计历时又七十载，因纠集族人，详询世次，按谱而复增续之。例仍其旧，示不敢专也；文从其详，示不敢略也；阙其所可疑，联其所必属，示不敢欺其先与惑其子孙也。

嗟乎！自古乡相士大夫，当时则荣，不数传而云礽歇绝，以致爵里姓字磨灭无稽者，天壤不可胜道。而李氏族谱，乃一续再续，绵绵相承，延至于数百年之久也，岂不盛欤！

余于李氏，居同里，忝世戚，深佩其遗泽孔长，而尤嘉两君子善承先训后也。故弗敢以不文辞，爰缀数语于其简端。

4.民国三十一年（1942年）第四次续修李氏族谱序

民国三十一年（1942年），候选府经历、监生魏廉敬为第四次续修李氏族谱作序，内容如下：

续修德州古槐堂李氏家谱序

《书》曰"以亲九族"，《诗》云"振振公姓"。唐虞、夏、商、周封郡氏，盖万姓各有一始也。颛顼之裔，理官为氏，嗣缘幻李为姓。陇西、赵郡，宗派分别，确无移焉。汉唐以后，而李氏宗派繁棼，岂可妄自紊续?

鬲津古槐堂李氏，吾乡之望族也。明永乐由莱即墨，徙居方山左卫，遂家焉。逾五百年之久，传至计二十世矣。考其世系世表之详细，支派之分明，墓志行述，寿序大传，乃蒀庵程空、山姜田司马、梦山卢偓师公之徽撰，棣堂封公《吟香诗草》墨跋。乾隆丁丑（1757）初修，卢雅雨公序之。道光丙申（1836），光绪乙巳（1905）两次续修，封萼亭、张凤卿踵增序之。皆前世诸大名家，游龙粹墨，斐亹彤云，载载谱牒，格言懿型，莫不贵乎！

族谱之篾续，厉儆后世者也。士宦之家，明清两代社稷之勋，书香阀阅，气数源流，随国祚之盛衰，如日月之躔行，应天循还，岂可粗评！以当时而识，立宪变法，争权喻利，本乎杨朱、墨翟之道，止以因语，猖狂不知所以裁也，轻视理学以致文献不足。吾乡李子露原，鉴则老声喟叹，恐后人学术肤屑，续谱才窘，与其族长俊堂氏，就有售柏树巨金，召集族众，详询世次，按旧谱之式，接光绪乙巳，复增而续之。录从世系，不敢忽也；内外小传，颇效欧苏之笔；从著行实，不敢欺惑先后。

自古簪缨之家，丛书典籍，天地万物，间断无稽者，不为稀奇。欣哉李氏族谱，创续四次之易，幸有露原倬才，依然椒园课读之馀风。而李氏不为乏人，乃其先代积德累仁，培植子孙，彬蔚之美，瓜瓞绵长，缉缉绳绳，重兴之象也！

余于李氏，居同乡里，世戚攸关，于其请序，而僭言之。

5.2015年第五次修谱序言

（1）时任德州齿轮公司董事长、德州古槐堂南城李氏十八世李政作序：《德州李氏族谱》新版序言

值此《德州李氏族谱》新版即将印行之际有些话想说。就在前几年，每当面对或想到族谱，心中总是升腾起两个心愿。

第一个心愿是要尽快完成续谱。第四次编修族谱是在1942年，到2010年，已经过去七十年了，若不抓紧续谱，许多事情就记不清、来不及了。经历艰险而幸存下来的族谱，如果在我们这代人手中断了续谱是对不起列祖列宗，也对不起后世子孙。在召集组织下由11位族人具体编辑，经过大家几年

的共同努力，第五次编修族谱终于在2015年告竣。在印制完成后被德州市档案馆郑重收藏。据此，德州档案馆原副馆长、历史专家张明福先生专门写了篇评述文章刊登在2016年3月11日《德州日报》第6版上，题目是《人才辈出的德州南城李氏家族》。

第二个心愿是将族谱编排格式现代化。首次编谱是在清乾隆丁丑年（1757），经道光丙申年（1836）、光绪乙巳年（1905）和民国壬午年（1942）三次续修。这四次编修都是古代通行的行文体例，文字竖排，右往左读，通篇无标点符号。而2015年第五次完成编修也仅仅是做到了用简体字"续"和"补"，仍然是遵循旧版的格式。阅谱时感到繁体字难辨认，竖排版不适应，尤其是没有标点符号很不习惯。所以一直在思考能否按照当代的行文格式重新排列并印行族谱，使族人和后代能顺畅阅读，便于了解前辈们的事迹，更好地发挥族谱"敦亲睦族、激励后人"的作用。

重新排谱的心愿如今被一位朋友实现了。我和张春来因为工作关系相识多年，在2013年三季度，公司承办在德州举行的中国齿轮协会年会，与市经信委王新勇、张春来那段时间经常在一起，偶然说起李氏家谱，春来说很想阅读一下，我借给他半月时间。待送还族谱时他让人捎来十多页打印文字，竟然用简体字标点了谱中几篇文章。我读后立时一切分明，没有发现差错，因而很高兴。

后来了解到张春来确有这方面的爱好和能力，我就借此委托他重新排列谱，他依1942年旧版族谱，利用近一年的业余时间标点了谱中全部的74篇文章，在新编目录中特为每篇文章写了内容简要，还撰写出《<德州李氏族谱>标点记言》的长文，记述事情由来和点校感想，我进而知道了谱中的许多内容，对族谱更加珍视了。

族谱第五次编修并印制完成后，除新续的内容采用了简体字外一切照旧。我觉得有缺憾，如果我们这次再不更新格式，不但妨碍阅读甚至会影响族谱的传承，于是就委托张春来对全谱重新编排。因为旧版文字扫描仪不兼容，所以只能是逐字录入。又经过一年多的劳神费力，全篇李氏族谱终于成为了"简体字、横排版、标点本",格式焕然一新。

我阅审新版族谱发现变化一新:调整补充了世系图,使其更完整更简明;《世表》的排列,完全依照世系顺序,便于对照;根据第五编新谱的行世人名标注或调改了16至18世许多人的名字;纠正了原谱中许多错别字,有的还依据两谱对照和干支纪年校正了生卒时间;最突出的是,按照原谱顺字编为了三卷,调整了版本结构使之匀称。在新谱中保留了张春来所写《标点记言》一文,该文是研究《德州李氏族谱》最早且比较系统和深入的文章,真实客观地阐释了李氏家族的历史脉络,是作者积四十年文史爱好及所学的体现,能够帮助阅读和理解族谱,从中也能感觉到对我们李氏家族的赞许和鼓励。

最后,我要代表家族对张春来为李氏族谱的辛勤贡献表示感谢,他使《德州李氏族谱》既利于人们阅读和查询,又为今后续谱奠定了良好基础。

我衷心期李氏族谱代代相续,绵延千秋,泽被后世;祝愿李氏族人家庭幸福,励志有为,光前裕后!

(2)《德州李氏族谱》新版标点说明

《德州李氏族谱》邀请德州市经信委张春来标点1942年第四版族谱。

张春来在市经委工作多年,对记载地域文化细节的家谱很感兴趣,因筹备在德州举办的中国齿轮协会年会和德州齿轮公司李政时常见面,听闻古槐堂李氏乃德州大族,有家谱存世,特意借来拜读。张春来所见的是1942年影印本,繁体竖排,不标句读,读起来诸多不便。出于兴趣,张春来利用业余时间标点了几篇,还由近追远排列出了《李政先生直系祖先简要》,获得了李政的认可,邀请其接着标点族谱。为了方便阅读特做些许调整如下:

第一,对族谱排列形式稍做变动。原谱经四次编修,前后跨越185年,但四篇前《序》和四篇后《跋》等均不在目录之内,篇目众多而又没排序号,且原有目录与正文文章的标题多数不一致,使查阅有些不便。为此特新加了"总目录",给全部篇目编列序号、页码,还拟写了各篇提要。对"茔图"、"职官举贡表"及"世系、世表"则未做点校,仅存目录。

第二，对正文稍做添加。除标点符号外，对原谱中干支纪年的差错直接用阴影标改，其他所有的别字、错字，均予以保留，只在括号内进行标注，这些括号内的文字有的是标明干支纪年所对应的公历年份，以使阅者明确年代和增加历史感；有的是对前面文字或人名的注释，便于理解记忆；有的是古今用字习惯有所不同，标注现代对应用字；有的是似有缺字，补上使之通顺和易解；有的是对原文中明显错字予以注明。

第三，在正文之后有所增补和添加。内容多数是根据家谱的《世表》而来，均用重度括号标识，附于正文之后，并以字体字号相区别。有的是原谱正文有脱落，有的是对传主生卒、功名、配偶、子女的补充，有的是对撰文者、编谱者的注解，也有的是对文中涉及名人的注释，以利于更全面地理解正文。

2015年第五次编修新谱完成后，张春来再次按照现代格式列全篇族谱并于2017年再次作记。调改主要体现在《茔图》《世系图》《职举贡表》和《世表》上：

其一，对《世系图》做了较大补充。把全部世系排列完整，将16至18世新列入的人员用阴影标注以便于和第四版族谱对照。19至22世的世系全部是新排。自19世以后列入女子，儿女双全的家庭多数仅列男子。

其二，调整了《世表》中的排列顺序。将第五谱《世表》18世以后的部分按照前四谱原有的世系序列，既调整了《世系图》，也调整了《世表》中的排列顺序，便于依照《世系图》查询《世表》中的内容。

其三，调整了人名前后不一致的地方。在第四、第五两谱衔接的部分（即第16至19世中）由于社会的剧烈变动，有许多的人名在两谱中不一致，经细致对照，均核后来常用的名字予以统一或做了补注。

其四，尽量把相关时间标注得更明确。核对两谱《世表》中人物的生卒时间并进行了调整；新编第五谱中，"民国"时间标注公历时计算多有错误，均做了更正；对有的生卒纪年不一致的，多数生年标注了公元纪年。对第五谱纪年中的"零"字，均按国家通行标准改为"〇"字，使之简明。

　　另外，将新版编为三卷本。原谱是分为"元、亨、利、贞"四册，为了版本结构匀称，根据现有篇幅按照原谱的排列顺序编为三卷。卷一为"序言、茔图、世系"部分；卷二为"职官、举贡、世表"部分；卷三为"敕命、传述、后跋"部分。全谱有《总目录》各卷有《分目录》并单独编页，便于查找，便于续谱。

　　（3）时任中国书法家协会会员、山东省书法家协会第二、三届理事、学术委员会委员，原莘县政协副主席王合祥应邀作序：新修《德州李氏宗谱》序

　　鲁迅先生曾把在我国传统文化领域内占有极重要地位的正史说成是为帝王修家谱的书。这话虽是在一种相对意义上说的，似亦有点尖刻或以偏概全。然而从《史记》到《明史》二十四部正史，确乎以细腻地笔触记载描述着帝王、名臣、名士的家世和生平。从这个意义上说，鲁迅先生的话又不失为中的之言。如此说来，完全可以将《史记》成书的汉代说成是我国族谱文化的滥觞。而那"究天人之际，通古今之变，成一家之言"的《史记》作者——伟大的史学家司马迁也就当之无愧地是我国族谱文化的始祖。因此说族谱文化源远流长是良有以也的。从发生学和本体论的角度看，一种文化从权舆到发展成为较完备的形态往往需要上百年，数百年甚至上千年的历史过程。我国文学史上，小说渊源于先秦诸子的文中，但真正蔚为大观是元末明初，时近两千年。族谱文化的源头在汉代，中经七、八个世纪，到唐初太宗时《氏族志》的出现初具雏形。但真正具备后世族谱的功能和文化形态，即详记某姓氏世系和族中重要人物生平的宗族之书的出现始于宋代。《宋史·艺文志三》有司马光的《臣僚家谱》一卷，大文豪苏东坡之父苏洵有《族谱引》一文，北宋以后，修谱续谱便是一种普遍而日臻完备的家族文化了。和族谱文化有某些血亲关系的方志起源很早，成熟也较晚。一般认为方志导源于《史记》，也有学者认为应源于《尚书》中的《禹贡》，或《山海经》《周官》等先秦史籍。但体例趋于定型且各地普遍修志则是到宋代。在宋代著名诗人范成大编写过《吴郡志》，博得后世赞通。

宗谱作为一种文化，在学科分属上是历史科学范畴。有的历史学家将其列入史籍系统的一个子系统，就自然具备了史料的学术品格。前些年安徽潜山程氏宗谱的发现，理清了中国历史上第一代京剧演员代表人物程长庚的家世，其史料价值之大是不言而喻的。家谱不仅具备史料价值，还是缅怀先人、团结族人、泽惠后人的教材，可以进行族际交流并有益于社会和国家。

德州李氏一族，于明永乐间由东莱即墨迁至德州，即墨现为青岛市属县级市，建制于西汉，比青岛市资格要老得多。李族迁德已六百年，六百年来，族丁兴旺，支系繁多，至今二十余世。旧时中国落后产业单调，李氏族人所从事的职业自然有限，新中国成立后特别是改革开放以来，中国经济迅猛发展，新兴产业如雨后春笋日见其多，李氏族人所从事的职业也日见繁多，其工作和居住也不限于德州一地，在山东各地市、外省市乃至国外皆有居住和工作者，且大都在各自岗位上作出成就，有益于社会有功于国家，同时各自的家境也殷实富裕起来，充分体现了国强与民富的统一，社会进步和个人发达的统一，从一个侧面折射了、反映了民族的空前兴盛。

本次新修家谱距上次修谱的民国壬午年（一九四二年）已七十有二年，间隔时间稍长了点，但支派世系皆续之无遗，无阙如情形，故能以完谱上对列祖列宗，下传后人。在续谱过程中，族人皆无比欢迎，热情很高，表现了对祖先的景仰和对家族的热爱。

往昔我在德州和友尊仁兄相识，彼此尚未弱冠现已年逾古稀。不叹时光易逝，但感近半个世纪的莫逆之交，情厚意笃笔难尽述。况且友尊之父母庭孝年伯并伯母大人，待我与拙荆恩高义广没齿难忘。友尊之族兄友峨仁兄和我相交之深不让手足，友尊要我为新谱作序并抄写，焉敢不从?奈何学浅，较之昔日为旧谱作传作序的郑板桥、卢雅雨等先哲有如半文盲之于文化昆仑，相距之遥何啻天壤! 握笔搦管，文之俚，字之俗，倍感赧颜。

五、历代跋集

本谱共收历代族谱跋集共5篇。

1.清乾隆丁丑年（1757）李氏族谱后跋

按姓氏谱，李氏望出陇西。帝颛顼曾孙咎繇（皋陶）为理官，后因姓"理"氏。裔孙理利贞，逃难伊侯之墟，食木子，变姓"李"氏。利贞十一代孙李伯阳（老子）之后，一居陇西，一居赵郡。赵郡人物，战国时有李牧；北齐有李元忠、李谧;唐则文章若李峤、李百药，相业若李绛、李德裕。其最著者，陇西自李广后，嚣起西凉，嚣孙虎有功周、隋间封于唐。唐有天下，天潢奕叶，派演九州，而陇西之望益隆。

自后李氏竞相攀缘，附会纷拿，自以为谱牒。"光宠不知诬祖，冒宗比于不孝"，且重为有识非笑，此欧、苏二氏之谱，所以深致其谨严也。昔李崆峒，北地人，于陇西为近，然其所自作家乘，不讳世家单寒，未尝一夤缘贵族，以自取大，窃叹深得欧、苏遗意。今观吾师南关李氏谱，其取法也亦然！

考南关李氏，出自莱之即墨。明永乐间，择族望丁多者，戍德左卫，遂隶安德籍。历载四百，传世十三，子孙浸衍浸昌，允为德州甲族。顾自即墨以上，陇西、赵郡系，不可得而详，则直略而不书，弗敢诬，弗敢冒，盖其慎也。《（礼）记》曰："别子为祖，继别为宗，言始迁也。"又曰："尊祖故敬宗，敬宗故收族。"明乎收族，所以尊夫始迁祖，为百世不祧之本源也。

谱中所叙，断自迁安德，始由凤公。历三世，书葬地。淳公四世，书生卒年月。五世以下，字号里居，生卒时日，以暨隐现事迹，悉书焉。传疑略远，征信详近，体裁肃矣。本支有辨，昭穆有伦，秩序彰矣。萃之以春秋，时享厚之，以义田周恤，亲睦敦矣。体裁肃，故世德之传远;秩叙彰，故孝悌之感切;亲睦敦，故仁让之俗成。举而三善备焉者，斯谱也夫！

吾闻北魏纂四大姓，有李氏恐不得与陇西列者，乘明驼，星夜入洛，以求之。睹斯谱之谨严，前人有愧色矣，猗与盛哉！垂基树本，流庆发祥，吾知其族之必为通德义门也。后世言李氏之望者，行将继陇西而称安德云。

2.清道光丙申年（1836）第二次续修李氏家谱后跋：道光丁酉年（1837），十一世李传后所做。

谱修自乾隆丁丑岁（1757），今阅七十余年。凡生卒配葬未入谱者，几难详核。因与族人公议，循支分叙，均详晰抄稿汇送，并旧谱合刻之。一切镌写校对，悉命十四世李元熺董其事。

兹剞劂告竣，爰记续谱本末于后。

3.清光绪三十一年（1905）第三次续修李氏族谱后跋：光绪乙巳年（1905），十四世李燕庆所作。

吾家族谱，初修于乾隆丁丑（1757），再修于道光丙申（1836）。自丙申至今，又六十有九年矣。子姓繁衍，生齿日众，若不随时增修，迟之又久，族姓名氏，将多散佚而莫考。余甚忧焉，因与族人议修之。始忧虑筹款不易，及款项筹妥，一月之间，诸就条理，各支均钞稿送到。名之缺者，补之；事之略者，详之。

前自始祖至十三世，后自十四世至十九世，凡生卒配葬，名字里居，一切依旧体例，不敢稍有变更。

至其簿计出入，命十四世李庆熙主之;纂辑校对，十四世李椿与十五世李书田董其事。三月而新谱成焉，今已付之梓人剞劂，不日告竣。

是编辑后，前之谱固不至磨灭于今，今之谱尤可以启佑我后。如后之子孙，复有继此而纂修者，庶几不无凭藉也夫!

4.民国三十一年（1942年）第四次续修李氏族谱后跋：中华民国三十一年（1942），十五世李英杰同十六世李湛所作

阅吾家族谱，初修乾隆丁丑（1757），道光丙申1836，光绪乙巳（1905），三次修谱，计载壹百四十八年。

自光绪乙巳迄今，又三十七年矣。子姓繁衍如旧，人丁分支逾广，尤应详晰增修。而族间士农工商，品类不等，能博学者，半皆凋零。因兵劫，远避散佚者颇多，莫获稽集。

余与族侄湛，每谈续谱，甚为虑焉。惟筹款尤所不易，缘时势所迫，售出族茔柏树，得洋壹仟贰百余圆，正可充行此举，不足即从族间筹措寥寥。

始行倡办，通知各支，自行采访送稿。远近支派、内外大小传略，自

始祖世系挨次续修，依照旧谱体例丛志，不敢变淆旧式。指定族侄湛、字露原，纂辑校对，不致刊误，而兼操缦一切。

此次续修，欲详且精，加添坟图，以上注明某世，又增加职官举贡世系一览表。

新谱一年余而成，招同里工师，铅印告竣。欲节经费，未用剞劂之工，故无谱版存焉。是以首序编辑，珍载先代遗训，谱能常常韫藏，不无凭藉。子孙相继纂修，庶可考核，不致磨灭。

余英杰与湛，理田经商，未尝学文。修谱之愿既遂，不过遵前代之志，尽己之道而已，敢居下流者哉。

5.2015年第五次修谱后跋：2014年，十八世李友尊所作。

在西方的宗教传说中，人类的第一个家庭是上帝创造的，是由男人亚当和女人夏娃组成的这个家庭的繁衍、生息、传承，就组成了后来的人类社会。法国文豪伏尔泰说："对于亚当和夏娃来说，天堂是他们的家;对于亚当和夏娃的子孙后代们来说，家是他们的天堂。"

在漫长的历程中，人类以家庭作为一个基本元素，为创造自己的家园一代一代的奋发图强艰苦奋斗，把自己的家打造并建设成我们心目中的天堂。人们热爱并珍惜自己用爱、勤劳和智慧建设成的天堂般的家并把它一代代地传承下去，人们尊崇和敬仰把这个家传承和发展下去的祖先们并用文字记录下他们一生中所创造的业绩和成就，一代一代的传承下来以流芳百世并让后代子孙们怀念、继承和学习。这个以姓氏家族为范围的记录就是我们所说的"家谱"了。

此次续修《德州李氏族谱》，至上次公元一九四二年已有七十二年了，在这七十余年间，我们的国家民族和家庭都发生了天翻地覆的变化，从抗日战争、解放战争到支援边疆援建三线等政策，把我们的民族、家族家庭带入了一个大变革的时代，打破了我们历代形成的家族家庭的祖居地基本不变的状态，许多家庭迁移到外省地市居住生活，我们的家庭与亲情关系变得淡薄了。要想了解我们家族的历史和传承的情况只能依靠历代祖先们编纂的"谱书"了。

1978年改革开放，一个安居乐业的太平盛世从此开始了。2000年后，一股盛世修谱的热潮在全国各地展开，《德州李氏族谱》同样面临着一个续修的问题，而德州李氏的这部族谱绝大部分的家庭存谱早已荡然无存了，幸好还有两部家谱存留（一部是清光绪年续修、一部是公元一九四二年续修），以这二部家谱为底本，在十八世李友尊的倡导下，组织了十三人组成的第五次《德州李氏族谱》续修家谱工作小组，按一九四二年家谱上的世系表"按图索骥"，一村一户的进行寻查、登记，历时一年半的时间，在没有任何报酬情况下，仍能坚持任劳任怨、尽心尽力态度，表现出了极高的热情和耐心，具有坚强的家族观念，为续族谱这项千秋万代的大事做了许多细致的准备工作，确保提供的信息详尽、准确，尽可能不出或少出错误，对于部分族人心存顾虑的，也做了充分的说明，仍未提供信息者可视为自行放弃了。

在搜集、整理材料的基础上，由十九世李占国把所有原始信息材料进行细化梳理，寻根觅祖、依序增补，按照第四次续谱模式汇总编辑最终编纂成册，完成了第五次《德州李氏族谱》的续编工作，经李友尊全面复核后交十八世李政独资制版印刷。

李政乃十六世李海瀛之孙，十七世李福智之长子，其祖父、父亲生前皆是德州地区政界、文化界的知名人士，李政是德州当代知名企业家，德州企业十大领军人物、现任德州齿轮集团公司党委书记、董事长，享有很高的声誉，为德州李氏家族增光添彩。血浓于水，我们德州李氏族人都流淌着同一个老祖宗的血。李氏先祖由即墨迁至德州已有六百多年的历史了，经过一代一代的艰苦奋斗代一代的传承，在历史的道路上留下自己坚实的足迹，尤其是祖先的佼佼者们为国为民为社会作出过重大贡献永远值得怀念并引以为自豪。

六、家谱凡例、续例

1.世系宜明，令人一见而明其宗派也。

2.世表宜详。因流溯源可寻所自也

3.祖茔图宜绘，拜扫之际无差失也

4.封典重，君恩也

5.节孝明，苦行也

6.墓志大节梗概，世表不及悉载，详见墓志

7.葬之年月宜书，向之支千、坟墓座落远近宜书，庶不至远无可稽也

8.祖宗名讳宜知，恐稽考无因，致冒犯也

9.内传，尊母德也

10.外传，古有外宗之典也

11.本族女适某许字某，母族妻族世姻之谊，未可略也

12.节孝，年未三十者蒙恩旌表，其少过者亦非寻常，可令泯而无闻乎？亦必将苦节书之于左，以为族中之光

13.族中过嗣，由本宗者书，异姓则否，防乱宗也

14.有官爵者，不复称字号，即以官爵行，贵爵也

15.家谱三十年一修，年代不远不近，事无遗也

续例

1.各支散处村所，析居之始世远难详，兹唯据其子孙现居者书之，庶支繁派衍可以溯推

2.族中子弟同名者，率易少者之名，俾昭穆有序

3.旧谱已载名字，复有更易者，今咸依后改之字续编，以初名某某注于世表

4.生卒配葬，书之有详略者，各据其支所寄稿也

第二节　《李氏族谱》的意义和德州南城李氏家族代表人物

一、《李氏族谱》的意义

（一）李氏族谱是家族的生动演进史。

1.谱牒记载了李氏家族的传承和荣耀。李氏原籍山东省莱州府即墨县，

自明朝永乐初期迁来德州，距今已经六百余年。始祖军户出身，戍耕为业、忠厚传家，后世崇儒重教，摆脱军籍限制后转型书香门第，跻身山左望族。当静心细读，既感慨李氏世代奋发有为、积德累仁，也感叹李氏祖先兢兢业业、艰苦备尝。有多人获得朝廷敕命封赠，有多人事迹载省志、府志、州科举年代获得秀才以上功名的有160多人，族中模范载入家谱，令人对李氏先辈肃然起敬、感佩不已。

2.李氏的门风与家学。李家是自第五世起有确切记载并兴起的，李岐、李峨兄弟，也即鸣冈、高冈先生，一捐为太医院吏目，一考中举人副榜，授官博兴县训导，进入士人行列。二人事迹载州志，孝悌、为人和事业均受人称赞，家族由戍耕军户逐步转型为耕读之家，六世起开始与士家大族联姻，追求恤族睦姻、乐善好施。非常重视子弟教育，家族办有私塾并聘请教书先生，由族内有学问的长辈亲自授书"父训其子，兄诫其弟"，而女性家长由于出身诗书之家，耳濡目染也参与督课。李氏在第七、八世上，庠生（秀才）、贡生、举人全面增加，人数众多。九世李进、十世世垣，考取进士金榜题名，水到渠成终成仕宦之族。

3.李氏的联姻与交游。随着清朝的兴盛，李氏家族科第步入兴旺，有多人成为官员并在社会上有了地位。封建时代尤其讲究门当户对，李氏的联姻也必然是读书仕宦之家或高门富户。从《世表》和文章中看婚配，德州的士家大族如卢氏、田氏、谢氏、程氏、萧氏及封氏、金氏、吕氏、罗氏等，都与李氏互为婚姻；与外地仕宦家庭如周氏、魏氏等也曾联姻。谱中七世李聚德、八世李维、九世李升的墓志铭都分别提到了每个人的相貌，李聚德和李维长得相像，"伟而干，丰腹，白皙如匏，两眸炯炯，须髯戟张"，李升"丰颐庞眉，目光炯然，望之如神人"。三人是父、子、孙的关系，而墓志写于不同的年代，分别出自程先贞、田需、孙勷三大文人之手，可见祖孙三代都相貌堂堂仪表不凡，这也是良好婚姻的表现。再看交往的亲朋人士如王渔阳（士祯）、赵秋谷（执信）、魏廷珍、田雯、孙勷、卢见曾、郑板桥等，都是当时名动全国的人物，是那个时代的政治或文化明星；魏廷珍、沈文镐、金牲均是"进士及第",殿试获得全国"三鼎甲"(状元、榜眼、探花)之人,在进士群中也属于凤毛麟角。他们所写墓志或序跋基本都是典范、优美的古文,能够请到他们为家乘撰写文章既非常荣耀又十分难得。

4.李氏先人的艰难和困苦。李家在第六世上曾经遭遇艰危。六世李枝发(1553-1594)是鸣冈公李岐的独子,他的结发妻孟氏于婚后十年卒,虚龄28岁,没有生育。继妻周氏生三子四女。鸣冈公李岐1593年去世,而枝发于次年五月以42虚岁去世,时长子李聚顺刚足7岁,次子李聚德才1岁半,而三子李聚学半年后出生,四个女儿均没有成年。当是时,李枝发的母亲郭氏已60岁,婆媳两人带七个幼儿弱女。而李氏家族当时还很弱小,族人只有高冈公李峨和他的两个幼子。周氏历尽艰辛终于教养成材三个儿子,而四个女儿都没长成。在鸣冈公李岐离世当年腊月下葬时,由周氏叔父周诗所撰的《鸣冈李公墓志铭》还提到这四个孙女,"长孙女,许聘于进士汝宁司理程绍之次子;二孙女、三孙女,尚未许聘;四孙女,许聘于庠生吕之长子"。在三年后(1596)周诗撰李枝发的墓志时也还提到这四女。而到1621年杨榌撰《李母周孺人墓志铭》时,说"女四,俱殇"。何以如此令人猜疑,四个幼女在母亲和祖母面前相继夭折,何其悲惨?那时恰逢明朝末期,吏治废弛,天灾人祸不断,大概这是李氏家族将兴之前最艰危的一段时期。但个人最命途多舛的是十世李世保的大姐,在他所写的《节孝王母李孺人传》中,令人慨叹该女的命运何以如此辛苦坎坷!其他如男子早逝,妻子年轻守寡抚育幼子或嗣子,艰苦备尝终获旌表,族谱中还有朝宣妻宋孺人、李敷妻赵孺人等几例。

5.李氏终成德州富裕门第。九世槐村老人李升即始设义田二百亩,救济族中贫乏和有急难事者。其子李世垣将义田增至九百余亩,嘱弟侄司其事,量入为出并行文遍告族人,说明"地之所产,我子孙勿得过问"。读谱中前十世《祖茔志略》可知,李氏有田亩十七处,德州城四周均有,远的达到城东五十里。世基的四女儿嫁给赵氏,"早年守节,家中落,割田四百亩,以为养膳之资",能分田给嫁出之女也可见田亩不少。谱文中经常提到善待仆婢,可见会有不少雇佣人员。女主人主持家政,如果亲自洗刷或检点什物也是很值得记入谱牒的，可见有的不必亲力亲为。明初定例，军籍授田为五十亩或多些，李氏经过几代人二百多年的勤奋和积累终于成为仕宦之族，门庭很富裕。

（二）阅读《德州李氏族谱》的发现

1.读李氏族谱看军户转型。李氏以军籍迁德，谱中文章有的言洪武时期、有的言永乐时期。在始祖李风的《世表》中载明："永乐初，择祖旺丁多者戍德州左卫"；首次编谱卢见曾的《序》中也明确提到李氏隶籍左卫。左卫是永乐五年即1408年所设，而德州卫是洪武九年即1377年所设，考之李氏世系传承则永乐年间迁德无疑。

军户制度是明太祖朱元璋为保障兵源和事供给所创。军户在卫所附近实行军屯，每户分给土地五十亩或以上，三顷以内者免杂役，军丁除了守城执勤和战时征调，主要搞屯种，户下余丁除正役外亦可免当差。

但明朝初年政府规定，一旦身入军籍必须保证代代有人接续当兵，不允许脱籍，所以军户很不自由，军户男仅允许一人为生员而民户无限制，所以人口增加后军户都设法脱离军籍。明中期（土木堡之变）以后，军户制度废弛，逐渐形成募兵制。李氏应是在第五世上脱离军籍的，岐公和峨公仅有兄弟二人，都为吏为官了。研究德州卢氏家族的书可发现卢、李两氏有相似之处：两家都是永乐初年以军籍迁德州左卫，卢家原籍直隶涞水，两家前四代在德州及附近戍耕且家谱记载前三代都是单传（疑因怀恋故土，只让隶属军籍之子留德，后来编谱失记）；两家都是在第五代上枝繁叶茂人丁兴旺，转型走上科举之路。卢家世代传承较快起点较高，第六代在明嘉靖十四年（1535）即中进士，李家在明末从第七代起连续中举，入清后九世李进、十世世垣考中进士。明清时期，德州作为隶属济南府的散州（不辖县，像今之县级市，主官级别高些）得运河及官道交通之利，既是卫和衙署重镇也是山东的文化名城，科甲鼎盛，进士众多，文化名人辈出。卢家、田家是德州的头等科第大户，而李氏也为德州科举和文化事业做出了贡献，也有人有著作传世。

2.读李氏族谱看科举考试。读《职官举贡表》会发现，科举时代读书人的称号、别称和层级有很多现代人已经不甚了了，在此简述一下，"秀才"是俗称，正式的称法是"文庠生"，廪膳生（明朝月给廪米六斗，清朝年给银四两）也属于文庠生，有给本县考生举证作保的义务。要知道从正途获得秀才称号也很不易，必须经过县（散州）、府（直隶州）和学道（省）三级的七场考试，一个全程考完用时两个月，而且都有录取名额限制，取得秀才资格后才可参加国家正式的科举考试。科考分为三级：乡试（省级）、会试（礼部）、殿试（朝廷）。乡试每三年在省城举行一次，考中后称为"举人"，会试由各省的举人参加，每三年由礼部在京举办一次，取中称"贡士"，数日后贡士再参加由皇帝举办的殿试，全额录取是为"进士"，成为"天子门生"。李氏家族中各种称号的读书人多达160多人，确属书香门第、科考世家。

3.读李氏族谱看清代葬俗。经仔细对照传主的卒年和葬期，发现在清道光朝以前，人去世之后有长期停柩不葬的现象，三五年很普遍，有的竟停柩十来年。十一世李璋（字右奉），卒于乾隆十九年甲戌（1754），享年37岁，葬期是乾隆四十八年癸卯（1783），竟然停柩29年半；而璋的夫人萧氏，1798年以82岁高龄去世，于1808年下葬，竟也停柩整10年。停柩不是正式安葬，应是辟出专室存放棺椁，逢节日会有很多祭礼仪式。可能因那时非常重视孝道和讲究葬仪，撰写和镌刻墓志又非几日之功，因此停柩待葬也是在等待安葬时机，如子女长大成人、婚配成功、考取功名或是得到旌表等，以使在墓志上有所体现，以告慰逝者及祖先。但长期停柩最有可能的目的是子孙们以此激励和警诫自己，如此一来还出现子逝而父未葬者，父子都在停柩，如璋与长子鹤群；也有父子两人同日去世者，如十一世容和其子文蔚，于嘉庆三年戊午（1798）同日离世，享年71和51岁，此类事令人感到很惊奇。

4.读李氏族谱看家国命运。李氏家族在十三世上考取秀才以上功名和获授官职的人员仅有13人，人数既少品级又低，文职仅八品、九品各一，比上一代和下一代都相差甚远。据推算，十三世参加科考正逢咸丰、同治年间

（1851-1874），太平天国、捻军扰乱南方和中原英法联军入侵北京，使举国动乱不宁。十三世中还出现了李氏前代从没有过的武庠生李馥，而李苗则获军功六品，由此也可以看出端倪。因此可以得出，科考与国家兴衰治乱是正相关的关系，李氏八世至十二世对应清朝前中期太平之世，科第很盛。"同治中兴"后和光绪时期近四十年，对应十四和十五世，参加科考又有起色，但已经是中国1300年科举史的最后时段。

同时还看出，编谱的水平与国家的命运、与家族的安康也是正相关。1942年第四次编谱时正处于抗日战争最艰苦、最胶着时期，李氏族人心绪肯定焦急不宁，续谱对十四世整整一代人无记述文章，记述十五世、十六世的仅三篇，篇目既少又写得比较粗略。

二、德州南城李氏家族代表人物

九世李升字阶五，号槐村，康熙乙酉年（1705）举人，选中书舍人，没有入职。先祖是蓬莱即墨人，明朝初年迁入德州后落地生根繁衍生息。年少聪慧文采斐然，十七岁时补博士弟子，考试多次拔得头筹，但是在乡试中屡考不中郁郁不得志，岁壬午（1702），以贡游成均，大司成孙树峰先生读到李升的文章大为赞叹，擢教习高等。孙树峰先生以擅长书法闻名，凡是应试取得第一名的考生，都手书一副作品以作为鼓励，李升前后得到先生奖励的书法作品三十余副，很是令李升感到自豪。

乙酉（1705），李升被推荐入京兆尹后迁任礼部。己丑（1709），升迁中书舍人。任职多地，李升感慨自己虽然自信于文笔，然而官场并不得意，真是命运使然！而且随着年龄渐长，为官却碌碌无为不能施展拳脚，怎能不扼腕叹息，于是断绝了为官的心思回到家乡在房间空地盖起书房，取名"惺惺斋"，意为邀请惺惺相惜之人，亲自授课教育子侄后代，闲暇时邀请两三好友来家中小聚，把酒言欢不知岁月几何。李升家族几世以来都继承了艰苦朴素勤学苦读的良好家风，父亲训导子侄，兄长告诫幼弟，几十年如一日艰苦朴素绝不奢靡浪费。家中仅有三两个侍候的仆人，衣服总是缝缝补补，不在意吃穿用度，结交的好友却都是鸿儒名士。

李升天性纯孝友善，父亲壮年生病不良于行，郁郁不得志低沉消极，李升常常鼓励父亲振作，顺着父亲的心意讨其欢心；李升母亲罹患眼疾导致失明，李升便立志做母亲的眼睛，母亲出入必定搀扶在旁，长年累月从不松懈。李升考中康熙乙酉（1705）京兆乡试被举荐做官，众人前来报喜，李升却遗憾父母已经逝世不能亲眼见之，将所得的奖赏银两置办祭田二百亩，认为这是祖上积德自己不能独自享有，于是周济族人，所得佃租都用于家族后学教育，对亲族里贫苦无所依者资助银两筹划生计，婚丧嫁娶都帮助操办，母家族人、妻家族人，只要需要帮助都尽力相助。兄弟生病李升皆在旁服侍，兄弟去世后李升抚养兄弟遗孤尽心尽力，如同抚养自己的孩子。

李升曾置办义田以赡养族亲中无所依靠的人，又置办义冢接济族亲中贫穷无法埋葬的人，遇到灾年则置办义粮广搭粥棚周济灾民能够生存。李升在东村有块田地离家很远有时兼顾不到，遇到饥荒之年，村民趁看守的人偶不注意翻到田地里偷采禾苗搬运干柴，被看守抓住打算报官，李升得知消息后赶忙制止，他感慨这些偷盗之人都是平民百姓，因为饥荒没有食物迫不得已才去偷盗，一旦抓去官府就是一个污点永远抹不去了，于是把人叫到身边教育，以后有了这样的困难不要去偷盗而要来向我求助，我一定会帮助你，还赠与乡人两倍的金银，偷盗的乡人非常后悔，发誓再也不做偷盗的事情了，后来听到李升去世的消息，乡人放声大哭悲痛无法自己。李升家中有一位婢女，年幼聪慧，李升见到后直觉是大户人家的子女，询问后果然如此，遂派人送其回家并分文不取。

李升重视教育，训课子弟，严而有理。为人严肃恭谨，乡人说起他无不交口称赞。

第七章　平原宋氏家族和族谱编修

第一节　平原宋氏概述

据考，中国宋氏始祖为宋国君王微子启。德州平原宋氏属明代锦衣卫指挥使宋忠（中华宋氏通谱将其确认为中华宋氏第81代）的长子宋诚分支，距今已有六百余年。《明史》记载，明代洪武建文年间宋忠任职锦衣卫指挥使，统帅士兵万人护卫都城安全。为了维护皇位，宋忠奉建文帝朱允炆密旨带兵北上，暗中牵制燕王朱棣的实力，明建文四年（1402），燕王朱棣攻打建文帝，爆发了著名的"靖难之役"，宋忠听闻消息迅速带兵回援，但因所率军队多是朱棣旧部不易调遣，宋忠最终大败被俘。朱棣惜才多番劝降，宋忠拒而不受被杀害。朱棣即位后对宋忠不肯投降自己仍耿耿于怀，遂追究其家族罪责与宋忠等同处罚，族人四处逃命流落到各地隐姓埋名辗转来到山东平原建村并安定下来，即宋家寨村。

宋家寨村位于禹城、临邑、陵县四县的交界处（距离禹城地界约4公里，距临邑地界约8公里，距陵县地界约5公里），古赵王河的西岸，距镇驻地约有7公里。在文化教育方面，宋家寨村是远近闻名的一个典型古老的文化村庄，历史悠久、人文丰厚、官宦辈出，业绩永辈传世，诗篇文采彰显，早在明代在村乡贤祠旁就设立了一所私塾学校招收本村及临村儿童入学就读，六世宋仕在村私塾读书后成为朝廷官员，姚文渊（布政司，人称姚布政）和水务街的杨云鸿都在本村私塾就读，姚文渊也成为朝廷官员，杨云鸿先任密云知县，明万历十七年（1589）任刑科给事中，后补吏科。

到了清朝末年，康有为整饬朝纲想拥护光绪皇帝执政以实现改革，用西方的两院制来计议国家大事，用宪法来制约皇帝的特权。但由于势单力薄而被西太后顽固派击败。后康有为为了救国，来山东创办了"万国道德会"发展教育，想通过学校培养孩子以仁、义、礼、智、信为人之根本，从小知道修身齐家平天下为己任的道理，资金来源于私人资助而不收学生分文。宋家寨的"万国道德会"就是在这种情况下创建的，姚如汉先生是"万国道德会"极为热心的创办者，"万国道德会"就设在姚如汉先生的三间大瓦房和五间平房内招收本村以及周围村庄的孩子上学读书。"万国道德会"不但兴学办教育，在荒年时还放饭救济讨饭之人，乞讨者排成长队前来讨饭，当时山东省"万国道德会"总会长就是康有为的次女康同壁女士（康同壁生于1883年2月，早年留学美国，先后入哈佛大学和加林普大学就读，回国后，从事学术事业）。

抚今追昔，宋家寨村是一个典型而古老的文化村庄，祖祖辈辈都遵循着"文化非药能治愈，知识非金能脱贫"的祖训，重视教育、发展教育，注重对子女的文化知识培养，数百年来从宋家寨学校培养出来的人才走向全国各地、走向世界，从文、从武、勤政为民，奋斗在各行各业，为祖国为人民做出了应有的贡献。

据考，1373年至1377年间，宋家一世宋忠由锦衣卫指挥佥事升任锦衣卫指挥使，1390年调任凤阳中卫指挥使，1395年统军一二万都督，1398年任山海关总镇。

3世宋锡，工部营膳所丞，《宋仕墓志铭》载:仕"曾王父工部营膳所丞锡，王父怀庆府知事台"。

6世祖宋仕（1538-1618），字原学，号可泉，御史中丞。精通文史、博学多才，隆庆万历两朝任职前后共计48年，其中在位23年隐居25年。嘉靖四十年（1561年）考中举人（邑诸生辛酉领乡），万历十年（1582年）出任顺天府丞，同年为杨慎所著《太史升菴文集》（8卷12册）作序，得到众家文学才子的赞赏。

1588年前后，宋仕一度辞官归乡，在平原县城西修建了"绎幕园"居所（现今被定为明清著名园林）。隐居25年后，大约1613年，在朝府内外的数十次举荐之后再次回朝任职南京少司寇。一生在平原修建了很多桥梁，颊川桥就是宋仕逝世那年所修建。

明天启元年（1621），宋仕子宋开春按刘太史撰状立宋仕墓碑，碑文赐进士第光禄大夫太子太保兵部尚书旧属门生郎墨黄嘉善撰；勒提督操江苏管巡江南京都察院右佥都御史通政使司左通政尚宝司卿吏礼二部清吏司郎中门生新建罗朝国书；赐应天府府尹大理寺左右少卿巡按直隶山东河南奉；勒阅视山海居庸紫荆三关边务江西道监察御史侍。

摘墓志铭：

"南京都察院右都御史可泉宋公以万历戊午（注：万历四十六年，1618年）季秋五日卒于官通籍四十八年家…然越辛酉年孤开春始克襄事将以十二月初三日葬于邑之东郊五里许新阡…。孝子开春于天启元年岁辛酉季冬之吉立石"。

平原的碧霞祠行宫在明朝重新翻修时，任监察御史的宋仕欣然题写了《重修碧霞祠行宫记》，文采斐然广为传颂。

另据史料记载，宋仕在四川任职期间发现当地法纪混乱，赋税严重，百姓苦不堪言，为了遏制这一现象，宋仕想出办法，按田亩数量平均分配赋税，他将百姓和士兵分开记录以杜绝冒领军饷。由于宋仕体恤百姓，割除杂税，惩治贪官污吏，触犯了局部利益，被弹劾罢官告归家乡平原。回到家乡后，宋仕修绎幕园以诗书会友，与文人志士多有交集，如与临邑的书法家邢侗相交颇深，共同探讨诗书。

宋仕为人谦和仁爱，生活简朴，亲友有难却又慷慨解燃眉之急，他以诗文、史志、实业载道著称，对平原文化教育起到开化发展的影响，同时在平原兴办实业促进本地经济的发展。

7世宋应春，字含初，贡生候选训导，清代诗人，著有《诗经新疏》。

15世宋振修，字裕德，乾隆五十四年（1789）生人，例授登仕郎。

15世宋山亭，字玉邨，同治十一年（1873）生人。清宣统三年（1911），与16世宋国栋、宋建寅、17世宋守溪、18世宋智等祖辈，编修了宋家寨《宋氏宗谱》。宋建寅为考徵（是"征"的意思，"考徵"的意思是负责考察、征集族谱人员的相关信息资料）。1911年和1942年，宋山亭还分别参加了《姚氏族谱》的编撰工作，亲手撰书了姚氏1942年谱书。

17世宋守溪，字景濂，附贡生，道光二十四年（1844）生人，34岁入泮，53岁报捐贡生，秉性耿直，生平俭约，尽忠信人。1911年编修的《宋氏族谱》由宋守溪撰书。

16世宋克襄（让）（1901-1941），1925年就读于日本早稻田大学，先后学习医学、法律。1931年学成回国后任国民海关公安局长，后任青州府法院院长，曾在东昌府任职。任国民海关公安局长期间大力进行禁毒行动。为正国法，他拒绝了为贩毒分子求情的信件并将贩毒首犯斩首正法，后来因此事遭到黑帮分子的报复，宋克襄（让）自觉救国无望，自杀未遂于1941年病逝。当时，平原、陵县、临邑、禹城四县县长参加了他的葬礼。

16世宋连升，中共党员，民国时期在冯玉祥部队任职，黄军校第十四期第一总队步科第十队学员，毕业时22岁。建国前任平原、陵县、临邑、禹城四县财政局局长。建国初期，曾受陈云同志委派到上海查办起贪污大案，后任天津市副市长，1962年前后任抚顺市市委书记。

第二节 山东平原宋氏宗谱

一、编修历程

清朝宣统三年（1911年版），15世宋XX（谱书损坏无法认）、宋山亭和16世宋国栋主持编修《宋氏宗谱》，由16世宋建寅考徵，18世宋智鉴定，17世宋守溪撰书。此谱书经后人整理存有电子书稿和毛笔手写稿。手写原稿仅留有一份。

1970年版《宋氏宗谱》（传记稿），自始迁祖到1970年前后出生的人均在其中，在往年各家修谱中起到了重要作用。此套谱书按第7世分支分别成册。

1984年版《宋氏宗谱》（分支谱）是后世族人对1970年版（传记稿）中其中一个分支进行修订，信息补充到17世，主要是宋家寨第二生产队后院的族人后辈。共3册，第1册为1～12世全谱，第2册为村西后院13-17世宗谱，第3册为村中部后院13～17世宗谱（未完成）。

2011年版《宋氏宗谱》是2009年至2013年间编修，补充到第15世（不全），并撰写了序言、宋家寨简要情况、著名人物简介等。2013年主修人病逝令修谱工作停滞，16世以后人员没能补充。

2015版《宋氏宗谱》于2016年6月完稿，这套宋氏族谱定名为《山东平原宋氏宗谱》（兴忠堂，即宋忠谱系），共三卷，文件分多种格式保存。

二、《山东平原宋氏宗谱》新谱构成

新谱主谱《山东平原宋氏宗谱》（兴忠堂，即宋忠谱系）2015版，共三卷。第一卷包括先世考究、村庄概况、历代人物简介、分支人员概要、宋忠谱系导读、文献资料精选、功德榜和附录等。第二卷为各分支结构图谱，共150多张，超大页面另加拉页近26张。第三卷为苏式古典风格。

新谱分卷为宋家寨宋忠后人《宋可香谱系传录》2015版，2015年编排印制，共5册。新谱修谱侧记内容包括修谱过程、祭祖图文、宗亲交流、典谱仪式、墓园修缮、修谱说明等信息资料。

三、新谱目录

新谱第一卷目录主要包括古今伟人名人论谱选、序（2015版谱总序、2011族谱序言、2015年谱寄语）、族训与字辈、编修使用说明、修编情况记录（修编情况、新谱构成、文件保管、谱书分发）、先世考究、村庄概况、历代人物简介、分支人员概要、宋忠谱系导读、文献资料精选、功德榜、卷一后记、卷一附录和续谱空白页。

《卷一》为现代文本格式，《卷二》为现代树形结构，《卷三》为古典风格。阅谱前应当先目录、续谱分支、阅谱导航，并仔细阅读"阅谱指南"，对宋氏宗谱有个总体把握后，再查阅相关分支。通常先卷一后卷二再卷三。

四、《山东平原宋氏宗谱》新谱编修使用说明

1.编修原则

谱书的编修坚持了完整、准确、简明、可续的原则；坚持做到30年小修，60年大修。谱书的修订以旧谱原文和新谱母本为基础，收录鉴别各分支谱以及各家提供最新名录。

收集记录的范围包括宋忠后人男性子孙及妻子，宋姓女儿及丈夫。编修工作力求做到山东省内全部收齐，其他地区尽力收集，重要信息代代传记。

2.编辑软件

现版谱书依托微软公司的 windows XP/windows8.1平台，使用软件进行编辑，文档处理使用 Microsoft Office2007（2010）；Adobe Acrobat7.0 Professional /Adobe Acrobat XI Pro。图谱绘制使用Microsoft Office Visio2003（2007）。《卷三》使用"传承家谱"修谱软件录入，古典苏式格式打印输出。阅读电子谱书原文件，需用到Microsoft Office 2007以上字处理软件；Adobe Acrobat7.0 Professional以上版本的PDF专业版编辑阅读软件，或者使用金山文字处理软件。查看图形图片，需要安装通用图形图片阅读软件，或专业图形编辑管理软件，如 ACDSEE9 Photo Manager、picasa3– setup.exe等。

3.编排方法

同辈按左右排序分布，长左次右，3人以上时，左为1、3、5、7，右为2、4、6、8。配偶用"配"或"妻"、"夫"标识，女儿也用出嫁XXX记，框图中写不下时另外标注。养子女记法：进做养子记为"承"，出做养子记

为"出"；收养子女记为"承嗣"，送出子女记为"出嗣"。

4.其他说明

（1）族谱结构部分主要收录山东平原宋忠后人。由于宋忠后人遍布地区广，绝大多数外地定居人员多年失去联系，可联系人员中有的不掌握情况、有的不愿提供信息资料，加之老谱书缺页，族人情况有未收全的情况。淮安新霸、诸城、莒州等分支收至第九世，个别收至现世，其他参见各分支族谱。

（2）历代人物简介部分（原为著名人物）主要收录县（团、处）级以上人员、部分收录营科级人员以及在历史、文学、工程、科技、教育、字画等方面较有成就的人。

（3）可编辑源文件由主修人员管控，按规定范围指定宗族意识和责任心强，有一定协调、策划、编辑能力的人持续下传以保证谱书的准确性、完整性，防止误传误记误改。

（4）修订周期安排，遵循祖训通常30年小修、60年大修，成立专门班子完成，人员包括:主修、考徵、鉴定、编录（或编译）、审校和总务人员。

（5）姓名中无字辈的入谱时有的增加了字辈，如宋磊、宋伟，记为宋志磊、宋志伟；"承"字辈在实际姓名中"成"和"承"同时混用，入谱名原则上一律使用"承"字，如"宋成泰"入谱时使用"宋承泰"、"宋成杰"使用"宋承杰"等等。老谱书中姓名现无字库的多用现代字替代，具体名字以老谱为准。

（6）历代人物简介。由于缺乏历史资料、网上文章又欠准确性，故1世祖宋忠、5世祖宋以方、6世祖宋仕以及7世祖宋开春等先辈的个人信息资料可能与真实情况有出入，有的需要将来进一步考证。特别是《宋可香谱系传录》所描述的5世祖宋以方的信息内容与本谱有所出入。

五、谱序文录

2013年，山东日照县等地的宋忠后人完成第四次修谱，其中收录了康熙到民国期间的修谱序文，再次明确了字辈排列和宋氏族训，对宋忠后人了解自己的祖先、追根溯源、联络宗亲以及研究宋氏文化和继承宋氏传统都具有重要意义。

1.第四次修谱文摘

（1）莒地宋氏渊源

稽明初世居京东八里庄，先世于明太祖时以功封山海关总镇。生十子，遇成祖之变尽臣节，长子七人以忠孝殉。一行十者徒于淮安新墙，一行九者徒于诸城，宋铨即其裔也。两处生丁俱繁。一行八者徙莒州宅城，暨宪宗七年迁黄埠别墅，遂世家焉。

今吾谱以初至莒之祖为始祖而分出支派，俱分记之，不实者亦不敢载，恐失先人之意云尔。

（2）宋氏宗派

懿维氏启、宝式允传、光裕善继、三运丕宣、献廷昭烈、厚泽广延

此系浩然祖所遗，酌定自二十世为始，若合族均从此例不独免名字重犯，即异地远处一问即知为几世。

（3）凡例

谱中必有世系，世系者，所以及历代之名号，是后人知其宗支所由分也。

谱中宜立茔图者，茔图者，传历代坟墓图像，使后人遂时致祭有所也。某祖茔于何处，何山何向，或有碑或有合葬必详细注明，恐日远年湮无所考也。曾子曰:慎终追远，此之谓也。

凡祖讳，故不可重，即字也不可犯，今字并详注，使后人知所避忌，无子者阙之，尊浩然祖双字命名则无重犯之弊，自二十世为始，倘不忌先讳，或知而故犯，其忘本非浅也。

凡祖父之生日忌辰，子孙不可不知，盖生当祝寿，殁以祭扫，记可忽乎哉。今于生卒年月详注，不知者阙之。

凡嫡庶必详注之，非以别贵贱也，盖妾不入谱，礼也，而妾之有子者，

亦不入谱则非情矣。若入谱而不注明，则嫡庶混淆，亦于义不合，故于嫡庶必详注之。

自姑祖而下，凡所娶某村某人之女者多失考，使后世子孙修谱不得书，享祭不得告，实戚戚然，今修谱必详注之。但族人甚繁，或外居者，或其子孙不能记忆者则估阙之，以日之考其知者，未敢少忽焉，宜注配某村某人之几女，俾后世子孙知高曾祖母氏之所出也。

2.2012年重修谱序（二十二世宋时珍）

我们的祖先乃南京东八里庄人，因军功显赫被封为山海关总镇，后因燕王朱棣发动"靖难战争"，从其侄建文帝手中夺取皇位，宋氏这位祖先连同他的七个儿子壮烈殉国，另外三个儿子逃至苏鲁地区，其中老八逃至莒县历经艰辛，他便是这一代的始祖，因我祖历莒时未立谱，二百余年后始有谱，原系追述，故使三世讳失。至四世兄弟二人迁居莒北黄埠，由于失考，对以上历史仅知一二，青龙桥天启年间，有碑是八世祖璞，九世祖国贤的名讳，知四世二祖是明代人，谱载宪宗七年迁黄埠。二支八世分支九世国贤祖后居招贤镇三村、四村、大小罗庄村东双庙村、后石汪峪村、北黄埠村、城阳镇土沟村。国卿祖后居峤山镇吉兰村、五莲县于里镇北营村、程家庄村、国辅祖后居后石汪峪村。与此同期，长支八世祖珂迁城阳岔河村后迁居峤山镇前集村、阎庄镇张家当门村、佩武祖迁五莲县于里镇东头村、文祖迁棋山镇姜家庄村，分居各处。我祖孤身寄居籍至今已有六百余年，今重修族谱是让后人知其本源，分清宗亲脉络，辈分有序在天涯海角不忘祖制。

3.2012年重修族谱后序（二十二世宋时珍）

吾祖宋公讳忠者，大明太祖朝锦衣卫指挥使也。尝有部将因罪论死，吾祖仗义执言寻为都御史刘观所劾，调凤阳中卫指挥使。建文初削夺诸藩，燕王朱棣觊觎皇权，吾祖督帅边兵三万开平遥制燕兵。吾祖所部多为燕府护卫亲兵，受燕王蛊惑而无斗志。虽经激战终因孤城无援而败，吾祖被执。

吾祖既受太祖知遇之厚而坚拒诱降，慷慨赴死，及至家眷籍没株连九族，殉国者不可胜数，后人幸存者隐姓埋名徙居于鲁苏。吾祖殉难之秋亦州宋氏之肇始也，今已六百余年矣。孙子曰："命矣夫！斯人也而有斯疾也！"方知太祖之言诚哉，至矣。

宋氏后裔有徙居山东平原宋家寨者，五世宋以方官至尚书省左右仆射，赠太子少保，惜被宁王朱辰濠所杀。六世宋仕为隆庆五年（1517年）进士，为政廉明，素有政声，累迁都察院掌院事右都御史、资德大夫、正治少卿，赠太子少保。

余幼时，常闻家父念及祖先事，于祖先之壮烈尤为心驰神往。及长，乃亲捧族谱默诵族谱之名字，追溯前贤之行状，奈何谱中约略简述语焉不详，深以为憾矣。今闻族谱重续，族中长者命小子作文为序，乃查诸明史多方搜阅，钩沉忠祖殉国之盛德，使后来读谱者免于遗憾也。

吾宋氏宗族，轩辕皇帝之苗裔也。黄帝与罗祖生少昊，少昊之孙娶简狄，生契。十六世后乃有商汤，灭夏桀而王天下。商朝传十七世历六百余载，及至帝乙生微子。周成王封微子商丘，以视不绝商之祀，国号为宋，爵位为公，宋氏遂兴焉。

莒州宋氏分布甚广，仰承祖宗遗德，历代人才辈出，为政者有之、治学者有之、从商者有之、务农者有之、军旅者亦有之，无不温良恭俭兢兢于业，和睦相邻教育子女，此诚吾宋氏之门风也。祖宗在天有灵，亦当欣慰。

4.康熙五十三年（1714）宋氏族谱序（十世宋湉谨与宋淇）

尝读诗曰本支百世，传曰世世子孙无相害也。是可知子孙者乃祖、父之一体，相视无间远迩也，为起裔者，可不体先公意哉！自知分派别，各亲其亲，各子其子，遂视同姓之戚等于路人，自以为远远近应尔，而不知获罪于先公也实甚。今夫人情亦大可怪矣，亲者不可以为疏，犹疏者之不可以为亲也，每视要盟结社之流，本非同祖也，而冒以为同宗，既同宗也，而遂以为同祖，呜呼！疏者之尚可以为亲，曾亲者之转可以为疏耶！且夫，族氏之偷也，我知其故矣。世远年湮，忘其自来，别立门户，恩谊寝衰，倘溯我祖而追我宗，庭帏聚顺，恍若以父而临子，雁行肩随，若以弟而从兄。曾几何时，能不慨然以兴哉！忆我宋氏历有年所，及今不叙恐失其次，既无以触子孙相亲之情，更无以慰祖考相望之心矣。论者曰:家谱之序，恐重先公讳，不知先公虽亡而其所极不忘者，本支百世，世世无害之意也，又岂沾沾于重讳之说乎哉! 故志之以示观者之后顾名思义云尔。

5.乾隆八年（1743）族谱后续（十一世宋世徽）

父经营家政之暇，每治酒一壶菜一器，命徽兄弟两人在旁与之话前后事最悉，但语及族谱之修泪下沾襟，问其所以，乃喟然叹曰:吾生也晚又少孤失恬，其于远年事皆不获闻见，即以身所及知者，为若言之，吾祖数十年来久立门户，彼此不相亲，强弱不相下，吾言而听者，谁与相操戈矛，其必俟诸数世之后哉。尔辈共聚一堂，党凛鉴戒之不远也，兄曰:谱之系于吾族也重乎?父曰:尔辈何知寡乘之修，所以敦本收宗而睦族也，我不知我之所自出，由我而上溯之，若者祖，若者曾，若者高，若者为共出之始祖，而尊尊之念油然而生，我不知我之所自分，由我而下析之，若者堂，若者从，若者再从，若者为亲尽无服，而亲亲之念亦油然而生。由是春秋霜露相祭享，岁时伏腊香宾从，鳏寡穉独相收恤，疾病患难生死相扶持，子孙贤，光大吾前，即不然，亦继体守文而使千百世有以考而无失乎! 厥初生民之意，书曰:九族既睦，平章百姓;诗曰:子孙绳绳，万民扉不承，虽古帝王所以开国而承家者，其道率由乎此，岂细故与! 数年前，族侄自新持谱稿一纸受尔，静子伯阅之，仅草草数行，恐失先人世系，故笔之于册，以示将来，今吾年近六旬而未能见此谱之成，敢不惕与! 徽闻之，惶然而力实不足，至乾隆五年岁庚申，肆业黄埠，与族孙宏泗道及此事，彼曰:修谱所以睦族，何如先睦族而修谱，纠合族人，约之当社，虽有小嫌，举可相忘于杯酒间，而修谱之费亦不患其无办矣，徽快言称善。宏泗遂力成其事，今社成又以其事归之于徽，非能为谱者，特上溯始祖，迄今已十有五世矣! 及今不修后将何访乎，故勉强从命，但族谱大事也，修谱亦重任也，之不明不载，派不滴不载，事不核不义，宁缺勿滥，宁少勿借，几皆仰体先公至意而不敢阿附其间，则庶敦本业，笃收宗也，真而族之睦也，将垂之无穷矣。

6.咸丰五年（1855）宋氏族谱后序（十五世宋浩然）

呜呼！谱之系于吾祖也大矣哉。自始祖来占莒籍及十世未创族谱，致失讳三世，迨十世祖始立世系图，及十一世徽祖同自新祖、宏泗祖约社编次付梓，族中方得有谱，厥后久未补续。余先父与祖伯哲、族兄立中文会，语及祖谱事俱叹为要，曰:今距修谱时六十余岁矣，若再不续，微独重犯先讳命名可虑，亦且嫡继不清，后更无耆老何询矣，于是亲历族村，谨踵旧谱，汇名约注，抄成一本姑珍藏之，以俟力能修谱者所引用焉。夫世远年湮，支愈繁而亲疏易紊，户众丁多，无例而重犯难辞，余夙夜图维，他无良策，惟与族兄调元、振清共议定二十四字:懿维氏启、宝式允传、光裕善继、三运丕宣、献廷昭烈、厚泽广延，其二十世以前已难革故，自二十世以后，可仿贤裔排定继世例，双字命名，远近闻名即知世次，或不至尊卑犯讳也。仅序以商诸阖祖迨其世举行而鼎新之何如。

7.同治辛未年（1871）修谱序文

（1）宋氏族谱族谱后序（十六世宋橘）

辛未初秋，抄录谱竣批阅，抚然不禁感于苏氏族谱之引，其引:孝弟之心可以油然而生矣，沈心一思，恸矣哉苏子之言乎，夫人本乎祖，其初皆一人之身也，余远族亦殉难重臣之嫡派，来占籍止一人耳，留落子孙族众散出，几欲统纪而不能，欲置而不忍，愈叹苏氏族谱切婉至恸矣哉，苏子之言乎，夫前事不忘后事之师也，后之视今亦犹今之视昔，及今不叙，安知以后不视为故纸无用之具，岂不至伯仲叔季流而为路人者几希，余是以不避劣，稍葺而成之，不敢云修谱也。聊以承先父之遗言不敢忘尔。今吾族虽不克继先声，然犹幸家各有子可教，有田可耕。

且幸服虽尽而情犹相属，倘由此谱共触怀思，怆然曰:余氏之初人也，今犹幸未至于路人也，庶几哉，孝弟之心可以油然而生，而祖宗在天之灵无不欣欣愉快者也哉，斯千之诗曰:式相好矣，无相尤矣，夫相尤直路人也，相尤且不可况甚而怨兴睚眦，为角弓乎?尝叹世风至今日不忍言矣，一坏于失德之平民，再坏于高谈行谊矜饰虚誉之学士，是一坏于小人再坏于君子也。悉斯言者当心有洞洞属属，隐言不容己者矣，不然亦犹之乎故纸之无用，而己所望族人观斯谱者，永怀苏子之言，将悚惕戒俱不为若辈小人染，不为若辈君子欺，守礼义、敦孝友，相亲相洽，庶有以远承吾祖宗数百年传家之意于不堕云。

（2）同治九年（1870）礼序族谱说

同治九年（1870），十六世宋橘谨说录草十四世宋曒、十五世宋宪章、十六世宋龙犄、宋龙田、宋龙栅，十七世宋金城、宋凤翯、宋庆祉整理。内容如下：

族谱者何，谱氏族也！何谱乎氏族，举凡族之世，族之支，族之名字，族之茔所，以及生寿姻戚诸所不可略者，悉为谱著，俾后按谱可稽也。年远丁繁，不有族谱后人何由析乎前，今人何以示于后哉！念吾宋以殷后受氏于周代，有知名其著于秦汉以前者，若楚大夫玉，上将军义，宣平侯宏，汝阴令登，概无论矣。而在晋则有清河守世良于谈之度宗，唐则有广平公璟、之问昆季，皋绶父子，元虚先生、尚书左丞游道，宋则有及第易序之庠郊，参政之叔宝、训女之延芳以及著壶山词之自逊，而前明若濂、若讷、若学显亦皆遥遥华胄弟，若考何派何氏，吾亦不敢妄攀也，独阅明史有山海关总镇宋忠事，乃我谱溯源云云，即注係山海关总镇，后得母即忠苗裔与惜也！淮安、新霸、诸城数支绵延各域，音问未通，未获对谱而考据耳，即我祖来占莒籍亦数传，然后乃展世业，尚确传有一祖赘婿于城后王家店子王姓，丁亦繁育，即是以思，其转徙而失迷离宗者又乌知多少也哉！他居既久，后代相遇，明明宗人，世次难定，则族之憾于无谱也甚矣。在十世祖修谱时，已多阙如，固慎其事也，但志载简略，传及后人，至询其先茔何在，姻戚何庄，高曾何寿，知者盖寡，呜呼！虽亡有谱其愈于无谱者几何哉！况旧谱所记仅十余世，距今未修又近百年，何怪支派莫辨，名字多复，贻识者笑议乎。

橘自幼读家塾，见生父与族叔浩然商修祖谱，谱稿终未齐全，且仍从约略，窃欲详为补续，未几寇兵迭起，数岁未息，族人且纷窜不定，诚恐有不能终此志者，同治丁巳寇靖，橘亦馆西大罗村深柳堂族家，与族弟龙田谈及补续谱事再四称善，许臂助以作盛举，爰邀族人派办，沿户详询，分纸录稿，月余方得大概，而难考与考查不确者，仍从其略，蓋谱主传信虚言繁赘亦不暇也。谱稿辑成，抄录数本，存于各庄，均使知族谱之有用，且知成之不易也。用是敬附数语以志颠末，即以冀嗣是之勤补序焉勿替。

（3）同治庚午（1870）族谱后序（十六世宋龙田）

黄埠仙枰兄馆余村，相与谈及续修族谱事，不觉失声浩叹，悲余氏之无人，今不序后将失考，不读不识乃曾乃高乃太为何人，即同族之称谓，且将有辈数颠倒者矣。鸣呼！人至不识先讳，问以世次而不知，岂止伤于鄙陋哉。于是仙枰兄愤然独任，余亦闻声合从，即躬同奔波，遍诣招贤、吉兰、石汪峪、南岔河、窑头、北营、姜家庄及东西两黄埠、大小罗庄、前集子，凡我族人所居之村，罔不亲往稽清登册。其查考不确者不敢妄序，惧乱族类也。于是，积月余草辑成稿，付仙枰兄独自详对，合胳卷帙，则上妥先灵，下启后人者，余亦稍心慰焉。试思族谱五世不修可乎？夫五世不修则名失，四世不修可乎？失四世不修则次紊，失名素次谱将废矣，上无以对先人，下无以启后嗣，后世即有欲修者，何从考稽而序乎！恐抚卷悲恸，致怨前人者不少矣。窃谓家牒之修，宜以三世为例，力及者梓之，否则抄存以俟其在，目不识丁者姑无责也，族群繁衍，俨然衣冠至不识吾身来自何人，且使后世子孙不识吾身为何人，不亦自愧于为人也哉，后有作者，其亦勿废斯意也可。

8.光绪三十年（1904）宋氏族谱

光绪三十年（1904），十七世宋凤翙作记，十五世宋宪章、十八世宋辇整理。全文如下：

凡女所适，必详注者，蓋祖父子孙，继继承承，固为一本，而诸姑姊妹亦是同气，记男缺女，岂情所安，今于生子某下注生女儿，适某村某人，不忘骨肉亲也。凡出居于外者，知其地方，注其出居于某处，不知者，于名下注于出外，恐失迷也。凡其名僅存，不知其子孙世系，亦不知其或止或出，则注以失考，不敢妄定也。

承嗣者，乃于生父之下注"出嗣"二字，嗣父下则注以某人之子为嗣，于承嗣名下或注出嗣于某，非过为区别，俾知所自出也。

凡无子又无嗣者，名下注一止字，讳言绝也。

凡谱中称有子某系某某氏姓所生者，明其有别也。

9.民国十一年（1922）修谱序文（十七世宋象钧）

（1）重修族谱序

谱载原籍京东八里庄，盖南京也。吾祖在有明官山海关，有子十人，靖难兵起，吾族死焉，从而死者七人，逃出三人，流离南归。行九至诸城，行十至淮安，行八止莒，莒之有吾宋氏自此始。想尔时并非无家可归，盖以燕王墓立，杀戮忠良，凡尽忠于建文者莫不夷族，虽有家亦不敢归，遂流落异乡而已。即称逃出三人，亦就知者言之耳。当军败破城之际，仓皇四出，未尝对谱，不敢据为确见。吾宋氏始莒籍时未尝立谱，至十世族创立，宋氏始得有谱，其继修者世徽祖、浩然祖、橘叔，嗣是而后族中式徽，几继绪之无人，有族弟橘叔之季子，家无宿粮室如悬磬，以族谱为己任，曰承父志也。将长支、而支分为上下卷，作凡例，义支各付一册，其用心亦苦矣！但泥于重讳之说。所改字有甚生僻者，又不同音者，若现在者固当更改，不使犯先人之讳，想其人已往，又何必沾于此，况所改着多改先人，以避今人，又于祖之无字者忽添一字，嘻！祖宗名字岂为子孙者敢任意改添乎，吾所以有此次重修之举也。余又见村落前后故老称为某某家茔，不知凡几，有卑者亦不少，多明末时立，曾几何时而祭扫无人矣。推原其故，盖遭明季之乱，非死即徙耳。今当此世运变迁之际，若之族谱与不问，于心视觉愧对，遂命诸子诸孙，访查对证，速于成就，商诸族人，多印多藏，不敢过有奢望，唯祈过此清季之乱亦如过明季之乱，赖祖宗遗泽，犹得聚族于。

（2）族谱后序

族谱者谱宋氏之族也。举凡祖宗之事莫不谱之以传于后，故详先世而及八里庄者，水源木本知吾氏之所自出也。述官山海关，由山海关而来莒，知吾祖之艰辛也。吾祖历莒时未立谱，至二百余年后始有谱。原系追述，故使三世讳失，坟墓无考，实为子孙者之遗憾。至四世兄弟二人为分支之始，即记载者亦觉较略，求某祖为某时人不可得，惟于他处考之仅知一二。青龙桥天启年间碑有八世祖璞、九世祖国贤名讳知二祖为明季人，谱载宪宗七年迁黄埠，而迁他处不知也，考二支八世分支，九世国贤祖后在招贤、罗庄，国卿祖后在吉兰，国辅祖后在石汪峪，皆未有在黄埠者，以此推之，迁在此时与珂祖迁岔河，由岔河迁前集，佩斌祖迁头，文祖迁姜家庄，皆以析居，各居别墅，此得诸传闻者。想吾祖以孤身寄莒籍，至今五百余年耳，今日之分门别户不相问闻者，即五百年前聚于一堂，痛痒相关者也。溯而上之，即向之孤身异乡，流离播迁不绝若发者也，兴言及此，孝弟之心可油然而生矣。倘以睚眦之怒为倪墙为角弓焉，先人在天之灵，能不隐然滋痛乎。愿族人凡事念及祖宗，自然族中敦睦而无乖戾之行矣。吾谱修于同治九年，今已五十余年，而其间凤叔之举，未及成就不期中止，若不及今重修，后之人虽有志于谱，故老无存，其将何从考间乎！适象钧叔客归，谈及族谱，慨然赞成，邀商族人，委成编辑，成虽不敏亦何敢辞。夫人而为乡，农人碌碌者论矣。即阡陌云连，财若邱阜，过眼成空，虽声誉见称于闾里，远近不过百。

（3）三次续修族谱跋

象钧自登壮岁，常羁栖他乡。每以省视旋里，族中伯叔昆季辄置酒相邀，攀谈往事，温语浃洽。从可知血统攸关，非酒食游戏相徵逐者所可比也。民国九年春归自颜山，在招贤镇与叔作相、兄浴恩等遇，言及族谱之宜修，视为当务之急，及询诸十数村之族人亦罔不极端赞成，派定职务从事，调查本旧谱之规模，增后生之名字，愈岁而草册成，乃议定印成六十份，以备各庄分存，命余监视石印。时余在博山同兴煤矿公司供事，即将谱稿奉至颜山觅工印刷。旋因原册字数不整，又协同孙延祺重新清誊，营业之余，手不停挥者三阅，月工既竟，象钧乃喟然曰：天道福善祸淫其信然欤吾之。

始祖以边关重镇，慷慨就义。遥忆其时，覆巢之下宁有完卵，乃生有十子幸免于难者三人，当时流离于诸城，于淮安者，只以云山修阻，未亲考证，第以吾之隶于莒籍者而论，袁河东西，凤岭南北，比屋而居者数百家，不忍使其无后欤。然数百年来继继绳绳，绵绵延延，生齿之繁，而其间克承先业为祖宗光宠者能有几人，徽特不能继承贻谋，而角弓翩友时有所闻，是岂吾祖宗在天之灵所忍睹耶。伏念敦睦宗亲实明伦之正义，破除家族乃过激之调言，当吾祖之际亦不过孑然一身耳，子子孙孙延有今日，食德服畴，各安本业，谓非祖德绵远之所致乎。委以代远年湮，门分户别而亲者转疏，厚者夜薄，或相逢而不相识，即相识亦等于路人，甚且同室操戈，鹬蚌相持，孰为为之，至于此极，虽其间贤愚不齐，贫富不等，心理不必其相同，行止不必其一致，要皆系一脉之亲也。亲者，当互相敬爱，固不当相互倾轧也，水百转而朝宗，木落叶而粪本，吾又安可忘其所自来耶。象钧学书不成，去而学贾食，祖宗之福报不能振旧有之家声，潦侧半生，未尝不惕然滋愧，今乃得手抄族谱，校阅数四，凡先人之事迹，支派之分别，茔墓之地址，居住之村庄，罔不洞悉无遗。是不啻萃二十余世之父兄子弟相亲相爱于一室也。何幸如之，然此乃三次续修耳，将来再接再续，愈衍愈繁，岁月无穷期，递嬗无已时，尽天职而宏旧德，是所望于后起者。

第三节 宋氏历代人物

一、宋氏家族人物谱系

1. 宋忠

据考，宋家寨一世宋忠出生时间和地点不详。1390年调任凤阳中卫指挥使，1395年统军一二万都督，1398年任山海关总镇，1399年秋在"靖难之役"中被朱棣杀害。立十子，家人多被杀害，生还者逃离京城。

据史料记载，锦衣卫指挥宋忠从四川回来，发现从连云栈到松林马道之间的驿站各有百余里，地势险要路途遥远，行走多有不便，因此请奏在中间增加式关、清桥两个驿站。

据载，锦衣卫有百名犯法当死之人想在皇上面前陈述详情，指挥使宋忠为他们说情，皇上没有同意。于是监察御史弹劾忠沽名钓誉请求处罚宋忠。皇上说："宋忠忠诚率直没有隐藏，不考虑利害关系，为他人求请，哪里有罪呢？"于是下诏不予追究，这些犯法当死之人也得以免死戍边。锦衣卫指挥使宋忠任职凤阳中卫指挥使，当时的监察御史刘观上奏宋忠私下里作威作福，沽名钓誉，圣上怒而罢免了宋忠。

乙亥年，皇帝认为当时的都指挥齐让带兵无方令战事不利、平定无功，命左军都督杨文佩征虏前将军印为总兵官，右军都督同知韩观副之，锦衣卫指使河清、凤阳卫指挥使宋忠为参将，统京卫及湖广、江西等都司军马往代之。

为了安抚军心民心，皇帝派遣官员告示天下，曾经的元末战争战事频繁，百姓流离失所生灵涂炭，受到上天眷顾、海岳灵验，诸将视死如归平定祸乱，开创了太平盛世，百姓安居乐业、休养生息到现在已经三十年了。近来，西南戍守将领不能宣扬恩德威严，鱼肉乡里荼毒百姓，致使诸夷苗民困顿不堪而怨恨朝廷，联合进攻边防军民扰我安良。为保太平，不得已而命将领出征讨伐，但是山川险要遥远草木遮蔽，烟岚云雾中，士兵吞吐呼吸中多生疾病，与蛮贼战事持久还在胶着，因此再次命令大军征讨以安抚民众除去祸患，将领各自辞别父母家人，深入蛮荒内地历经险境，希望神灵保佑，兴起造化之机消除瘴疠之气，使军队不费吹灰之力扫平战乱，令蛮夷归附，将士们各自回到属地，敬老爱幼！

后来，皇帝再次下召，表明圣意：都指挥齐让征讨叛贼久无进展，因此让你等代替他继续征讨。大凡用兵打仗将士行军，都需要以严明为军纪，赏罚一定根据功过来确定，然后恩威并行将士才能心悦诚服。如果需要分派官军进山追捕，一天可以行十五里、十里或者二十里，晚上就返回驻营，这样能确保出入有确定的时间，敌方就不能尽其用权谋行狡诈之事。如果敌方聚合在一起滋事，就立即征调士兵与征南将军顾成同一起合力作战。兵将之中安陆侯吴杰、江阴侯吴高因事获罪，可以给予他们步兵骑兵三四千人，让他戴罪立功；汤都督曾经做过楚、湘两王的守卫，有领兵作战的经验，如今驻扎在怀化一带，也命令他两人虽大军一起出征；宋都督、刘都督也都领兵作战的行家，分配给他们一至两万士兵，他们也可以独立作战完成任务。需提前通知准备作战物资，满足军队供给。

2.宋锡

3世宋锡，宋忠之长孙，工部营膳所丞，其子宋台（字文兆，字兆巅）为怀庆府知事。《宋仕墓志铭》载:仕"曾王父工部营膳所丞锡，王父怀庆府知事台"。

3.宋应春

7世宋应春字含初，贡生候选训导，清代诗人，著有《诗经新疏》。

4.宋山亭

15世宋山亭，字玉邨。同治十一年（1873）生。清宣统三年（1911）与16世宋国栋、宋建寅、17世宋守溪、18世宋智等祖辈，编修了宋家寨《宋氏宗谱》。宋建寅为考徵（是"征"的意思，"考徵"的意思是负责考察、征集族谱人员的相关信息资料）。1911年和1942年，宋山亭还分别参加了《姚氏族谱》的编撰工作，亲手撰书了姚氏1942年谱书。

5.宋守溪（宋守瀛）

17世宋守溪字景濂，原名守瀛，字仙源，附贡生，道光二十四年（1844）生人，34岁入泮，53岁报捐贡生，秉性耿直，生平俭约，尽忠信人。1911年编修的《宋氏族谱》由宋守溪撰书。

6.宋克襄（让）

16世宋克襄（让）（1901-1941），1925年就读于日本早稻田大学，先后学习医学、法律。1931年学成回国后任国民海关公安局长，后任青州府法院院长，曾在东昌府任职。任国民海关公安局长期间大力进行禁毒行动。为正国法，他拒绝了为贩毒分子求情的信件并将贩毒首犯斩首正法。后来因此事遭到黑帮分子的报复，宋克襄（让）自觉救国无望，自杀未遂，于1941年病逝。当时，平原、陵县、临邑、禹城四县县长参加了他的葬礼。

7.宋连升（宋纪三）

16世宋连升（1916-不详），中共党员，1916年出生在宋家，民国时期在冯玉祥部队任职，黄军校第十四期第一总队步科第十队学员，毕业时22岁。

新中国成立前，任平原、陵县、临邑、禹城四县财政局局长。建国初期，曾受陈云同志委派到上海查办起贪污大案，后任天津市副市长，1962年前后任抚顺市市委书记。

第四节　平原宋氏的杰出代表宋仕

一、宋仕生平综述

宋仕是明隆庆五年进士，官至南京都察院右都御史，平原历史名人。

1. 祖世军籍，乔居平原

宋仕（1538-1618），字原学，号可泉，祖籍邯郸。元末，始祖宋忠为朱元璋属下武将，跟随朱元璋起兵抗元征战南北，其亲属"避世隐居"于平原县城东四十里的地方，修有土围子遂名宋家寨。朱元璋称帝后，宋忠为护卫皇宫的亲军长官之一。洪武十五年（1382），宋忠任锦衣卫指挥使掌管皇帝出入仪仗。洪武三十一年（1398）闰五月，太祖崩。因皇太子早薨，皇太孙闵惠皇帝讳允炆即皇帝位，以明年为建文元年（1399），建文元年即发生"靖难之役"，当时宋忠以都督奉敕总边兵三万屯开平，悉简燕府护卫壮士以从，燕府护卫出其不意起而杀向忠军，宋忠仓促布阵未成列，败死于"靖难之役"。宋家寨宋氏祖茔宋忠碑文记载："明故处士宋公讳忠暨配匡孙氏合葬墓，万历癸卯（万历三十年，1603）四月吉日，六代孙，宋仕立"。"处士"泛指没有做过官的读书人，这里回避了宋忠的身份。碑文说明宋忠为平原宋家寨宋氏始祖，立碑祭祀。今残碑仍存。

宋仕的曾祖宋锡任工部营膳所丞；祖父宋台任怀庆府知事；父亲宋以方任赵藩引礼，累赠中宪大夫、都察院右都御史（见宋仕《墓志铭》），母亲杨氏赠恭人。宋仕生于宋家寨，十二岁的时候跟随祖父宋台，肄业覃怀宦邸。"覃怀"是古地名，即怀庆（在今河南沁阳市）；幼年宋仕读《易》能理解基本含义，郡守朱奇之请宋仕与自己的孩子一起研讨同学，年二十时，参加考试拔得头筹，为平原学宫附学生，军籍。

2.廷试三甲任知县，行四事超迁御史

嘉靖三十六年丁巳（1557），宋仕20岁，是平原县学宫附学生，相当于贡生。

嘉靖四十年辛酉（1561），宋仕24岁，领乡荐为举人，乡试考取了二十一名；十年后宋仕成为隆庆五年辛未（1571）进士，廷试三甲二百七十六名，授直隶衡水县知县。万历元年癸酉（1573），宋仕调任遵化，他"行四事于遵化，民得衽席，为政成绩高等。""行四事"的主要内容为身常谨、言常至诚、意常柔顺、善权方便。"衽席"指太平安居的生活。仕公引用警句，严于律己、为官谨慎，深得百姓爱戴。

据《明神宗显皇帝实录》卷之六十四记载：万历五年丁丑（1577）七月乙未，考选中书舍人刘致中、胡之彦；行人方学孟；国子监博士刘光裕、陈希美；推官谢思启、朱鸿谟；知县尹良任、宋仕、安九域、胡时化…孟一脉、杨际熙，各试御史。良任、仕浙江道；九域、时化江西道……一脉南京狭西道；际熙南京云南道；希美南京贵州道。擢浙江道监察御史（从五品）。

后因父亲去世宋仕回籍守孝，后复补原官仍为浙江道御史。

3.出按四川文为蜀，严法规吏治彬彬

万历九年辛巳（1581），宋仕作《重修蜀志·序》，又作《订刻太史升庵文集·序》，文采过人而被载入史册，其文字仍然保留至今。这一年，宋仕来到四川任职时发现当地法纪混乱，赋税严重，百姓苦不堪言，为了遏制这一现象，宋仕想出办法，按田亩数量平均分配赋税，他将百姓和士兵分开记录以杜绝冒领军饷。由于宋仕体恤百姓，严行法规，割除杂税，奏请免除浮课盐井九千多；出任四川省会试主考官，提拔多名有识之士。

宋仕《墓志铭》记载，宋仕效仿武则天"建言十二事"，结合东吴官吏的实际情况制定东吴官吏十二条准则，长期沿用奉为准绳。又立法规、定制度，所属官员"吏治彬彬"，是了不起的举措。"在朝则疏权政当革，贪官污吏应当严惩"是宋仕奏疏万历帝的政治主张，在皇上面前慷慨陈辞建言

献策，拥有忠孝仁义品质的忠臣形象，后升大理寺右少卿、左少卿，仕途无量。

4.连遭弹劾，上命回籍

明朝中后期政治腐败官场黑暗，刚正不阿的宋仕连遭弹劾。

万历十九年辛卯（1591）十月甲戌，云南道御史顾际明弹劾协理戎政尚书张国彦："身居京兆职司提调，而三子并中高等，是何奥援?副都御史宋仕，曾与巡按同论林茂桂，复以王锡爵之门生，致贻揭荐，以媚抚臣，是何反覆?江西佥事王遵训嗜利，则假故尚书之名以脱害，则介史继书之仆，以通政府是何?宜罢斥，以肃官。"神宗传旨，张国彦照旧供职，宋仕另行议覆；王遵训着冠带闲住。宋仕躲过一劫。

万历二十年壬辰（1592）四月庚戌，宋仕升巡抚，山东右副都御史宋应昌为大理寺卿，巡抚应天，右副都御史宋仕为南京大理寺卿；十一月壬午，先是山西道御史钱梦得疏参南京大理寺卿宋仕、南京通政使杨廷相，谓："仕昔（过去），按吴中，阿附相门，至抚，真定受馈，遗克粮饷，廷相作令，黩货物，议沸腾，为谏垣保辅臣保家宰，借察害正招，权通贿吏部。"（《明神宗显皇帝实录》卷之二百五十四）神宗皇帝则回复称宋仕和杨廷曾经被弹劾，但是已经表明了自己的清白，如今臣子议论此事应当是传闻之误和无中生有了，可宋仕也不能再留在朝廷了，因此下旨宋仕和杨廷相都返回原籍不再任用，此时宋仕55岁。

明朝廷不派员调查，不核实案情，先是上命回籍后又下旨免职；对一位高官二十余年不过问是宋仕的悲哀和国家的损失，也是封建社会政治腐败的真实写照。

5.回家乡以史为文，营别业筑绎幕园

宋仕热爱家乡，读史为文。万历十八年为《平原县志》作序。在家隐居期间又写《平原县学田记》《重修碧霞行宫记》《重修平原县城记》《平原旧令定宇刘公思诚谥祠堂碑》等文，俱载"旧绪志"（指现存的明朝《平原县志》）。宋仕是研究平原历史的专家，对平原历史、平原县古城、平原学宫、东岳庙均有详细考察，写出层次分明、有理有据的论文歌颂平原；他怀念平原旧令刘思诚，为刘思诚谥祠堂撰写碑文详述其政绩，歌颂古人启迪后人，这些文章至今仍为研究平原历史的重要资料。

宋仕的诗作保存下来的不多。"旧绪志·八景赛诗"仅载宋仕诗二首，而他的《重修碧霞行宫记》一文则载有民歌性质的乐府诗，《平原旧令定刘公思诚祠堂碑》楚词一章，诗词感情丰富、朗朗上口。

宋仕的住宅绎幕园在城西郊，园内十二个景点分别是小隐堂、白云楼、容膝轩、白衣庵、岁寒亭、问月亭、锦云窝、闻籁亭、钓矶、亦兰亭、不如轩和揽辉台。今城区毛庄小区南是绎幕园故地。

宋仕注重民俗，兴建了颍川桥和鬲津桥两座桥梁方便迎春游览。在东郊建颍川桥为迎春用，立春前一天，县邑的乡绅官僚都到东郊闾里迎春，在通衢集合游览春景。"通衢"是四通八达的道路，指官道。当地有民俗，立春前一天傍晚，县官率官属到颍川桥登桥东望迎春，见一围黑头巾、穿黑衣的男童从东方走来，县官说"春来了"遂率官属折返，颍川桥也是民众迎春游览之地；宋仕在西关外建鬲津桥，与颍川桥制式相同，如今已经废弃。宋仕也关心教育事业，经常出资维修学堂，"邑簧宫，形家言后阶不利，公捐五十为筑高楼于后。"

宋仕在家乡为人处世讲公德、依法行事，保护百姓权益。当时有一名叫张庚的南宫进士不小心用绳子误杀了自己的妻子，被官府判决，宋仕认为张庚非大奸大恶之徒，出于误杀妻子，参校情法（类似后来的婚姻法）为雪其枉，临邑进邢侗《与宋中丞可泉》一文赞宋可泉"一大功德也"。宋仕在家对继母孝顺恭敬，早晚请安丝毫没有懈怠，对待自己的两个叔叔如同对待亲生父亲一般恭谨有礼，在乡里被广称孝顺。

6.忧国陈述肝胆苦，忧愤脾病卒于官

万历四十四年丙辰（1616），宋仕应召进京入朝贺，以"将营别墅绎幕园，为怕老计就家。"疏辞，皇上不准，宋仕性格耿直，皇上下旨三次让他供职，宋仕却请辞两次、自陈一次，心情焦虑。

万历四十六年戊午（1618）三月丙子，宋仕上疏奏折：按照以前的规定南台御史额定设员二十九人，每次考试选拔新一代的官员入职也不下十四五人或者八九名。可现在在职的只有三名官员，一人兼职多个职务也是人手不够，工作容易疏漏，至于田地、兵马、粮仓、营地等事项按照旧例都是各地各自需要一名御史，现在几乎都是多地方共用一名御史，遇到紧急情况很难能有兼顾；其余职位如巡视库房、清点户籍黄册、拉盐等工项也需要十余名官差才能供差遣，至于督查两江则各派御史一名才能起好监管劾查之能，如今只有一名官员，如果巡视长江下游而上游则他人暂时代理，如果出现了盗窃等事故则无法遥控。宋仕请求皇上下命令考察选拔，然而奏疏无果。

万历四十六年九月宋仕卒，享年81岁。天启元年岁辛酉（1621），季冬之吉，立石墓志。摘录如下：

仕公子一，开春，荫历户部河南司主事（正六品）。女五：长，王恭人出；次，侧室孙氏出；三，侧室姚氏出；四、五，俱侧室王氏出。孙八：宋炳，庠生，行一；宋燦，廪生，行二；宋炘，庠生，行三；宋煐，武职，行四。国朝，抚標守备；宋炫，庠生，行五；宋炜，仕孙，行六。康熙同丙午科，武举；宋炤，字暗如。仕孙，行七。顺治丁酉（顺治十四年丁酉，1657）举人宋燻，庠生，行八。

宋仕知识渊博，为官谨慎而治理有方，由知县（正七品）超千御史（从五品）官至南京都察院右都御史（掌院，次一品）。他热爱国家，在朝慷慨陈辞建言献策，在乡读史为文关心公益事业，他的一生依法行事立规吏治，一身正气自强不息，至今值得学习和借鉴。

第八章　平原任氏家族和族谱编修

第一节　《平原任氏族谱》基本情况

一、编修历程

　　《平原任氏族谱》共续编
五次。清康熙五十五年（1716）
十二世任金城主持并编纂了任氏
家族第一部完整的族谱；清乾隆
四十一年（1776），十三世祖任
乐三、任廉哉二人主持第二次编
纂增订；清同治二年（1863），
十三世祖任焕章、任玉章、十六
世祖任君佩主持第三次续修；民
国二十年（1931），十八世祖任
绍武主持旧谱誊抄并进行第四次
续修，2015年，二十二世任万平
在理清旧谱资料的同时将乾隆版、民国版平原县志有关记载任氏祖先文字的
章节一并编入，进行了第四次族谱的翻印和第五次族谱的续修，旧谱翻印后
共分上下卷二卷，新续的族谱为四卷。新旧谱书合为一套，共六卷，较详细
地记载了族谱编修和重修情况、历代碑刻和器物，坟墓谱通过详述各支墓地
的方位记载了翔实的家族历史。德州学院图书馆收藏有《民国二十年任氏第
四次续修族谱》和《2015年第五次续修族谱》，本书以《民国二十年任氏第
四次续修族谱》为例。

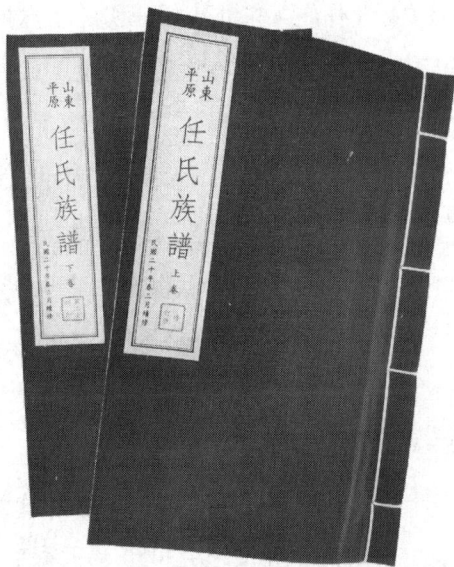

二、目录体系

《民国二十年第四次续修族谱》（修订版）共分为上下两卷，上卷包括：任氏族人居住的村庄、世祖画像、旧谱图像、县志图像、历代族谱序集、任氏辈字诀、世祖传略、凡例、平原任氏名器谱、圣旨集录、附录—平原县志节选、坟墓之谱。坟墓之谱包括始祖（一世至五世）、（六世至十世）、（十一世至十五世）各村分支传续；姚家屯、北任庄（六世至十世）、北任庄（十一世至十五世）、小陈庄（十一世至十五世）、一明后李六庄、北任庄（东北小任庄）（十六世至二十世）、张家楼（十六世至二十世）、任家铺（十六世至二十世）、大雁李庄（十六世至二十世）、王准堂庄（十六世至二十世）、李六庄（十六世至二十世）、东杨庄（十六世至二十世）、北任庄（十六世至二十世）。

下卷包括：前任庄（十六世至二十世）、寨西马家桥（十六世至二十世）、寨西任庄（十六世至二十世）、李家坊、北任庄穷道后（十六世至二十世）、长清县张夏镇（十六世至二十世）、李当任庄（十六世至二十世）、北任村（十六世至二十世）、天秩后人（六世至十世）、天秩（所兴后人）（十一世至十五世）、行人店（十六世至二十世）、城墙李庄（六世至十世）、城李庄（十一世至十五世）、胡家屯（十六世至二十世）、王家屯二十里铺（五世至九世）、王家屯二十里铺（十世至十四世）、二十里铺（七世至十世）、二十里铺（十七世至二十一世）、宗谱（十世至十四世）、宗谱（十五世至十九世）、叶家胡同（七世至十一世）、叶家胡同（十二世至十六世）、叶家胡同（十七世至二十一世）、大芝隍（一世至五世）、大芝隍（六世至十世）、大芝隍（十七世至二十一世）、存现（十一世至十五世）、学熹后人（十六世至二十世）芝隍庄、云（十一世至十五世）、存现（一世至五世到十世）、玉貌后人（九世至十三世）、东关（十六世至二十世）、任八狗子庄（十七世至二十一世）、毕庄（十五世至二十一世）、族谱后跋。

三、序（跋）集

1.旧藏任氏族谱（上卷）修订版刊印说明

由于在审慎研读过程中发现旧藏族谱（上卷）仍有未详内容，任氏族人继续加强研考修订，将多篇内容详实的史料补充到旧藏族谱（上卷）序文部分。2016年冬，任氏族谱续修族谱编纂委员会对旧藏任氏族谱（上卷）的修订和加印情况进行了说明。内容如下：

为满足任氏宗亲及文史部门珍藏任氏族谱的热切期盼，经续修任氏族谱委员会商议确定第二次再版刊印已于2016年春刊印四十八套。

时越夏秋，经多次审慎研读发现旧藏族谱（上卷）仍有未详内容，作为六百年来二十六代任氏族人珍藏传承的珍贵历史资料，并被国家图书馆收录"石渠典藏"，在此继续加强研考修订丰富史料内容，责任重大。

族谱总编纂万平先生邀专家为本次的修订版承担相关资料查证工作，于秋冬之际先后拜访了国家图书馆典籍馆、文津馆、国家第一档案馆有关典籍专家、学者，在馆藏明清典籍《明史》《明世宗肃皇帝实录》《明穆宗庄皇帝实录》《顺天府志》《国榷列卿记》《清史》等文献中发现有关任氏先贤七世祖任士凭、八世祖任光谞、九世祖任有刚、任有鉴、任有勇的资料，同时对照《山东通志》《济南府志》获得多篇内容详实的史料。为此编委会再次商榷，将几篇重要资料内容充实到旧藏族谱（上卷）序文部分从而达到修正补遗丰富史料内容之目的。

刊印后的修订版族谱（上卷）能为任氏后学者和史料部门研究宗族发展史提供详实而有价值的历史资料。

2.旧藏族谱刊印序

2015年，二十二世任万平先生在理清旧谱资料的同时将乾隆版、民国版平原县志有关记载任氏祖先文字的章节一并编入旧藏族谱，进行了第四次族谱的翻印和第五次族谱的续修工作。为此任万平先生专门作序，对旧藏族谱的刊印进行了说明。内容如下：

六百年前（明永乐二年）任氏先祖财富奉旨自莱州府平度州迁来平原县。

三百年后，清康熙五十五年，十二世任维垣（字金城）主持并编纂任氏家族第一部完整的族谱；乾隆四十一年，十三世任英举（字乐三）、任去贪（字廉哉）二人主持第二次编纂续修；同治二年，十三世祖任廷文（字焕章）、任廷玺（字玉章）、十六世任曰琚（字君佩）主持第三次续修；民国二十年（1931）十八世任于镐（字绍武）主持旧谱誊抄并进行续修，至今已有八十四年矣。

今逢盛世，国民得以安居乐业，任氏后人萌生续修族谱之念，然而续修尚需旧谱做为依据，首先理清旧谱资料确为当务之需。

一年来，晚辈直情径行、锲而不舍，专心于修谱大业，邀同族中长辈任于松、任继顺利用走访、通讯联系、电视宣传、网络媒体、张贴广告、发送续谱信函等多种方式搜集族谱资料。搜集过程中发现，由于种种原因族谱多数失传。现存的任家铺、北任村、姚屯村、胡屯村几套旧藏谱书也有残损或被后人删改、字迹模糊等情况实难继续作为完整的族谱资料有序传承，将旧谱进行抢救性的重新翻印迫在眉睫。因此族人做了以下几项工作：

一、将几套旧藏谱书一字一句地核对确认，主要以任家铺现存的谱书为底本尽量做到一字不缺，个别无法补缺的文字照原样刊印。

二、这次采用竖排版仿宋繁体字并加注标点。为方便查阅而编排了检索目录。

三、为力求旧谱原有资料信息尽量完整，将乾隆版、民国版《平原县志》有关记载任氏祖先文字的章节一并编入，使添加的部分史料有准确的依据。

四、根据旧谱文字记述，和北任村、任家铺保存的始祖任财富、五世任天锡、七世祖任士凭原画像回忆，并由续修族谱委员会共同商议确定，由二十一代孙任继利重新绘制编入旧谱，以表对先祖的追思之情。

五、旧谱宗支排序中出现人名字迹模糊不清无法辨认的字，本次印刷时用"缺"代之。

六、旧谱中内容有重复的地方已经查正后删除。

七、旧谱书写过程中出现多处简体字，本次印刷一并改为繁体。只有"继"字在旧谱辈分中早已通用。为方便大家书写和阅读，在人名中仍采用习惯写法"继"，而人名和辈分之外采用繁体"继"。

八、各村现存的旧谱序文部分都存在缺漏章节现象，本次已查缺补漏而形成了较完整的序文资料。

旧谱翻印后共分上下二卷，这次新续的族谱为四卷，新旧谱书合为一套共六卷，即为平原县任氏族人的全谱，刊印之后作为任氏后人寻根溯源的历史资料。旧藏谱书仍由任家铺、姚屯村、胡屯村任氏后人分别珍藏，新续族谱和旧谱刊印后由各村族人的代表分别珍藏，珍藏之目的在于让后人不忘前史、常念祖德、有续传承。

3. 历代族谱记（序）集

本谱共收历代族谱记（序）集共10篇。

（1）清康熙五十五年（1716）平原任氏族谱序

清康熙五十五年（1716）平原任氏族谱是由十二世任金城主持并编纂了任氏家族第一部完整的族谱，十二世岁贡生任维垣为族谱作序，内容如下：

吾族，自始祖以一人迁居原邑，历年三百有奇，历世一十有五，而子孙繁衍动以千计，亦云盛矣。然支分代远，星居散处，有终身不克谋面者，有道途相遇而不知为谁者，有命名重复而不知避忌者，是皆无谱之故也。在昔七世之前，原有一谱，仅书三册，未经刊刻，久矣，遗失无存。有志修谱者，苦于文献无征矣。自康熙戊午岁，垣幸获游泮，兢兢以修谱为念，逢人咨询，遇事搜考，越三十年而未能成帙。及已丑之冬，垣与元夫叔在济宁途次议及修谱一事，叔父许以来春之初，乃无何，而叔父一病沉痼辞世。近来，老成凋卸，咨询无人，谱之修也，将谁逯乎！然而，垣年已七旬矣，日暮途穷，又将何待！于是谋诸祖叔昆弟，择于秋七月念一之吉，开馆撰修。至九月中旬而略成，又三历寒暑而始就。其间，有无可考而未详者，亦有未经送到而未详者，未至毫无遗缺。然又不能再俟，暂且志之，以俟后之不忘，修谱有所凭藉焉。可也，是为序。

（2）清乾隆四十一年（1776）平原任氏族谱记

清乾隆四十一年（1776），十三世祖任乐三、任廉哉二人主持第二次编纂，十三世任去贪、任英举，十四世任圣世分别为族谱作记，任英举、任圣世分别作记两篇，内容如下：

①十三世任去贪作记：乾隆四十一年重续家谱记

家之有谱也，使后之人知木之有本，水之有源也。固已吾家之本为独深，源为独裕也乎。自始祖迁原邑至于五世，人不过数十，功名亦甚寥寥。迨一峰祖出，少年英敏，勤苦好学，十四岁入泮，三应乡试未售，即翻然改图，以为吾不容亲，独不可以养亲乎?于是留心家计，置买田宅六百余顷，仍延名师，教训子孙。而长孙思亭祖，亦十四岁入泮，十八应乡荐，二十二岁登嘉靖丁未进士，由翰林历任兵部侍郎，因之福宾、福全二祖之后，亦相观而善，功名累累，孰非一峰祖所培植也哉。一峰祖，子五人，孙十六人，曾孙三十人，玄孙七十人，五代孙一百四十余人，一家五世之内人丁有二百六十有奇。列缙绅者一百二十余人，此原邑所称第一大族之明征欤。吾家先世原有一谱，后迷失。至康熙年间，金城伯父另续一册，迄今五十余年。前者尝与右曾祖叔父，议及续谱一事，十余年有志未逮，与会叙叔祖、右曾叔父并乐三、仪周诸弟，震初、聿修侄辈，复取旧谱同检阅，令本支具稿补续外，而征于县志，考之碑记，访诸故老，即辈行所序文，仍未清者亦附列于后，以广先人敦宗睦族之意。盖人众，则名易复，有谱别之。世远，则情易溟，有谱以联之，且后人所受享，皆先世之遗泽。但愿一家之中敦孝悌，励廉隅，守恒产，耕者耕而读者读，各安本业；长则长而幼则幼，无相觊觎。上以承先德下以裕后昆焉，则幸甚!

②十三世任英举作记：乾隆四十一年重修族谱记

我任氏之迁原邑也，历世十有七，历年四百有余岁矣。由始而递传之五世而开文明，六世而登仕籍，嗣至七世，思亭祖特以翰苑起家，官至司马。

此固钟秀于大明嘉、隆间，以光前裕后者也。嗣是人文会聚，甲第蝉联，明经文学，接踵相继，书香绵如昨，生齿日以增，傥所谓德厚流长者耶。独是族大丁多繁，星罗散布，志切敦睦，爰整宗书。前康熙丙申岁，金城伯父曾以辛苦著成谱牒一册，至今六十余年，其间，世次之须增添者，转虑代远无稽，则谱之亦叙，不綦要哉。余犹记少时趋庭，见吾父凤敦族好，情深一脉，每以续谱建祠为念，曾与叔曾祖一如公、伯父益府公、叔父又曾公，欲增订而整饬之。辛酉秋，命吾胞兄查勘人丁世次，已誊写大半，然或以病，或以卒，究有志而未逮。余小子志而不忘，乙未仲春展墓日，族人云集，共奠始祖，祭毕，吾会叙叔偕我族人，复议建祠修谱事，阖族欣然，咸踊跃聚金。于是，一面恭修始祖之庙，一面于旧谱中查勘校对，仍考诸碑记，访诸父老，凡确然有据者，补辑于谱书。行辈以明，支派未详者，附列于后。添注之余，较前增十之二三。兹定于祖讳之下，系以五世取周礼，五服之制。兼于边幅，注明世次，俾览者一目了然。今日者寝庙成矣，谱牒亦渐次告竣。庶几上溯本源，报祖德于万一，下明支派，流延子姓于千秋，俾族人莫不晓然，于一脉相传，而不失亲睦之谊焉。然一聊以继从前之遗谟，成吾父之素志也，云尔。

③任英举复序：乾隆辛丑春又序

从来谋深远者，周详审慎。恒有念于所备之外。图永久者，徘徊冀望，更有余于继成之间。乙酉岁创修家庙，纂续族谱，合为一序，已备述矣。无庸赘，第谱之修，仅集稿一册，庙之建，止完祠宇门墙，意为已成之谋，可悬而有所待也。顾日月易迈，人多事变，倏忽之间已历十余载。祭告之举遥遥无期，每念此事，未尝不欷嘘三叹焉。丙申岁，同西凤弟谋诸族人，供伸孝思。堂地阶除，更事修理，计以来春可以合子姓而告厥成矣。已而又不克终，事难逆料，往往如此。越在庚子，年丰时和，于是遍历子姓，查验人丁，凡行辈之应添补者，即行增出，稿本之有缺略者，兼为续明，又历寒暑而始就。因谋及会叙叔祖，并念祖侄、象贤侄，开馆纂修，并命圣世、圣会抄录，以代刊刻谱成，爰择于正月上元之吉，庆备酒醴、牲牢、音乐、干戚祭告。祖庙齐齐愉愉，庶几妥先灵于冥漠也。耶！其前人未竟之谋，今固得而成之。今日已就之基，吾又安能终得而守之乎？后之视今，犹今之视昔，余殆不胜扼腕之，而盹盹属望之思矣。

④嘉庆十四年十四世任圣世作记1：

粤自前明永乐二年，我始祖自本省莱州府属之平度州迁至平原县，占籍于城北十里许任家铺。此后生齿繁衍，迁徙多方，星罗棋布，几难枚举。然而，水有源木有本，总属一致，稽而考之，昭昭不爽。计历永乐二十一年、洪熙一年、宣德十年、正统十四年、景泰七年、天顺八年、成化二十三年、弘治十八年、正德十六年、嘉靖四十五年、隆庆六年、万历四十八年，泰昌不算，天启七年、崇祯十七年，汲自本朝顺治十八年、康熙六十一年、雍正十三年、乾隆六十年、嘉庆十四年，通而计之，越前朝者二百四十有一，入本朝者一百六十有六，通算四百零七年，详晰开注，庶可一目了然焉。

⑤嘉庆十四年十四世任圣世作记2：

圣祖仁皇帝圣谕有云："荐宗族以昭雍睦"，夫家之有谱也，非即敦宗睦族之根源欤？我任氏在七世以前原有一谱，奈久经遗忘，册牒无存。俾有志整修谱者，几苦于无凭矣。幸十二世祖讳金城公立意纂次，不惮烦劳，或逢人咨访，或遇事搜求，至康熙五十年间，略得告成焉。嗣后，越四十六七年，至乾隆四十一年，又有胞叔讳乐三公，协同廉哉叔与聿修弟，重为增订，且注明某支现住某庄村，使阅者一目了然。此番推寻，颇费苦心矣。倏忽之间，历年又将近四十，昨前，堂弟阶泰，有志续貂，余实忻然无稽，奈天不假年，中道而废，还念世已八旬开一，若不决意办理亟为誊抄，使后之有心修谱者茫无凭藉焉，则负惭实甚。

清乾隆四十一年（1776）平原任氏族谱记

清同治二年（1863），十三世祖任焕章、任玉章、十六世祖任君佩主持第三次续修；十六世任曰琚、十三代任廷玺为族谱作记，全文内容如下：民国二十年（1931），十八世祖于绍武主持旧谱誊抄并进行第四次续修。

①十六世任曰琚作序：同治二年重修族谱序

　　盖闻万物本乎天，人本乎祖，尊祖故敬宗，敬宗故收族。敬宗收族之道，其必由于支派之不淆，谱系之详明乎。吾家七世前原有一谱，日久散失，至十二世叔祖金城公念且继承才擅著作。乃考志乘访之故老传闻，越三十年而未能成帙。迨年近七旬精力不衰，纂修弥切，凡三阅寒暑而始克就。嗣是历数十年至十三世叔祖廉哉公与太高祖会叙、叔高祖右曾，并叔曾祖乐三、仪周诸公，从而补续之。更历数十年，十三世祖英举公与叔太高祖一如、叔高祖益府，并叔曾祖又曾诸公，又从而增益之。诸先人之加意于修谱者可谓辛苦备至矣。自乾隆辛丑至于今，时代弥久，人丁益繁，族谱之修责将谁归?吾叔曾祖焕章、玉章，虑先泽之就湮，后嗣之难继也。慨然以修举堕废为己任，爰命吾族叔式礼、式签，与吾族兄曰儒、曰湜，族弟曰杰、曰清并吾族侄传珊、传荣、传孟，博采旁搜，先具稿本继登简编，仍仿旧谱成例。凡确然有据者咸以次补入。即有行辈明而支派未详者亦附列于后，非敢云承先启后也，略以广敬宗收族之意，云尔。

　　②十三代任廷玺作序：重修族谱续

　　同治元年壬戌孟春之吉，族人祭扫五世祖墓及侍郎祖墓。因来吾家拜年，爰有续修族谱之议焉。但族中通文墨者或授徒或从师上学期迫，暇日无几，故谋难就。而事不能遽，逾秋后复聚族而谋之，议定勿遽设局，勿多敛钱，先分支采辑各汇一册，俟汇齐，然后开馆纂修合为一编。量力捐金各助局费，取其便而易从也。嗣后族聚咸勇跃从事，远咨近访博采旁搜，至癸亥年正月而支册略备，似无难渐次图成。何而上学之期又至矣，兼之是岁贼匪扰乱原邑，往来数次，家家奔窜人人惊惶，自夏初以逮秋杪几无一日少息。此修谱之事所以积久而未遑议及也。至冬十一月寇警稍稀矣，人心稍定矣，乃择吉开馆按次编修，为草本者二，为真本者五，无昼无夜并力加功。三逾月而始克竣事。事竣后，胞兄焕章乃进而命之曰："自来成事之难，莫难于不得其人。今者族谱之修，同心任事者非特有曰湜、曰琚、曰杰、曰清、诸侄曾孙乎。刊刻不能而以笔墨代者非特有志远侄，及传习、传珊、传纶、传荣、传孟诸侄元孙乎。吾幸今人之知所急而谱以成。"吾尤冀后人之勉，思其所以成而谱不废也。汝不可不详著其名，为来世子孙之有志修谱者，勤圣闻命遂援笔以志之。

民国二十年（1931）平原任氏族谱记

民国二十年（1931），十八世任绍武主持旧谱誊抄并进行第四次续修，同时一并做序，内容如下：

十八世任绍武作序：民国二十年重修族谱序

伏念欲尊祖必先重族，欲重族必先联宗。今积势所趋，虽动曰提倡国族及种族，亦必以宗族、家族为基础，故续谱尚焉。余先世名辈层出，已经修成旧谱及再加重修矣。今以余等之卑陋何敢作先人之绪余，但念族大丁多，即以本之近，尚不免以素不识面而出口两伤者，况现世既非同族一系，尚每有结成私人团体以保全各个人之势力，况余等以固有之族众，若非同心一意，结成惟一之族体，将何以作现在之支持而杜外侵。故偕族人迭次磋商，务即从先人之手续修旧谱之程式及格律，将从前谱载未及现辈这次一律照旧谱添注。即藉以联同族情并资以结成族体，兼于从前排行字：志式曰传、于今善继、万年振兴、予宗山立之外再续八字拟为本正源清、世德永续。非敢云创也，亦不敢名修也，仅卑其词曰续谱略以志。

2015年平原任氏族谱记（2015年续谱所作）

2015年，二十二世任万平在理清旧谱资料的同时将乾隆版、民国版平原县志有关记载任氏祖先文字的章节一并编入，进行了第四次族谱的翻印和第五次族谱的续修。

21世任继周作序：山东平原任氏族谱序

山东平原任氏族人于明朝永乐二年，自胶东莱州迁至平原县定居。历经明清、民国、中华人民共和国数代更替，岂今六百一十余年传二十六世，期间修纂族谱凡四次。康熙五十五年（1716）十二世祖维桓公首次主持修纂族谱，乾隆四十一年（1776），十三世任英举，任去贪续修；同治二十年（1863）十六世任曰琚第三次续修，民国二十年（1931）再次续修，迄今已三十余年，手抄本涣散难以卒读。在此期间世事巨变频发，历经军阀混战、抗日战争以及国内纷争，及至中华人民共和国成立等重大历史转折，致使平原任氏祖塚、老林、翁仲碑石、先祖绘像、祠堂碟谱等几乎荡然无存，不仅为我族人所锥心沥血，也为国家历史文物之重大损失。殆今二十世纪八十年代，国家改革开放，遂现百年不遇之安定繁荣，国家强势崛起，我任氏族人深感其惠。

我任氏族人自定居平原六百余年来耕读传家为本，绍续祖业。士农工商各界英才辈出。近百年来，或躬耕垄亩守护田园，以固基业；或开拓工商创建名品，享誉社会；或从军参政开国建业，造福一方；或从事科学教育屹立于时代前沿。我族人蔚为一方望族，无愧于历史赋予之使命。

尝闻盛世修谱而谱以志盛。谱志之修纂象徵国家之强盛和文明之吉兆。贤侄万平近来不辞劳苦奔走于全县任氏族人间，凝聚我全县族人之力，遂使平原任氏第五氏族谱修纂告成出版。我年逾九旬，历经劫波，于今喜见修谱之盛事，上慰列祖先在天之灵，下启后辈奋发之志，亦为平原任氏族人光大我中华文明略尽绵薄，欣慰之余特为之序。

四、世祖传略

本谱共收历代族谱记（序）集共9篇，在此摘录6篇。内容如下：

（1）始祖财富（任财富），配于氏、周氏，莱州府平度州人也。兄弟四人长留平度，已失其讳。嘉靖间曾差人去访，族人皆为庄农，已文献无徵矣。只知先人在元时由侍御史官至尚书，有御葬莹一座、名器尚存。吾始祖讳财富，于永乐二年奉旨迁原，配于氏、周氏。祖讳财贵者亦同时迁山西。及七世祖游宦吾省，叙之，即吾侍郎祖同行兄弟也，原名自强，以侍郎祖讳士凭遂改名士强，官至总兵。仲祖南迁，世远代湮，固不知仲祖去矣，亦不知为仲族之后矣。但俾后之人知有此宗支而已。又有乐安、东昌、临邑、陵县、清平、德州、济宁、高密诸处皆系宗人。或有自莱州迁者、有自山西迁者、有自河南迁者、有自湖广迁者、亦有平原迁者，总以排行不清不敢强注。即原邑诸祖之后，有在本县而不可考者皆以本人之后不识字，不记先人之名，又不知就列支排行起名，虽原系一支而指派不清，亦不敢为蛇足也。

康熙五十五年丙申春，平度族人任之杰、同侄任喜强以御葬茔名器被人毁坏来原邑访求族人，任之杰住平度横沟城南十五里许，任喜强住城后二里许府君庙。

五世祖讳天锡（任天锡），字廷玙，号一峰。素性勤俭，童年入泮事举子业，屡试屡蹶，慨然曰："人子不能为禄任以荣亲，岂遂无以养亲耶？"于是弃举业逐赢并因获厚利。力耕耘，勤课读，择诸子诸孙之能耕者耕、能读者读，各量其才。单请名师读书真武庙中得获大成者，皆祖功也。遇覃恩，赠通议大夫、兵部右侍郎兼都院右佥都御史。元配孙氏，诰赠太淑人；继配张氏，子五人，长即弘道祖，番卒。祖年八旬告终。侍郎祖系承重孙，以现兵部右侍郎奉旨归葬。世德褒荣坊为祖立也。凡吾五支皆其裔也，德厚流长其信然哉。（十二世任维垣记）

（2）六世祖讳弘道（任弘道），字槐泉，太学生。忠厚纯诚人也，子四人，长即侍郎公士凭，祖早卒，未获睹侍郎公之荣。初赠承德郎、文选司主事。茂扬遗泽，再迎宠章，加赠通议大夫、兵部右侍郎兼都察院右佥都御史。原配姚氏初封太安人，志励冰霜海勤机杼。再遇覃恩加封为太淑人。褒荣坊为祖立也，载在县乘。

七世祖讳士凭（任士凭），字可依，号思亭。生而颖异，长而端方，言动不苟，喜怒不形，幼失严亲。性喜读书，十四岁游泮，十八岁魁嘉靖癸卯乡荐，二十二岁登嘉靖丁未进士，选翰林院庶吉士，巡按御史毛公讳鹏者建翰苑坊一座。授吏部文选司主事，巡按御史马公讳三才者建天曹坊一座。遇覃恩诏授承德郎文选司主事，升本部员外郎、郎中，历升光禄寺少卿，提督翰林院，四驿馆通政司通政，顺天府府尹，巡抚江西兵部右侍郎，兼都察院右佥都御史。元配谭氏累封太淑人。祖性耿介不合于时，致仕还家。隆庆间奉旨起南京刑部右侍郎，卒于官。钦赐御祭，敕建御葬，崇祀乡贤。祖为人做事慎重，居官清正不附权贵、不随流俗。复诚意伯之爵，夺张真人之俸，见《名臣奏疏》，内余不能祥，不敢妄赘。（十二世任维桓记）

（3）八世祖讳光谞（任光谞），字养纯，平原县城北小任庄人。天启二年壬戌科进士，任沁水县知县，居官正直明允。七世祖士凭从子，母霍氏以子封孺人，妻王氏以夫封孺人。

任有刚，字无欲，号仁卿，以贡生授湖广黄安县知县。先黄安并无科甲，自公任后设义学延名师，亲为讲解，而一时业者如张希良、卢诞、卢纬等相继成进士者数人。嗣后科第蝉联而源源不绝，阖县感恩，立祠堂祀名宦。升任山西太原府同知，遇覃恩封奉直大夫，致仕还家，太原府又建立祠堂。在家时设立义学，如王必振、葛懋等皆游泮成名。性喜施与、乐交游，尤工字画而名重当时，至今珍焉。三次乡饮正宾，崇祀乡贤。元配郑氏封安人。（康熙五十五年任维垣记）

（4）任有鉴，字子镜，有权术并知方略。当年原邑之城而赖以不失者，祖之力也。国初，举明经，历任工部郎中，驻济宁，不惮权贵，不避豪强；重亲谊，敦桑梓，解斗一事阖县感德，今犹传颂焉。再升浙江温州府知府，未任而卒。（康熙五十五年任维垣记）

（5）任所慕，字静修。赋质颖敏、倜傥不羁，读书过目成诵终久不忘，年十五补博士弟子员。为文捷甚，靡弗典丽、博大昌明，试辄冠军。顺治甲午拔贡。丁酉秋试得而复失，考授州判仍祈掇巍第，不愿小就，踬于场屋者十余次，终窭且贫，不获已改授江西建昌县丞。覃恩诏封征徵仕郎，署县事。八月，政简刑清，簿书之暇惟事饮酒论文，不计利禄，卒以军功洼误解任归里。两袖清风淡如也，娶范氏，诰封儒人。（康熙五十五年任维垣记）

（6）父讳去贪（任去贪），字廉哉，生而颖异，方弱冠即游泮宫。乡试屡荐，虽未见售而志气勇锐弗锐也。性至孝，承事吾祖，先意承颜终身如一日。祖殁，事吾继祖母尤恭谨，抚吾诸叔父尽慈仁以故，德行学问优举数次焉。而敦宗睦族念尤切切。

乙酉岁，曾与叔祖右曾公、叔父乐三公及伯兄聿修谋修族谱，相与咨访、考询，几历寒暑。丙戌春，会同叔曾祖会叙公相与编次成稿，志欲刊刻以光吾宗，奈皇天不佑，一病告终。今不肖与叔父乐三成就者，乃吾父之遗

业也。事未竣而先亡，事已就而不见能不对之而增悲耶。（乾隆四十一年象贤记）

五、凡例

1.是谱之修也，自康熙戊午岁始至丙申岁成。而吾族之迁原邑也，自明永乐岁始，由三百年后上溯三百年以内事，既无所凭，又无可考，缺略之弊，自不能免。

2.谱之修，世次俱以始祖为主，而支派乃以次而序。

3.二世兄弟三人百成、百能、百荣。百能祖之后不可考；而百荣祖已绝。所序者皆百成祖之后，百成祖之长子讳福臣者又不可考。故自福盛、福宾、福全祖序起，三祖之下，有后者只兄弟三人，又传至六世，支派繁衍，故福盛之后，自六世分支序起，以先人之次序为序，完一支方再序一支，序完二十一世，方再序一世，每一支之上，俱以五世冠顶，便查览也。

4.是谱以后人而竟书，前人之讳，非不知避讳也但非书名以传世，俾阅者横览则兄弟之多寡，立见直视则子孙之蕃盛可知。

5.旧谱，于其人之幼而未命名及有名而未及讯者，俱以圈代，或止系以行辈。

6.字正名阙，然今则访问得其名字者，则添注之；其或支派紊乱者，则更正之。至于不得的，实无可如何者，仍遵旧谱不敢赘增。

7.一人之上有祖，犹水之有源木之有本也。虽千枝竞秀，总属一本；万派争流，不外一源。故序谱者端自宗支始也，然世系不清亦不能一览无余，分而谱之，人多字繁，又费经营，故先书世次，再书任命，下书其后人之名，且注以某之几字，宗支存焉，世系寓焉。知先人者顺而查之，知后人者，逆而溯之，可一目了然。

8.族大人众，散居者有数十处者，志其人而不志其地，非所以详宗书也，兹必注明某人现住某所，庶展卷了然，便于查勘。

9.谱中有先后同名者，有尊卑在同一时间同名者，皆缘无谱之故。今谱虽修，而其名行世已久，不能遽更，后凡命名者慎之。

10.谱中或有子尚幼未命名者，或已命名而未讯者，俱画圈以代之，以俟嗣补;已有人而未之知者，不在此例。

11.谱中提头，皆承上重书世次者，便省览也。

12.是谱有后者，先书世次，列书其名，便书其子于下；其无后者，不再提于上，以下无可书也。

13.按旧谱，先人次序，原序完一世，方在续一世。今则，自始祖冠顶，一序五世，序完则六世抬起，五世冠顶，序及十世，序完，下以十一世抬起，十世冠顶，序及十五世，非敢率意更易，觉此视旧谱，尤易省览也。

14.旧谱世次，止定本名之下，今则，于格上既冠以几世子，又于边幅小书世次。

15.名以制义，族中人丁日繁，命名往往不知避忌，有后与前复者，有彼与此重复者，称呼甚属不便，今从"志式曰传"后更酌定，"于今善继，万年振兴，予宗山立"十二字，今每世各按一字排行起名，庶不致混淆。

六、百年通德号传记

"通德"的意思是通力合作以德经营，"通德号"是德州平原任氏家族唯一的五代传承的商业知名品牌，自1901年9月11日正式挂牌营业至今已有一百一十四年，是任氏家族的荣耀。

创始人：任今栋

"通德号"创始人任今栋（生于1884年，卒于1931年9月）是北任村任氏家族第十八世任于莘之四子，大哥任今俊（前清蒙阴县教谕）、二哥任今杰（任继愈先生的祖父）、三哥任今英。任氏家族族大人多，1901年兄弟四人分家生活，四弟今栋分得车站街对面的一处任家经营多年的油坊。1901年9月，任今栋（17岁）继承祖业，在油坊原址改业创办平原县第一家老醋坊，第二年兴建了老酒坊，任今栋在创业过程中充分认识了齐心协力和经营中以德为先的重要性，因此将作坊起名"通德号"，并邀请平原的文化名人、书法家李润深题写"通德号"并制作匾额悬挂，以示时时警醒。

"通德号"创立之初只有一个小院、一辆小车、一个掌柜、一个小工，另加一头小毛驴的小型酿造作坊。任今栋做事认真讲信誉，为人好，凭借祖辈珍藏传下来的酿造秘方潜心研制，酿造出了口感醇和爽净的小米酒和别具风格的老陈醋，成为当时方圆百里的知名商号。

第二代传人：任善文

任善文（又名任子章）是（1908至1966年8月）任今栋长子。二弟任善武（民国期间任陕西陇海铁路局调度处主任），三弟任善基（中华人民共和国成立后，1949年任新华社记者）。

任善文1931年继承父业开始经营"通德号"，1933年任善文在充分调研的基础上创新了生产工序，扩大了经营范围。通过将酿酒作坊和酿醋作坊进行扩充修建提高了产量，又在此基础上创新地推出了酿造酱油产品和腌酱菜产品，这样"通德号"在质量不变的基础上经营品种更加丰富，成为地区有名的生产大户。（平原县民国志有载）。

1939年秋，在济南官扎营西街（后称保华街）开办了"通德"分号，共修建房产一百零一间，主营麦曲、白酒和酱醋，产品销往本省、河南、山西运城地区、河北、天津等地。随着酿造技艺的日趋成熟，任善文把各种酿制配方记录和有关资料进行规范整理，分别归纳出酿造小米酒和黑米枸杞醋的规范化制作流程，成为"通德号"代代相传的经典技艺。1956年任善文参加公私合营，与包括"增祥号"在内的另外七家酱菜调味品作坊组成了平原县酿造制酒厂并出任技术副厂长，同年选为平原县酿造行业会长。1959年至1961年担任平原县第一届政协常委。

经营理念：刻薄不赚钱，忠厚不赔本

第三代传人：任继祥

任继祥（又名任培和）生于1930年，卒于2002年5月12日。1962年分配到平原县酿造制造厂，从事白酒、酱油醋菌种培育工作。

1992年3月，邓小平南行讲话发表的第二天，任继祥与儿子任万平在原籍北任村宅院内修建烧酒坊，开始自营"通德号"，任继愈先生得知后欣然题写了"通德号"匾额。任继祥一生经历坎坷多难多灾，少时正逢家境丰裕，悠闲放荡，青年遇战乱，十七岁应征加入国民党军队，后来加入共产党军队、被保送石家庄军政大学，善书法。经历了下乡劳动，同时和村民一块积极宣传毛泽东思想和画像，十几年间从农活到修河打堤，生活艰难的同时能在逆境中顺应潮流找到自己的位置。1978年改革开放初期带头现代化养鸡、规模化养猪，承包改造集体荒废土地，1978年之后投入市场经济大潮经营家具和服装生意。

任继祥收集整理了"通德号"一步步发展壮大的历史资料，将酿酒和酿醋的工艺仔细梳理并加以传承，为此倾注了极大的精力和热情。通过历史资料的留存和核心产品工艺的传承和改良，其产品更加贴合百姓的需求，"通德号"的发展驶入快车道。1997-2001年被选为平原原县工商联副会长，1998-2003年担任平原县第七届政协委员。

经营理念：货好门若市，心公客常来

第四代传人：任万平

任万平年轻时在平原酿造制酒厂工作，一直勤勤恳恳，前后担任多个技术岗位负责人，掌管酿酒和酿造酱油醋的核心工艺，1992年3月，邓小平南行讲话发表的第二天，任万平与父亲一起修建了烧酒坊，开始自营自家品牌"通德号"。经过几年的发展，"通德号"产品工艺成熟产品种类丰富，百姓的认可度更加提高，为了更好地进行规范化经营，进一步扩大经营规模，1997年秋，任万平自筹资金八十万元建立了"通德酿造公司"，集中酿造白酒、酱醋和酱菜。时任国家图书馆馆长的任氏族人任继愈先生听闻了"通德酿造公司"建立，欣然题写了匾额。

任万平视企业信誉为生命，坚持"突出主业、打造品牌、做精做特、做深做厚"的发展战略，始终遵循"守德、守信、守义"的家风，使企业顺利平稳的发展。

"通德号"走过了百年的风风雨雨，在任氏家族几代人的努力下不断发展壮大，2001年举行了百年庆典礼仪，任继愈先生也亲自题词祝贺。

2006年12月19日，通德被国家商务部授予首批"中华老字号"称号，任万平携子任博到京参加了授牌仪式。

任万平非常注重企业文化和品牌的提升，深入挖掘老字号的文化底蕴和资源。2007年11月5日《通德时报》正式创刊。2009年11月20日，山东省档案馆将通德百年发展史、展品收为馆藏并永久保存、展出。2010年8月筹建通德历史文化展览馆对外开放。

2009年9月通德传统酿造技艺被省政府列入非物质文化遗产保护技艺。2011年12月通德公司被省旅游局命名为山东省工业旅游示范基地。

自2002年来，任万平当选平原县工商联七、八届副会长，2003年以来分别担任八届县政协委员，第九、十政协常委，荣获2010年首届"中国非物质文化遗产传承人"称号。

经营理念：义利并存 守义则久

第五代传人：任博

任博（一九八三年出生）2005年毕业于北京人文大学企业管理系，2007年遵照任继愈先生的建议，正式加入通德公司任总经理。

任博恪守"尊古不迷古，创新不离宗"的新时代经营思路，在父亲的言传身教下忠实传承通德传统技艺，父子一道潜心研究，开发的小米酒系列、黑米枸杞醋系列产品现成为本地区官方和百姓走亲访友的首选礼品。几年来的努力勇于创新敢于担当，为"通德号"持续发展奠定了良好的基础。

2010年荣获首届中国非遗传承人称号；2011年9月当选为平原县第九届工商联副会长；2012年当选平原县十六届人大常委；2013年当选德州青年创业基金导师。

经营理念：尊古不迷古，创新不离宗

"通德号"五代传承一百一十四年，历经军阀混战、中华民国、抗日战争、解放战争、土地改革、工商业改造、公私合营、改革开放等重要历史时期，至今已成为工商业知名品牌。国家商务部授予"中华老字号"荣誉并颁发铜制牌匾，与国家著名的同仁堂、贵州茅台、北京烤鸭等全国三百家知名老字号品牌同列史册。

一百一十四年来通德五代人靠的是一个信念，将我们的任氏先祖开创的事业传承至久，靠的是多年来的艰苦奋斗厚德诚信的经营理念。

第二节　平原任氏代表人物

明永乐二年（1404），任氏先祖任财富奉旨自莱州府平度州迁入平原县，六百余年间平原任氏人才辈出。据统计，任氏族人共有12人被列入乾隆版、民国版《平原县志》，其中列入乾隆版《平原县志》的任氏族人有6人，分别是任士凭、任士审、任琳、任有刚、任有鉴和任直；列入民国版《平原县志》的任氏族人有6人，分别是任廷文、任作义、任曰琚、任萧亭、任今哲和任今才。任有鉴被分别列入乾隆版《平原县大明县志·卷七选举志》和乾隆版《平原县志·卷八人物志》；任廷文被分别列入民国版《平原县志·卷十人物志乡贤》和民国版《平原县志·卷十二杂志》。

一、任世凭简介

据《乾隆平原县志·卷八人物志》记载，任士凭，字可依。天资聪颖喜欢读书，且读书求领会要旨，十八岁时在乡试中考中举人。四年后考取进士并选为庶常士。任世凭为官清正，不肯依附权贵，后改任礼部主事，不久调任吏部掌事，历任顺天府尹，以清正廉洁著称。曾经因为张真人依仗朝廷给的俸禄赏赐恃宠毒害百姓，任世凭上奏请求削夺罢黜治罪，后改任南京工部，不久改任兵部巡抚江西。适逢穆宗初掌朝政，有朝臣上奏请剥夺张真人的世封，任士凭极力复议，最终被朝廷采纳。任世凭任职期间端正言行、率先垂范，生活简朴爱戴百姓，后因过于刚直被罢免，又起用任南京刑部侍郎，在任上去世被赐予祭葬。任士凭生前因居官清正颇得圣意，嘉庆皇帝和隆庆皇帝颁下多道圣旨嘉奖任士凭及元配谭氏、其父母和祖父母。圣旨集录如下：

（1）嘉奖任士凭及元配谭氏

皇帝制曰：铨部上赞，天官之政，以参稽六典，甄综群僚，故虽分理之职，亦不易称。尔吏部文选司主事任士凭，拔自巍科，毓于中秘，蜚声祠部，改为天曹。乃今阅试有年，克只厥叙，以公慎称，可谓能于官矣。兹特进尔偕承德郎锡之敕命。夫用人之道必检身，以为藻镒之本，虚已以求衡量之中，而后铨叙惟允，尚懋乃犹。无替厥服。

勅曰：士必内得贤助而后可以检身。事君恪共乃位。朕褒宠奉职之臣，而推及其配，所以嘉答之也。尔吏部文选司主事任士凭妻谭氏，归自右族，克相吉人，绩学于家，显庸于国，可以观能助已。兹特封为安人。益敬戒于尔躬，庶显承于予命。勅命。

嘉靖三十一年十一月初九之宝一镌

（2）嘉奖任士凭父亲任宏道及母亲姚氏

奉天承运皇帝制曰：古者人君，爵禄必授于庙，见恩有所自也。朕以孝治天下，褒嘉臣下，敢忘其亲耶！尔任弘道，乃吏部文选清吏司主事任士凭之父，起家经术，卒业贤关未究，厥施迪于尔嗣，服官迪于尔嗣。服官华省，蔚著材犹，效用方殷，禄养不逮。兹特赠尔为承德郎吏部文选清吏司主事，尚克钦承，用光冥漠。

嘉靖三十一年十一月初九之宝

制曰：寿母之为燕喜，人子之至情也。矧恩荣侈及，岂不重有以遂其情哉。尔姚氏，乃吏部文选清吏司主事任士凭之母，贞懿淑身，孝恭事上，克生哲允，赞以义方。兹特封为安人。佩此荣芳，益绵寿祉。

嘉靖三十一年十一月初九日之宝一镌

（3）嘉奖任士凭晋官及元配谭氏加封淑人

奉天承运皇帝制曰：江西控引荆吴，襟带淮海，盖东南一都会也。以其民殷地广，慎简耆硕，俾之保厘，而凡军师氓吏之政命，悉以属焉，厥责亦烦且重矣。尔巡抚江西等处地方兼理军务，兵部右侍郎兼都察院右佥都御史，学博行端，器宏识敏，往日巍科，奋迹密馆，储材领祠曹而冗职，惟寅历铨部而持衡，克允华问，已焯起矣。既而，兼更御寺陪贰留枢，以尔操持罔替于始终，施措具宜于南北，爰咨金论晋秩中司，用宜德厚以保四方，维揽筹谋以饬修武备，朕深宠嘉之。兹以覃恩，特授尔阶为通议大夫，锡之诏命，夫保民足食于今日。为治安急务，惟渊蓄达材为能，寓抚绥于旄钺，持威重于樽俎，此文武吉甫，万邦所以为宪也。尚宜悉乃心、殚乃力，勉企前修，以酬荣寄。钦哉。

隆庆元年八月二十四日

制曰：人臣服在大僚，策功砥节，夷考其私，必有闺阃儆戒之助焉。国家覃恩，视夫阶而申赐宜也。尔巡抚江西等处地方，兼理军务兵部右侍郎，兼都察院右金都御史任士凭妻，封安人。静恭作范，勤俭宜家，实相尔夫，殿我南服，惟崇阶之递进，宜涣渥之偕承。兹特加封为淑人，服此恩华，益敦敬助。

隆庆元年八月二十四日

（4）嘉奖任士凭祖父任天锡及祖母孙氏

奉天承运皇帝制曰：士君子树德履祥，至一再世，而实报于天，移恩于国，则岂必其身致之，然后为遂哉。尔任天锡，乃巡抚江西兵部右侍郎，兼都察院右金都御史任士凭之祖，学行夙闻，措施未究，晚由宾荐，寄迹儒官，实训育尔孙，以褒大厥世，宜阙起家之自用，申率祖之恩，兹特赠尔为通议大夫、兵部右侍郎兼都察院右金都御史。服兹彝章，用光家乘。

隆庆元年八月二十四日之宝

制曰：孝先追远，人有同情，然唯我一二重臣，得推恩再世，逮及重闱，自非深培厚蓄，莫可伟而致焉。尔孙氏，乃江西兵部右侍郎兼都察院右金都御史任士凭之祖母，敦静有仪，慈惠不贰，字教厥子，以及尔孙，毗倚惟新贻谋斯在，兹特赠尔为淑人，只歆有赫之恩，益笃寝昌之祚。

隆庆元年八月二十四日之宝

（5）嘉奖任士凭父亲任宏道及母亲姚氏

奉天承运，皇帝制曰:天之报施善人，盖有迹微而名显，祚短而庆长者是故。仁者有后，自古记云，国家因之以制褒赏，为世劝也。尔赠承德郎吏部文选司主事任弘道，乃巡江西兵部右侍郎，兼都察院右金都御史任士凭之父，早承家学，擢颖成钧，一命未沾，赉志以殁。尔子茂扬遗泽，再迓宠章，尔之食报亦孔厚矣。兹特加赠为通议大夫、兵部右侍郎兼都察院右金都御史。显命是膺，幽衷式慰。

隆庆元年八月二十四日之宝

制曰：妇人不幸，早失所天，而寄命孤幼，矢死无贰，此岂有爵赏劝乎其前哉。志节既完，天乃保序，厥允而国家疏荣及之，夫亦报施之理也。尔封太安人姚氏，乃巡抚江西等处地方兼理军务，兵部右侍郎兼都察院右金都御史任士凭之母。志励冰霜，诲勤机杼，从夫从子，是称全德。乃今既寿且康，迨于禄养，一命再命，礼实宜之。特加封为太淑人。茂典申绥慈龄益衍。

隆庆元年八月二十四日之宝一镌

二、入选《平原县志》的任氏族人

据《乾隆平原县志·卷八人物志》记载，任士审，字汝问。年幼时失去双亲，稍稍长大后每逢祭祀必哭泣哀悼。顾念最初家族坟地规划面积小，逝者无地可葬，于是捐地扩坟以供族人入葬。任士审兴办义学，教导族中弟子一视同仁，从不问亲疏远近。有借高利贷的乡人因廉洁奉公无力偿还借贷而要被拉去告官，任士审抵押田地200亩，将欠条要来烧掉。遇到灾年则广施粥棚接济灾民，开设义诊为乡人治病，遇到逝者则出资埋葬，因乐善好施致使家道中落，任士审并不在意。虽补授邑廪生，但是多次考试都未能考中，于是拜辞回乡不再应考。

据《乾隆平原县志·卷八人物志》记载，任琳，性情宽厚，重情重义。少年时因父亲去世悲伤不能自已，时时怀念父亲。幼弟早逝留下稚子年幼，任琳接到家中亲自抚养，比自己的孩子还要爱护更甚，等侄子年龄稍长，任琳把自己的家产田地分给侄子以安身立命。任琳曾经收购了乡人七顷田地，癸未年遭遇水灾，可怜乡人穷饿没有收入，于是焚烧地契将田地归还给乡人，整个村邑都称赞任琳敦厚友善。

据《乾隆平原县志·卷八人物乡贤》记载：任有刚，字无欲。以恩贡任职黄安县，黄安县文风凋敝，教育废弛，学子们考试纷纷落榜，任有刚到任后设立义学，延请名师大儒教授，公务之余则亲自授课，一时间学子们志气昂扬发奋读书，中榜的学子络绎不绝。任有刚离任后县里专设祠堂纪念。升迁太原同知，后致仕归乡。在家乡又设义学以教育家乡弟子。任有刚乐善好施，常常与名师大儒研讨交流，学识渊博，尤其擅长诗文、书法、绘画和古文，尤其精通于古今书画赏鉴。

据《乾隆平原县大明县志·卷七选举志》和《乾隆平原县志·卷八人物志》记载，任有鉴，字子镜，廪监。万历年间历任保举任颍州吏目，历凤阳府判，署颍州知州。清初升工部郎中南旺分司，署东兖道事，后升迁温州知府，未上任而去世。有传。

任有鉴外貌高大伟岸，胆识谋略过人。颍州频受流寇侵扰，作战防守却都没有章法，任有鉴到任后，以忠义之词激发人心激起斗志。崇祯壬午春田，贼寇侵犯颍州，任有鉴率领乡民截杀，收缴马牛牲口后马上论功行赏，分赏给兵士；有想从良的贼寇都分别给予银两让其回家；把有避难失散的妇女都安置在衙门，询问家人送其还乡。到了夏天，贼寇趁着雨夜架云梯进入颍州壕内，任有鉴不带侍从，走在泥中握剑大呼，防御者纷纷起身迎战，颍州得以保全。到了秋天，贼寇盘踞在颍州地盘，百姓请求派兵剿灭，任有鉴带领兵士作战，不占百姓一针一线，担着粮食来犒赏军队的百姓源源不断。

据《民国续修平原县志·卷十人物志乡贤》记载，任廷文，字焕章，号炳轩，道光乙未年举人。天资聪颖，品行端正，喜欢读书，敦厚孝敬友爱，虽然家贫无资，任廷文早晚吟读长年不断。少年时期进入庠学，乙未年乡试中举却不愿入仕为官，于是以教书为业。多年在景颜书院授课，学生多有成才。晚年居住在偏僻乡村，见到乡人必定鼓励依据自己的特长自由发展，著有《重修真武庙碑记》《明拔贡赵见庚墓勒石记》等。任廷文晚年喜好道家学说，追求神仙长生之术，每天独自坐在一个房间练气吞液，有时自言自语像是与人说笑，旁人难以理解。

据《民国续修平原县志·卷十二杂志》记载，任廷玺，字玉章，号璞庵，道光己亥年举人。幼年聪颖异常，跟随兄长任廷文读书，好学不厌别有心得，后任职宁海州学正十二年。教育学子学习要首先做到品行端正，待人厚道；对待亲人首先要做到恭敬孝顺，词藻文风都是次要的，一时间追随者多是品行端正的学子。晚年居家从不踏入官场衙门，做事循规蹈矩言行端方，是乡里的典范，年至九旬仍然为后辈讲学孜孜不倦，家庭香火旺盛五代同堂，远近罕见。

据《乾隆平原县志·卷八人物志》记载，任直，字行坦，邑痒生。成绩优异仍砥砺前行一丝不苟。乡里曾经有富家兄弟，因分家产不均而反目争讼，任直反复开导，晓之以理动之以情，兄弟忠于感悟相互谦让，而且各出银两答谢任直，任直坚决拒绝不肯接受，依然安贫乐道。任直精通医学，常常随手施救病人不求回报。

据《民国续修平原县志·卷十人物志》记载，任作义，字书升，另字德三。性情淳朴憨厚，对友忠诚侠义。乾隆乙酉选拔丁酉顺天乡试举人，后任职于直隶广平县，以清正廉洁著称，一年后致仕归田。

据《民国续修平原县志·卷十人物志》记载，任曰据，字君佩。咸丰年恩贡，在乡邑是有名的学老。自幼聪颖，作文提笔立成，著有《述言》前编到后编，后编不曾刊版，常本邑和高唐各州县设教讲学，周围城邑的学子多来旁听，教人孜孜不倦，门生学子有多人考中科举、进入庠学的更是不可以数计，一时间被学子们敬仰膜拜。

据《民国续修平原县志·卷八教育》记载，任萧亭，字子九。在山东陆军升任中校，等到保定军官学校毕业后历任山东陆军第六混成旅连、营长，调升江苏陆军第九混成旅第五十八团团长兼任教导，授陆军步兵上校。

据《民国续修平原县志·卷八教育》记载，任今哲，字明轩。历任陕南镇守使署少校副官、川陕边防军司令部副官长兼陕省督署参议，升任陆军第二十二旅第三团团长，东北陆军第五军军部参谋长。

据《民国续修平原县志·卷八教育》记载，任今才，字干忱。国立北京大学文学院中国文学系毕业，历充平原县及莒县小学及中学教师。

三、任继愈生平

1916年，任继愈先生生于德州平原县，幼年读书时期，从几位优秀教师的启发中受到启蒙，开始独立思考，1934年，进入北京大学哲学系攻读西方哲学。抗日战争爆发后北京大学南迁湖南长沙，任继愈也随校迁徙，一路看到百姓流离失所、生活困苦，却在抗击侵略的过程中英勇不屈、舍生报国，这种民族气概深深震撼了他，于是改攻中国哲学，潜心探索中华民族文化根底所在。校内名家荟萃，他得意熏陶于浓厚学术气氛之中。

1938年，任继愈进入北京大学文科研究所攻读研究生，1914年通过论文答辩，当时答辩委员有冯友兰、汤用彤、贺麟、罗常培等名家，会后罗常培返昆明过重庆，对友人盛赞任继愈学术功底深厚。

任继愈研究所毕业后留校执教，多学科的教学经历和广泛的教学任务，为任继愈积累了深厚的国学根基，遂将居室命名为"潜斋"以潜心治学。

1956年，任继愈加入中国共产党，任职于北京大学的同时兼任中国科学院哲学研究所研究员。1964年，社会科学院成立宗教研究所，任继愈先生与胡乔木、于光远等人组成筹备组，后被任命为首任所长。

1978年召开全国科学大会。随后，任继愈先生在筹办世界宗教研究所的同时兼任中国社会科学院研究生院教授、国务院学位委员会学科评议组召集人，任国家图书馆馆长18年间开展了中国优秀传统资料整理工作，推动中国优秀传统文化的传承，1999年当选为国际欧亚科学院院士。

任继愈治学勤奋，博闻强记，举凡主要典籍、诗词名片常能成本背诵，中外史实典故信手拈来，其人其事从无差错；先生自律甚严，每天黎明即伏案工作常年不辍，直到晚年住进医院。他学识渊博，著述宏富，形成独特学术体系和治学为人风格，曾手书自勉联：为学需入地狱，浩歌冲破云天，蹈励其苦心大志。任继愈宽容待人虔敬从业，以自己的国学专长整理古籍为后人铺路。他常说当承担的任务完成以后将写一部二三十万的书，简约阐述自己的学术观点作为封闭之作。

任继愈毕生耿介自持潜心治学，追寻中华文化复兴之路，将中国传统文化中的绅士风度融入了中华民族走向伟大复兴新时期的文人情怀，将传统的家国天下情怀融入了对国家和人民的忠诚，树立了中华新时代的学人典范。

四、任继周生平

任继周是任继愈的二弟，1942年生于山东省临城县，少年就读于平原县，工作于全国各地，桑梓之情与日俱增。虽已耄耋之年但身体依然康健。任继周一生致力于现代草业科学研究，是我国现代草业科学奠基人之一、中国工程院院士、全国政治协商会议第五、六、七届委员。

任继周1948年毕业于中央大学农学院，历任西北兽医学院、甘肃农业大学助教及讲师、越级晋升为教授，后任甘肃农业大学副校长。创建农业部与甘肃合办的甘肃草原生态研究所并任所长。20世纪之初担任兰州大学草地农业科技学院教授、名誉院长、南京农业大学特邀教授、草业学院名誉院长，曾任国务院学科评审组一、二、三届成员、召集人，农业部一、二、三、四届学术委员会委员。

任继周创建了我国草业科学学科体系，主持制订了全国第一个草原专业本科生教学计划和研究生培养方案，是我国最早的草业科学博士生导师，创办我国著名学术期刊《草原与牧草》《草业科学》《草业学报》并首任主编。

任继周1978年出席全国科学大会并获奖；2000年被人事部等部委授予全国优秀农业科学工作者称号；2009年被农业部授予新中国成立六十周年"三农"模范人物称号；曾获得国家技术进步奖、"何梁何利"科技进步奖、国家科技进步奖、国家教学成果特等奖、国务院友成扶贫奖、中国草业学会功勋奖、全国优秀科技图书等多种奖项。

任继周享有崇高国际学术声誉，多次应邀参加国际会议并任主席及特邀报告人、英、美、澳等国学术杂志编委、国际草原大会（IRC）八、九连续两届委员会成员、新西兰梅西大学设立了任继周教授奖学金。任继周一生严以律己，待人宽厚和善，将大量的心血倾注在草业科学研究领域，带领建立了我国一流草业科学团队，为国家的农牧业发展做出了卓著贡献。

第九章　苏禄王温安家族通谱

第一节　苏禄王温安家族概述

　　居住于德州的安、温家族是有历史记载以来延续至今的唯一一支古代异国王族后裔。明朝永乐年间郑和奉圣旨七下西洋，加强了明朝与东南亚诸多国家之间的交流和联系，郑和携带大量的中国特产如瓷器、丝绸等与东南亚国家进行交换，将东南亚的特产如香料、珍珠、宝石等带回明朝，古苏禄国也是郑和到访的国家之一。为了响应明王朝的圣谕，古苏禄国东王巴都葛·叭达剌率领西王、峒王及朝臣、家眷共三百余人跋山涉水不远万里前来朝贡，这是已知的我国古代第一次接待的规模最大的外国使团来华朝贡，永乐皇帝下旨给予隆重的接待。

　　苏禄国王一行于永乐十五年（1417）七月来到中国访问，永乐皇帝朱棣以国宴招待并赠送了大量的特产礼物，太子朱高炽以及重要的朝臣也逐一宴请苏禄国使团，九月初使团拜辞回国沿大运河一路向南，途经德州时苏禄国东王身染急症不幸离世，这一突发事件打乱了苏禄国使团的安排，暂时停留于德州。永乐皇帝听闻消息后深表哀切之情，安抚使团成员并派官员主持祭祀，以亲王礼仪厚葬苏禄东王。同年十月三日举行葬礼，永乐皇帝亲书祭文以示哀悼，特封大王子继承苏禄东王王位启程回国，东王妃葛木宁、二王子安都鲁、三王子温哈喇留在德州守陵，以苏禄王后裔的身份从此开始了在大明王朝的客居生活。

　　依照我国古代"至亲去世守孝三年"的传统思想，王妃及两位王子守孝三年即可返回苏禄国，但是直到六年后王妃才提出回国探亲的请求，并于一年后再次返回德州。究其原因，王妃与两位王子居住期间深受中国传统儒家"孝"文化的影响，用常住德州为东王守陵表达对东王的爱意和敬仰；另一方面，明代时期的苏禄国仍处于手工业时期，百姓多以捕鱼、打捞珍珠为生，物质生活并不丰富，而彼时的中国经济繁荣文化复兴，民风朴素友善，苏禄王妃与两位王子在德州客居期间深受感染，逐渐适应了中国的生活方式；大明王朝对客居的王妃和两位王子尊崇有加，也为其留在中国提供了精神支撑。

明王朝对留在德州的苏禄王后裔给予了妥善的安排。首先，赏赐大片田地并减免赋税，这一政策一直延续到清王朝；其次，对王族后裔及其子女每月补贴一定数量的粮食银钱以作为生活所需；再次，为了尊重苏禄王族后裔的民族传统，特意迁来马、陈、夏三户回民作为使役陪伴照顾其生活起居，这些举措加快了苏禄王后裔逐步融入中国。作为守陵人员，苏禄王妃、两位王子以及随从刚刚定居下来的时候只是一个王裔家族，随着三户回民的迁入以及历史逐步发展，两位王子的后代以安、温定姓氏，真正融入了中国。据史料记载，二王子安都鲁和三王子温哈喇都迎娶苏禄女子为妻，安都鲁的儿子定姓氏为"安"，取名安里池，"安"姓既符合了中国的姓氏文化，也符合安都鲁首字的音译，但是取名仍带有典型的苏禄国传统色彩；安里池长大后则迎娶了当地女子为妻并生育两子，取的名字"安世隆"和"安世奉"则遵循了中国取名的传统风俗；温哈喇的儿子定姓氏为"温"并取名温嗒勿，"温"姓符合了中国的姓氏文化，也取温哈喇首字的音译，取名也是仍带有典型的苏禄国传统色彩；温嗒勿长大后则迎娶了当地女子为妻并生育三子，取的名字"温玉"、"温山"和"温鉴"则遵循了中国取名的传统风俗；这样由一个大家庭衍化出两个小家庭，两个小家庭再继续向下衍化，逐渐形成了一个以"安"、"温"两个姓氏命名的苏禄王后裔守陵家族彻底融入中国，并于清朝雍正年间正式向清政府提出"以安、温二姓入籍德州"，至此结束在中国的客居生活，成为中国大家庭的一员。

第二节　苏禄王温安家族通谱

一、《苏禄王温安家族通谱》编修历程

《苏禄王温安家族通谱》是关于苏禄王后裔温、安两个家族的通谱。它是建立在明朝末年苏禄王后裔家族旧谱、《温安家乘要录》（民国二十三年）、《安氏族谱》（2006）、

《天津温氏族谱》（2017）、《连镇安氏族谱》（2006）、《北京长营安氏族谱》（2015）和《北京清河安氏族谱》（2017）等各分支族谱的基础上汇集而成，详细介绍了明永乐年间苏禄王访华、病逝于德州、家人守陵以及温、安两族世代传承的支系脉络，是研究苏禄王留华后裔的重要史料。

二、目录体系

《苏禄王温安家族通谱》共分为四卷，第一卷目录包括谱序、追根溯源、恩荣录、祖训、像赞。追根溯源包括苏禄东王在华后裔族谱系图、风雨沧桑六百年盛世中华守陵村和字序；恩荣录包括御制苏禄国东王碑文、明永乐谕祭文、祠庙、恤典和恩荫；祖训包括祖训一、祖训二；像赞包括历史记忆、后裔风采、中菲友谊和文化传承；第二卷目录苏禄东王在华温氏后后裔北营根脉、苏禄东王在华温氏后裔小锅市支脉、苏禄东王在华温氏后裔米市支脉、苏禄东王在华温氏后裔桥口支脉、苏禄东王在华温氏后裔四裹屯支脉、苏禄东王在华温氏后裔夏庄支脉、苏禄东王在华温氏后裔平原支脉、苏禄东王在华温氏后裔齐河支脉、第九部分苏禄东王在华温氏后裔济宁支脉支

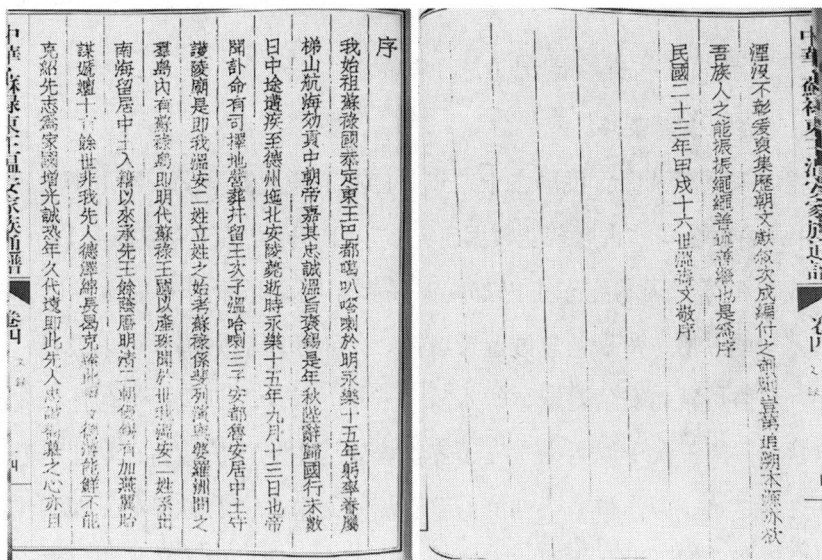

脉、苏禄东王在华温氏后裔河北连镇支脉、苏禄东王在华温氏后裔河北故城支脉、第十二部分苏禄东王在华温氏后裔天津支脉、苏禄东王在华温氏后裔名人传记；第三卷目录包括苏禄东王在华安氏后裔北营根脉、苏禄东王在华安氏后裔米市支脉、苏禄东王在华安氏后裔吴桥支脉、苏禄东王在华安氏后裔连镇支脉、苏禄东王在华安氏后裔河北泊头支脉、苏禄东王在华安氏后裔河北保定支脉、苏禄东王在华安氏后裔河北保定前屯支脉、苏禄东王在华安氏后裔河北保定后屯支脉、苏禄东王在华安氏后裔北京清河支脉、苏禄东王在华安氏后裔北京常营支脉、苏禄东王在华安氏后裔北京常营营口支脉、苏禄东王在华安氏后裔北京通州支脉、苏禄东王在华安氏后裔大厂支脉、苏禄东王在华安氏后裔河北马甸支脉、苏禄东王在华安氏后裔人物传记、苏禄东王子孙；第四卷目录包括文录、苏禄东王及后裔在华大事记和跋文。文录包括苏禄东王后裔史料汇编、历史文人骚客对苏禄东王墓的凭吊、温安家乘要录印本、安氏族谱（2006年版）部分手稿影印件、温安家乘要录序、安氏族谱序言、天津温氏族谱序、连镇安氏族谱序、北京长营安氏族谱序和北京清河安氏族谱序；第四卷温安家乘要录目录包括序、文录、先贤诗录和附录。

三、温、安各支族谱记（序）集

1.温安家乘要录序

温安家乘要录序：民国二十三年（1934）族人温寿文所作。（本族谱由中华书局古联公司"古联智能数据研究室"自动标点系统完成标点）

我始祖苏禄国恭定东王巴都噶叭嗒喇于明永乐十五年躬率眷属，梯山航海，劲贡中朝。帝嘉其忠诚温旨褒锡。是年秋陛辞归国。行未数日，中途病疾，至德州延北安陵薨逝，时永乐十五年九月十三日也。帝闻讣，命有司择地营葬并留王次子温哈喇、三子安都鲁安居中土守护陵庙，是即我温、安二姓立姓之始。考苏禄系斐列滨与婆罗洲间之群岛内有苏禄岛，即明代苏禄王国，以产珠闻于世。我温、安二姓系出南海，留居中土。入籍以来，承先王馀荫，历明、清二朝优锡有加，燕翼贻谋，递嬗十有余世。非我先人德泽绵长，曷克臻此。寿文德薄能鲜，不能克绍先在，为家园增光。诚恐年久代远，即此先人忠诚向慕之心，亦且湮没不彰。爰裒集历朝文献，叙次成编，付之剞劂。急第追溯木源，亦欲吾族人之能振振绳绳，善述善继也。是为序。

2.安氏族谱序言

安氏族谱序言：2006年族人安树林所作。

山东德州回族安氏家族乃古苏禄国恭定王之后裔。明清时期属受皇封、吃皇粮、享俸禄的名门望族，安氏族人也涌现出不少精英人杰，为国为民做出不凡业绩，搜集、整理安氏谱牒，对于研究对外关系史和中国伊斯兰教发展史以及回回民族形成史都具有很重要的史料价值。

据史载：明永乐十五年（1917），古苏禄国东王吧嘟噶叭嗒喇率领西王、峒王及眷属、官吏、侍从340余人倾国来朝访问中国，受到明成祖朱棣的隆重接待，并以王位赐封，赠送厚重礼品。在沿京杭运河南下归国途中，东王因病归真葬于德州，长子都马含归国继承王位，次子安都鲁、三子温哈喇、偏妃噶木宁及随从十人留守坟墓，因情感眷恋而客居中国未归，与当地穆斯林结合生息成为具有南洋穆斯林血统的中国回族人，成为中华民族大家庭中的一员，与兄弟民族一起为振兴华夏奋斗不息。

亿往昔再近六百年的历史长河中，因沧桑巨变、天灾战乱、仕途商贾、求学行武种种因素，致使安氏子孙散居各地，忙于生计疏于联系，造成同祖不相识同根不相知，血系不清，祖训不明，枝杈交错，脉络混绕，祖孙同字，叔侄同名的散乱形势。民国廿三年（1934）东王第十六代孙温寿文曾敬书《温安家乘要录》，但只重家乘而忽略了谱序。民国卅一年（1942）东王第十五代孙安树德、安树桐等人曾发起续修族谱之事，因谱序混乱无法续修而中止。时下国政昌明、经济繁荣、世安民乐，安乐而文事兴。东王第十七代孙安俊芝及其夫婿马云魁在国家修史、地方编志的影响下，在省民委关于抢救整理古迹、古籍文史资料的启迪下，深感续修安氏谱牒之紧要，如不抢救记载仅有的口碑资料，安氏族谱恐难续之。于是倾其所能尽其全力，找信息、集素材、录口碑、考史料，通过多方求索，调查研究和分析推理，在各支脉安氏族亲的大力支持下安氏族谱中于敬续而成，初步把安氏家族的世系序列勾勒出一个较完整的轮廓，又筹划出下16代子孙的谱序排序，辨昭穆、别亲疏、分支脉、明血系、增聚力，最根本的是高祖"敬主、忠顺、温厚、善良"的家训得以发扬光大。

学者断言："国家、民族的历史和家族的谱牒，是人类文明进步的文化现象，亿万个家史构成一个民族一个国家的历史，亿万个家训，形成一个民族一个国家的社会风尚。"正如古人所云："家之有谱，犹国之有史，木之有本，水之有源也"。安氏族谱的续修印证了中国回族融合了南洋穆斯林的血脉；反映了中非友谊源远流长；体现出明朝"以宣德化而柔远人"的和平外交政策和对外开放发展经济的英明决策。同时，透过安氏精英人杰之业绩，表现了安氏族人为国为民拼搏奋斗的精神，从而激励安氏子孙承高祖之德、耀始祖之光，为华夏的伟大复兴和中非友谊贡献力量，这正是续修安氏族谱之真谛也。

余期颐之年，安氏族谱面世极感欣慰，她了却了先人们的多年夙愿。受孙女俊芝之请敬此序言，望安氏家族尊高祖教诲，爱国爱民、忠厚善良、孝顺慈爱、和睦谦让、安详兴旺。

3.天津温氏族谱序

天津温氏族谱序：2017年苏禄国东王十八世温锡海。

吾高祖苏禄国东王于明永乐十五年访华。以最小国家携最庞大使团访东方最大国家，开创了历史上国际外交的空前盛举，为中菲友谊谱写了一部不朽篇章。

明永乐帝赞曰："光荣被其他家国，庆泽流于后人，名声昭于史册永世而不磨。"

遥想先祖别离故国，椰林依依群岛重重，涨海鲸波万里克险，来华之志百折不挠，其心之诚、智之睿、勇之武实为后裔子孙敬仰！

高祖来华返途薨逝，北营建墓二子守陵，客居德州薪火传家，温安二姓入籍中华，后裔子孙世代相依，斗转星移沧海桑田，六百年来宗亲愈盛，温安族人生齿日繁，温氏一脉离乡背井，北渡九河迁津百年。然族愈远而支愈分，更谱踵而不修，则一脉之贻如同陌路，虽一本之亲却同根不相识同脉不相知。

国不可无史，州不可无志，家不可无谱。史可知古今，志可明衍变，谱可辨支脉。古人曰："谱牒，身之本也。"修谱可以寻根问祖追本溯源，不忘来龙方明去脉。修谱犹水之清，源不断；木之根，本不失。家谱之修，上以敬宗下以收族。盖祖宗以一人之身散而传予百千后裔之体，谱之不修，先祖功德何以铭记，世代功业何以发扬，六百年北营守陵文化何以传承？

先叔爷温克文、克绍先志为国家争光，民国期间纂写《温安家乘要录》，汇集历朝文献叙次成篇，以期东王子孙有所受益。然虽有家乘要录，憾缺世系谱序。先祖爷温寿麟、先父温如玉，早在民国时期立志修谱续写"迁津略记"。盖因生活窘迫形势所限终未如愿，已成先辈一世之憾！回望历史烟云，憧憬未来前程，为先辈修史、立传、颂德，为当代修身、传承、祈福，为后世传书、序代、认祖，为吾温氏家族续修一部完善族谱已成全体族人共同夙愿！欣逢政通人和社会和谐、百业俱兴家庭安康之际，团结族人齐心协力，克勤编纂善修族谱，务达昭穆不紊而世序井然，规范族规而弘扬良优。

抚今追古感慨万千，编修家谱惶惶落笔，书之是为序。（摘自苏禄东王温氏族谱天津篇）

4.连镇安氏族谱序

连镇安氏族谱序：2003年安氏十七世安文豪、十八世安国宁、安国怡作记。

世开文明花，孝悌今古嘉，千枝并万脉，追源是一家。河北省东光县连镇六街"安氏"家族始祖为古苏禄王国东王次子安德鲁，据考证，清道光三年（1823）因避水患从山东德州北营迁居连镇。

连镇安氏宗亲只知道世序排列字为"登友玉万清，文国志立胜"，但不知道自己是多少世代，为追根究源承前启后，笔者多次到山东省德州市北营村查访安氏后人，现公认的安氏十七代传人为德州市北营村安金明（见德州市苏禄国东王墓陈列室安氏世袭图），据安金明介绍，德州安姓没有完整的族谱排列字序，现排名较乱，并说连镇安氏"文"字辈应为十七代，以此为依据按世序排列字顺序却认为十二代至二十一代共十代人，详见"连镇安氏东、西院世代相承图"。从连镇安氏世系相承图看，东西四院是从十四代"玉"字辈起始的。该图为横排格式起左至右，起上而下顺序，一律采取简体字，上下辈之间用一直折线连接，同一家庭按年龄大小由左至右排序。凡起两个字的名中间用小括号加本人所在世序排列字以示区别，如"安宁"、"安康"在谱上分别记载为"安（国）宁"、"安（志）康"。东四院、西四院分页表示以便于后人识别。

现居住连镇的安氏后人以南北道分为东四院、西四院，除现居住在连镇安氏后代外还有散居多地的宗亲。现"清"字辈以上老人均已谢世，"文"字辈的年长者也寥若晨星，后人茁壮成长已经排到最后一个"胜"字，统一"胜"字以后的续排辈分字已成为当务之急。为了避免同根不相识，同祖不相认，根枝权交错，长幼辈不清的现象，根据同祖人的愿望一致同意续排十个字，即：朝兴成祥瑞，富广保宏宗，与现行的世序排列字共同作为连镇安氏族谱的世序排列字。

祝愿安氏家族繁衍昌盛，自强不息，多出栋梁之材，为国家为民族建功立业。

5.北京清河安氏族谱序

北京清河安氏族谱序：2017年安氏十四世安国章作记。

六百年前结束对大明朝友好访问的苏禄东王返程薨逝于安陵，抓土为斤择地葬贵客显示了明成祖对远方客人的尊重与友情，从而谱写了一曲传世的和平之歌，东王守陵后裔世代铭记。

从王室贵客到入籍中国成为普通百姓，东王在华后裔经历了天翻地覆的变化，各代后裔独立自主谋求发展闯出了一个新天地。

我清河安氏始迁祖安水富以其独特的眼光将开基创业之地选在因漕运便利带来巨大市场的清河镇，独木成林、枝繁叶茂在这里形成了一个人丁兴旺的家族。

然而自1880年至上世纪中叶的社会动荡与时代的变迁使得居住京畿甸之地的清河安氏的家谱遗失，子弟也随着时代的变迁改变着自己的生活方式，或迁往他处或继续生活在清河镇，子弟间的联系日渐生疏以致亲人对面不识。

今逢盛世，国泰民安人心思源，重写家族之事被提上日程，家族的故事在族人中传递着，像散落在各处的珍珠须有人将其串起才能再放光芒。了解本家族事物的亲人多已归真，虽有关心家族事物的族人，但他们跟我一样年事已高，有心无力将族谱之事完整重修。

所幸，族中一批年龄在七十左右的侄辈领命接棒奔走呼应，访亲寻友收集资料甚是辛苦，终于将险些消失在历史长河中的清河始迁祖安永富之英名昭显于世，将始迁祖之四子所向何处——理清，使其各自子孙汇聚于北京安氏清河支脉世系表中重成一家。家谱中后辈子孙所在之位清楚明白，将来皆可寻祖自成世系。

　　更喜的是清河安氏凭始迁祖引领，我辈重回德州老营认祖归宗，树高千丈也忘不了根，重回老营甚幸！

　　自永富祖到清河开基创业已有两百年的历史，培育了一方勤劳勇敢、仁爱智慧的家族，现在我们的总人口已达四百余人，已知主要分布在北京、天津、广西、东北、台湾等地。

　　谱已重修，我们是血脉相通的家人，各地族人当加强联系，广大清河安氏各家子弟当以先祖为荣，弘扬先祖传统，敬老爱幼，开创未来辉煌。

第十章　恩城刘氏家族和族谱编修

第一节《山东恩县刘氏族谱》基本情况

一、《山东恩县刘氏族谱》编修历程

《山东恩县刘氏族谱》共续修六次。明隆庆四年（1571）赐进士河南开封府知府（六世）刘鲁生主持并编纂了恩县刘氏家族第一部完整的族谱，族人刘洛生、刘关生和刘东齐分别作序；明崇祯十年（1637），八世刘煜、刘炯、刘明佚续写族谱，因变化不大人口繁衍增加不多，两次修谱合订为一本；清乾隆十二年（1747），十二世刘执中、刘偕中、刘捷与十一世刘祝年、刘延岑及十三世刘良佐共同主持完成第三次续修；清嘉庆十五年（1810），十二世（太学生）刘曰晟和十四世（文庠生）刘维镛及十二世（佐登仕郎）刘义臣沐书完成第四次续修；清同治七年（1868），十五世（文庠生）刘清璞、六品职衔清玶孙春芳完成第五次续修；2016年，刘勇及弟刘俊亭祭扫祖墓之际邀聚族众商讨续修族谱事，幸得族中有人保存族谱，各支派专人登记造册共同完成第六次续修。德州学院图书馆收藏有同治七年《山东恩县刘氏族谱》和2016年《山东恩县刘氏族谱》，本书以2016年《山

东恩县刘氏族谱》为例。

二、目录体系

2016年《山东恩县刘氏族谱》共分为两卷，第一卷内容包括第六次续修《刘氏族谱序》、又序、先祖画像、续修刘氏族谱编纂说明、第六次续修族谱活动照片、重修先祖墓记、刘氏家训、辈字续修及简析、刘氏先贤及现代精英、创业路上永不停步的追梦人、贺电、支系总图；第二卷（各村分支）内容包括岳觉寺村、恩城西关、大董庄、大庄村（一）、小北关村、大庄村（二）、梁庄村、王打卦村、李善屯村（梨桁屯村）、蔡庄村（蔡家庄）、古城村、西四街村、刘氏族人分布图、刘氏先祖墓地分布图、后记。

三、族谱序（跋）集

1.第一次编修刘氏族谱序：明隆庆四年（1571）所作

明隆庆四年（1571），赐进士河南开封府知府（六世）刘鲁生主持并编纂了恩县刘氏家族第一部完整的族谱。

六世刘鲁生作序：刘氏族谱序（本族谱由中华书局古联公司"古联智能

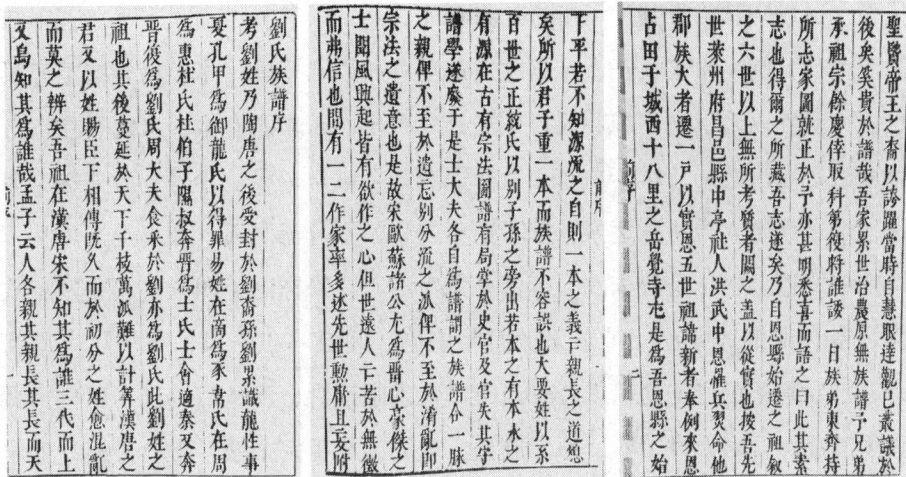

親盡而忘几在此者死必赴冠婚必告孫者守之笥者收之噫斯言也豈惟蘇門可決几有宗者皆可法也予深望吾族率而行之各親其親戻其長則予譜不徒作子族亦可以爲善族矣者名爲同族而相視不異於路人上有愧於蘇子之詞斯譜裂而焚之可也丗

隆慶四年歲次典午正月戊寅吉日

賜進士第中憲大夫河南開封府知府六世孫豊生

謹序

親盡而忘几在此者死必赴冠婚必告孫者守之笥者收之噫斯言也豈惟蘇門可決几有宗者皆可法也予深望吾族率而行之各親其親戻其長則予譜不徒作子族亦可以爲善族矣者名爲同族而相視不異於路人上有愧於蘇子之詞斯譜裂而焚之可也丗

隆慶四年歲次典午正月戊寅吉日

賜進士第中憲大夫河南開封府知府六世孫豊生

謹序

数据研究室"自动标点系统完成标点）

考刘姓乃陶唐之后，受封于刘。裔孙刘累识龙性，事夏孔甲，御龙氏以得罪，易姓。在商为豕韦氏，在周为惠杜氏。杜伯子隰叔奔晋，为士氏。士会适秦，又奔晋，后为刘氏。周大夫食采于刘，亦为刘氏，此刘姓之祖也。其后蔓延于天下，千枝万派难以计等。汉、唐之君又以姓赐臣下，相传既久，而于初分之姓愈混乱而莫之辨矣。吾祖在汉、唐、宋，不知其为谁，三代而上又焉知其为谁哉？孟子云：人各亲其亲，长其长，而天下平。若不知源流之自，则一本之义正，亲长之道熄矣。所以君子重一本，而族谱不容误也。大要姓以系世之正统，氏以别子孙之旁出，若本之有本，水之有在。古有宗法，图谱有局，掌于史官，及官失其守，谱学遂废。于是士大夫各自为谱，谓之族谱。合一脉之亲，俾不至于遗忘；别分流之派，俾不至于淆乱，即宗法之遗意也。是故宋欧、苏诸公尤为尽心。豪杰之士闻风兴起，皆有欲作之心，但世远人正，苦于无徵而弗信也。间有一二作家，率多述先世勋庸，且妄附圣贤帝王之裔以夸耀当时。自慧眼达观，已从后奂议于后矣，奚贵于谱哉？吾家累世治农，原无族谱，予兄弟承祖宗余庆，幸取科第，可作家谱，然何人续谱？一日，族弟东齐持所藏家图就正于予，亦甚明悉，喜而语之曰：此其素志也，得尔之所藏，吾志遂矣。乃自恩县始迁之祖叙之，六世以上无所考质者缺之，盖以从实也。按：吾先世莱州府昌邑县中亭杜人，洪武中，恩罹兵焚，命他郡族大者迁一户以实。恩五世祖讳新者，奉例来恩，占田于城西十八里之岳觉寺屯，是为吾恩县之始祖。祖兄弟十人，以其少者行，故称为刘十公云。在图为第一位，子次之，孙又次之，其旁枝自各自为一位，序次如前。计至予辈凡五世，书名、书爵、书配之姓氏，不述言行不称功德，惟后之子知某为其之正，系其为某之旁枝命名者，无相犯焉，是予作谱之意也。虽然谱不难作，而族人之志难齐。今谱成矣，宁使族人之不背乎？因录先贤所以睦族者，为族人最。昔老泉公既作谱，复营亭于高祖墓侧，每节祭扫拜奠毕列坐亭中，告之曰：亲不可以无服而尽，情不可以亲尽而忘。凡在此者，死必赴，冠婚必告，孤者字之，贫者收之。噫！斯言也，岂惟苏门可法，凡有家者皆可法也。予深望吾族率而行之，各亲其亲长其长，则予谱不徒作，予族亦可以为善族矣。若名为同族，而相视不异于路人，上有愧于苏子之训，斯谱裂而焚之可也。

2.第六次续修刘氏族谱序（2016年续谱所作）

2016年，十八世刘勇及弟刘俊亭祭扫祖墓之际邀聚族众商讨续修族谱事，共同完成第六次续修。

十八世刘勇作序：第六次续修刘氏族谱序

恩邑刘氏宗族始于明洪武二十五年（1392），始祖刘十公（讳新）奉例自莱州府昌邑县中亭社移民实恩，侨居岳觉寺屯，编籍三乡十图八甲里长，迄今已越六百余年。

绵延六世纪，族人生生不息薪火相传。集居恩城、岳觉寺、蔡家庄、梨桁屯、王打卦多地，谱牒续内凡两千余人。

展卷族谱邑乘，刘氏族人才俊相继、名宿辈出。六世祖刘鲁生，明嘉靖二十六年进士，河南开封府知府。六世洛生，明嘉靖十七年进士，陕西耀州知州。八世祖刘明侠，明崇祯十年进士，贵州道监察御史巡抚陕西，族人中功名有成列缙绅者不胜罗列，堪为家族荣耀和后世楷模。

六百年间，先人已五续族谱。今距清同治七年（1868）第五次修谱已越150年，家严倾其暮年心力妥为珍藏族谱一帙，奉为圭臬，矢志再修以补百年之缺，惜囿于时代，夙愿未达而赍志以殁。勇及弟俊亭每念及此便悲由心生难以释然，久望践行家严遗愿，故于甲午岁（2014）中元节祭扫祖墓之际邀聚族众商讨续修族谱事，不期众皆欣然，踊跃共襄盛举。幸得族人亦存族谱，详校确为同一宗族，各支派乃使专人登记造册，不使一丁遗漏，几越寒暑，续修诸事已臻完备。

新续谱牒即行付梓，诚谢族中贤达鼎力襄助，共祈先祖遗风永续弘扬。

3.第六次续修刘氏族谱又序（2016年续谱所作）

恩县岳觉寺二十世刘保亭作序：第六次续修刘氏族谱又序

国盛修志，族盛修谱。当今中华，国家昌盛，百姓富庶，华夏子孙，继祖修谱已成热潮。家之有谱犹国之有史，史所记一国之事迹，谱所叙世代源流。

考查刘姓乃陶唐之后，刘累识龙性，为夏王养龙，而龙一雌死，惧而迁于河南鲁县为刘姓，汉唐之君又以刘姓封赐嘉奖臣下，这样刘姓承皇系，多功成名就之人，在华夏民族的版图上立有重要的位置。

心系华夏，情系桑梓。继承和发扬中华民族传统，中华儿女责无旁贷，传承和弘扬先祖的美德，刘氏族人义不容辞。由于时代的变革，老恩县刘氏族谱仅存寥寥无几，族人珍藏的几套谱书为这次续修族谱提供了真实可靠的资料，我们全体族人向他们致以衷心的感谢。

自同治七年（1868）到现在150年的时间里，刘氏后人也曾设想续修族谱，但由于种种原因而夭折。在2015年正月初八老恩县传统鸽子会期间，族人商定第六次续修族谱，得到了各村刘氏族人的拥护，并制定了相应程序。本着"尊重事实，传承历史、联谊家族、弘扬美德、与时俱进"的原则，所有修谱人员自愿义务出工出力，利用空闲时间走访登记，拍摄了大量的照片，搜集了大量资料，到2015年底基本编纂完成了老恩县刘氏家族的续谱初稿。为进一步充实资料，扩大谱续内容，重视对下一代的文化教育，我们把抗日战争、解放战争、新中国建立和改革开放以来的好人好事及在祖国各条战线上的精英编入族谱，传承下去。

纵观刘氏家族的发展史，前途辉煌。为增强民族精神，促进我族的繁荣发展，上敬祖先，下睦族众，犹表我刘氏风采传焉。

四、续修刘氏族谱编撰说明（恩县刘氏族谱续修委员会）

我始祖讳新，自昌邑迁来恩城传至今日，经历明、清、民国、新中国至今六百余年，族人辈分已传至二十四世，繁衍人口几千余人。居住在十几个村庄。

刘氏族谱已续修族谱五次。第一次在隆庆四年（1571），由赐进士河南开封府知府（六世孙）鲁生主持，族弟洛生、关生和东齐分别作序。第二次是崇祯十年（1637），由八世孙煜、炯、明俣续写，变化不大人口繁衍增加不多，两次修谱合订为一本。第三次续写在乾隆十二年（1747），由十二世孙执中、偕中、捷与十一世孙祝年、延岺及十三世孙良佐共同续写。第四次在嘉庆十五年（1810），由十二世孙（太学生）曰晟和十四世孙（文庠生）维镛及十二世孙（佐登仕郎）义臣沐书谨志。第五次在同治七年（1868），由十五世孙（文庠生）清璞、六品职衔清珲孙春芳恪志沐书。

这次续谱是第六次续修，与上次续修跨越了一百四十八年。期间社会变革很大，人口繁衍迅速，族人分居各处，已遍及我县各个乡村。又因历史原因，原来的谱书多已毁坏，使这次续谱增加了极大的难度。经过搜考采访，将族人各自套珍藏多年的族谱经过相互对照，使吾族先辈的经历更加详实，支派更加清晰，为这次续修族谱奠定了有利的基础，也为续修工作树立了坚强的信念。甲午岁（2016）中元节祭扫祖墓之际，聚集族众商讨续修族谱，众皆欣然，踊跃报名而分担重任。族人都积极提供资料，认真填写信息，经过几个月的稽考，人员基本登记入册，可与旧谱衔接，纵观，辈分清晰支派分明，细阅，学历、职位显赫者大有人在，可显我族人素质之优良和品质之高尚。

第二节　山东恩县刘氏家族代表人物

刘氏家风敦朴、勤劳好学、人才辈出，明代刘鲁生、刘洛生亲兄弟同为进士，传为佳话。

民国《重修恩县志》对刘氏家族的记述：

城内刘氏，其先世出自莱州府昌邑县中亭社，明洪武二十五年，有刘新者奉制迁恩，占籍县西南十八里岳觉寺，生子三，长从礼善治生业，次从善早卒，三达中永乐丁丑科乡试，历任鸿胪寺序班。从礼生忠，忠生进，进生镐。镐五子，长鲁生，以嘉靖丁未科进士任河南开封府知府，次洛生，以嘉靖戊戌科进士任直隶六安州知州，调陕西耀州，三关生四闽生五兖生皆廪膳生。关生生家泰，家泰生明侯，中崇祯丁丑科进士，任中书科掌印，擢至贵州道御史，巡视漕河。累代簪缨，迄二十余世。

一、刘氏先贤

二世刘达（生卒年不详），二十二岁始习读，中永乐丁酉（一四一七）科乡试，任鸿胪寺序班。

五世刘镐（生卒年不详），字继周，号栗齐。累科不第，以廪生拔例任浙江平阳县主簿，赠文林郎。《恩县志》[恩祀] 记述如下：刘镐以子鲁生诰赠曲沃知县妻马氏郭氏俱赠孺人。

六世刘鲁生（1505-1570），字希孔，号泗泉。中嘉靖辛卯科乡试，丁未科进士，初授山西曲沃县知县，历任户部主事员外郎郎中至河南开封府知府。任曲沃县知县时勤政为民，赢得信任，主持编写了《曲沃县志》。《恩县志》记述如下:刘鲁生，嘉靖二十六年进士，任曲沃县。刑清政举，吏民畏服。莅事精勤，政多抚字，初终罔倦。始作邑乘，以备文献。行取御史。嘉靖十年（1531）折桂坊为举人刘鲁生立。进士坊为开封府知府刘鲁生建。

六世刘洛生（1516-1576），字希程，号伊泉。中嘉靖丁酉科乡试，登嘉靖戊戌进士，初授山西翼城县知县，升任安吉州再任直隶六安州知州，历任陕西耀州知州。

八世刘明俟，字省作，号不作，明天启四年（1624）甲子科举人，1637年（崇祯十年）丁丑中进士，最初为工部观政，初任中书科掌印，1639年（己卯）任广西正考官，1642年（壬午）任北闱同考官，升贵州道监察御史，巡按陕西，巡视漕运。

明末李自成攻陷京城后，明朝有些官员不愿为李自成效力，主动将头发剪掉（官员不能剪发），被李自成识破而受到惩罚。《明季北略》记载被惩罚的官员：刘明俟，山东东昌恩县人。崇祯丁丑进士，官中书科掌科事。明志以削发。

九世刘瑞基（生卒年不详），字雪符，号非雪。顺治八年岁贡，任河南阳武县知县，《恩县志》记述如下：刘瑞基，顺治八年贡生，任河南阳武县知县，邑艰水运，民苦于漕。瑞基力为详请并将漕项编入条银，民得苏，又请增给盐引，革去按丁食盐之法，民益便之。宣统元年《重修恩县志》卷三第二十六页记载：乾隆五十一年贡，任阳武县知县。

二、创业路上永不停步的追梦人——十八世刘勇

从刘氏第十四世祖起，由武城县岳觉寺村迁来恩县起一直延续着农商结合的生存模式，特别是十八世刘勇，将事业推向了顶峰，成为平原县知名企业家。

1.不甘贫困，脱贫路上露锋芒

刘勇在高中毕业后回到了西关村开始务农生活，当时的村子非常贫困，收入微薄，刘勇深知单靠种地脱贫希望渺茫，应该利用本村的区位优势，发扬刘氏家族亦农亦商的优良传统。

十一届三中全会的召开为刘勇带来了商机，他搞起编织草绳、贩运蔬菜等致富项目，立足当时经济条件，建起全村第一个经销门市部。1984年，恩城镇计划在刘勇的村子新建一条商业街发展商品经济，刘勇听到这个消息后

紧跟发展的步伐，修建了一座商品种类繁多、批发零售一体的贸易商行，这在当时的恩城镇是绝无仅有的。1988年，为了解决群众看病买药难的问题，他又新上了回春大药房，为实现更大发展积累了资金。

2.勇立潮头，创业路上迈大步

刘勇是一个追逐梦想的人，勇于担当、实现创业梦想是他的一贯做事风格。他先后建起了永泰织布厂和永泰纺织有限公司，成为全县第一家民营纺织企业；2006年又先后新建了建筑面积四千多平方米的贸易中心——百汇商厦。为了把祖传产业签子馒头做强做大，刘勇注册了"老恩县恩城签子馒头"商标，现已成为刘氏家族世代传承的非物质文化遗产。

3.组建商会，架起沟通桥梁

在刘勇的带动下，恩城镇的个体私营经济如雨后春笋般发展起来，但是由于缺少合作与交流，个体私营经济常常在竞争中不占据优势，刘勇了解情况后提出了成立商会合作发展的建议，得到大家的认可。1995年，恩城第一届商会成立，刘勇任会长，根据恩城商业所划分的行业特点和经营范围又细化为餐饮、个体协会等多个分会带动恩城商业的繁荣发展。自1995年至今，恩城商会在恩城商业发展中起到了重要的推动作用，连续十二年被评为"全省五好商会"。

4.扶危济困不图回报，奉献社会众人赞

刘勇经常说，能取得今天的成绩，除了自身因素之外，一要感谢党的好政策，二要感谢社会各界的关心和支持。饮水思源，刘勇也尽自己所能回报社会，自1988年以来，利用大药房为群众免费送药、村里上电、恩城镇修建公路、为敬老院老人做服装、为社会公益事业捐款等，处处都能看到刘勇的身影，他连续多年被评为市、县"光彩事业之星"。

1988年6月、2009年8月，刘勇被选为"山东省个体劳动者第六次代表大会"理事；1990年至今，连续担任第五届平原县政协委员，第六、七、八、九、十届平原县政协常委；2005年荣获平原县劳动模范光荣称号；2012年代表德州市出席山东省工商业联合会第十二次会员代表大会。

第十一章 德州赵氏家谱和托撒氏家谱

第一节 德州赵氏家谱

一、德州赵氏家族概况

德州赵氏家族是德州地区著名的名门望族，家族以军功立身，经过世代发展转以读书科举入仕，考出了2名进士8名举人，家族底蕴深厚，走出了多位广为人知的达官贵吏。

赵氏家族始祖为武将，陕西人，随太祖皇帝朱元璋打天下，因军功升总旗；二世赵兴仍以武将安身立命，升职为百户，"靖难之役"后以军户落户德州，在德州地区开垦荒田，赵氏开始在德州这片土地上生息繁衍枝繁叶茂；三世赵端继承父亲的官位并在"土木堡之变"中因救驾有功升为副千户，这一职位世袭多代，家族成为著名的官宦世家。赵氏家族迁到德州后组织士兵开垦荒田、发展农业，将百废待兴的凋敝荒地修整成肥沃良田，有效减少了当地人员流动，也保证了军粮供应。德州是明清时期运河重镇，士兵们闲时种田，战时则迅速集结维护地区的安定；同时赵氏家族也培养了多位文化名人，提升了家族的社会地位，也促进了德州地区文化的繁荣与发展。

八世赵继鼎（1577-1659），号景毅，明天启二年（1622）进士，任职福州掌管刑狱。当时的福州属于魏忠贤的势力范围，官场极其黑暗腐败，刑狱更是其中的重灾区，赵继鼎上任后对多起案件重新调查翻案，极力维护公平正义，深受当地百姓拥护，人称"赵铁面"，后辗转多地任职查案，都因铁面无私著称。赵继鼎主张官编《明史》并为此积累了大量素材。

十一世赵善庆（1667-1718），字怡斋，年幼聪慧好学，打算以科举入仕却屡试不中，捐官国子监，后任职多处。为官期间公正严明、屡破奇案，又爱戴百姓、一心为民，任职户部期间，陕西遭遇大旱致使民不聊生，赵善庆深知百姓疾苦，提议的增加灾民的赈灾款项得到朝廷采纳，又组织百姓兴修水利，以官仓粮储代替工钱发放，既解决了百姓饥饱又引导了农田灌溉，得到百姓交口称赞。

十一世赵念曾，字根矩，号漱阳，是赵善庆的幼弟。雍正五年（1727）任职湖南知县，所辖县域深受水患困扰，灾情严重时颗粒无收，百姓以树皮草木为食，饿殍遍野，赵念曾到任后体察民情，广设粥厂以赈灾抚民；亲统万夫筑堤修湖昼夜不辍，兴修水利灌溉使百姓安居乐业。后调任沅陵县知县，沅陵县县政废弛，境内凋敝，百姓多迷信神巫，赵念曾捕奸抚民、破除迷信，兴修水利搭建桥梁，沅陵县境内安然。他父母早亡，由大哥赵善庆抚养长大，兄弟三人感情深厚，赵念曾侍兄如侍父，兄长生病则衣不解带、昼夜不舍随侍在旁，早晚亲自喂饭端药，从不假他人。直至将两位兄长送终后才步入仕途，开始自己的为官之路。

十二世赵大经，字叔常，号春碏，又号初禅。性格豪迈交友广泛，结交了许多文人墨客，与纪晓岚尤其志趣相投，两人亦师亦友，纪晓岚外放福建期间曾一路相随。纪晓岚对赵大经颇为看重，创作了多首写给赵大经的诗作，在为赵大经的母亲撰写墓志铭时也对赵氏家族待友真诚重情义的气节大加赞赏。

赵大经于乾隆三十三年（1768）中举人，历任多地知县。他体恤百姓一心为民，任武清知县时因轻徭薄赋没有完成赋税任务被罢免官职，家贫如洗生活拮据，百姓得知后送米送面，自愿供养八年，后改任他地卒于任上，却因两袖清风而没有余钱办理丧事，也是百姓爱戴赞助，其棺椁才能回到德州。

二、赵氏家谱

1.编修历程

德州赵氏家族族谱共历经八次编修。第一部完整的族谱于清顺治十年

（1653）编纂，清康熙三十四年（1695）进行第二次增订续修，清乾隆十四年（1749）进行第三次续修，清嘉庆十年（1805）进行第四次续修，清道光二十八年（1848）进行第五次续修，清光绪三十二年（1906）进行第六次续修，民国二十年（1931）进行第七次续修，2018年完成第八次续修，主要是第三册家谱的补续工作。本谱以《2018年续修本》为例进行介绍。

德州赵氏家谱补续（第三册）

2.目录

山东德州赵氏家谱序言、德州赵氏家谱第三册补续（序言）、西行祭祀（纪实）、辛酉年海内外赵氏宗亲第四次祭拜始祖造父、第三册补续—世表、赵氏家族

目录1

目录2

祖训、家训（德州卫中所赵氏家族）、德州赵氏家谱完成了第八次续修、第三册家谱续跋、金华府知府赵善庆墓志铭、苏禄国王墓楹联、德州赵氏家族的为官、为人。

3.历代序（记）集

（1）山东德州赵氏家谱序言

原序为顺治十年（1653），八世赵继鼎所作，意译如下：

同一宗族因为有家谱文书，所以可以追溯起源、考证世代遗传精神气脉、辨别亲疏关系，发扬祖上的功绩，观瞻前车之辙以便制定规矩再创功绩。

我赵姓宗族血脉传承，然而皇祖辈旷世辽源，记载的资料很少传下来，现在可以寻到的仅仅是：黄帝生大业，大业生咎繇，咎繇生伯益，伯益生季胜，季胜传了三世为造父，造父（被周穆王赏）封赵城，实际这就是我赵姓的起始。

多年以后，赵国被秦（秦国）所亡，从此向南北迁移，到中期家族兴旺，众子孙功业茂盛，名望广布中外。

现在有据可查的是：始祖赵（讳）得荣于（明）洪武二年从西安参军，据功劳从簿记述，在南方雅州病故；二世赵兴因父亲之军功承袭其职位。洪武三十年，经皇上钦定除德州卫世代承袭百户职位外同时履职中卫；三世赵瑞因军功晋升卫所副千户、封武略将军，与二弟赵正、三弟赵明首次分为三个枝系传承，至此后派系繁多。

长期以来考察源流，想将家乘颁布给各宗亲以使其不混乱，然而终未实现，此后经族人往复多次考察核实后终于完成，支派分明形式工整，亲属关系立判，品德业绩一目了然。

祈盼大家顾念前人的踪迹，或恍然觉悟或悚然觉醒，共同勉励！

（2）德州赵氏家谱第三册补续序

本序为2018年十九世赵英鹏、赵英泰，二十世赵洪山所作。

因本家族成员居住地址分散方圆五十多公里，因历史原因跨山东和河北两地，上次修续本家族家谱有一部分人在外地工作或在异地经商，多种原因没能续谱，所以进行这次补续（第三册）。

国家不能无史，县市不能无志，所以家族也应有自己的族谱，德州赵氏家族的祖先于清顺治十年完成了自己的族谱，并通过本族前辈祖先多次整修，到本次续修已是本族第八次续修家谱。赵氏家谱三十年一小续、六十年一大续，有后世子孙商榷完成，是一项非常光荣的历史使命。

补续第三册赵氏家谱是为了让更多的人知道和了解自己的祖籍宗亲、世系支脉，更是让本族更多的人了解本家族的历史文化和明清时期的历史文化名人，联系本族人员沟通感情、加深亲情，增强本家族的凝聚力，共同传承和弘扬本家族的历史文化。

这次补续第三册家谱，通过详细查找、多次走访得以确定本族人家庭详细居住地，为补续工作打下了良好的基础，为后世子孙留下多年后的联系依据。

三、德州赵氏家族代表人物

1.铁面无私赵继鼎

八世赵继鼎（1577-1659），号景毅，明天启二年（1622）进士，任职福州掌管刑狱。当时的福州属于魏忠贤的势力范围，官场极其黑暗腐败，刑狱更是其中的重灾区，赵继鼎上任后，面对多方压力仍坚持己见，对多起案件重新调查翻案，极力维护公平正义，深受当地百姓拥护，人称"赵铁面"，辗转多地任职查案都因铁面无私著称，后升任都察院浙西道和山西道监察御史，对官吏的政绩和为官进行监管弹劾，因所辖区域官吏作风清白，没有发现明显作奸犯科者，被皇帝怀疑同流合污，崇祯皇帝翻阅朝中御史的任职测评时对几位测评结果优异的官员心生疑虑，认为他们与地方官吏勾结一起不作为才得到测评成绩优异，因此下旨免去他们的官职，赵继鼎也在免职之列，无奈之下只好远离朝堂回到家乡村居多年。赵继鼎生性慷慨，对家族拥护周至，及时解囊，购买义田20余顷周济族人，所得佃租都用于家族后学教育，对亲族里贫苦无所依者资助银两筹划生计，婚丧嫁娶都帮助操办；母家族人、妻家族人，只要需要帮助都尽力相助；邀请名师大儒教导子孙，族人中有略通文字的也因材施教，族门由此大盛。清朝初建赵继鼎官复原职，从记录历史档案的角度出发主张官编《明史》，虽只完成初稿，却为后续官编《明史》积累了大量素材。

赵继鼎为官清正廉明，从不以权谋私。任京畿道监察御史时，被同仁安排送子任官，赵继鼎得知后认为任职需按照程序规定执行，不能因一己之利以权谋私，最终没有同意将儿子报送任官之事。赵继鼎在其位而谋其政，做事兢兢业业一丝不苟，对所管事宜条理清晰如数家珍，皇帝大为赏识，掌管户部期间心细如发，发现铜库失窃后经缜密调查认为是管库官吏监守自盗，遂处理并收回铜金属千余斤；后继续追缴铸钱过程中的贪赃枉法，挽回了朝廷损失。

赵继鼎性情孝顺忠厚，他幼年失去父母而由继母抚养长大，视继母如生母，对继母恪尽孝道，垂首受训言听计从，不论何事都是温和细语从不急怒；看轻金钱利益视如粪土，认为食物果腹即可，衣物蔽体即可，从不在意物质享受。

2.渔洋门下赵善庆

十一世赵善庆（1667-1718），字怡斋，年幼聪慧好学，打算以科举入仕却屡试不中，遂捐官国子监助教，测试时文章一气呵成文采斐然，主考官大加赞叹。后因忧心自己不在身边而家族子弟教育放松，于是请长假回家亲自授课。赵善庆教育子孙非常严厉，常常坐卧几榻静设书史，授课启迪子孙，儿子和弟弟都非常害怕他，学习从不敢懈怠，正是因为严格的要求，其子、弟都有所作为而考中举人。迁任工部郎中时被中间官员将职位与他人对调，赵善庆非常生气，据理力争惹得工部尚书大怒，扬言要处罚赵善庆，赵善庆并不退缩，后被查明属实后赢得了工部尚书的赞赏，钦点他做副官共同审理陕西刑事。赵善庆为官公正严明、屡破奇案，在天溪任职期间，发现此地许多案件都与"盗矿"有关，许多罪犯也是因为"盗矿"被关进监狱，赵善庆深入调研后发现此地域民风交恶，邻里百姓喜欢互相告发，前任知府没有细查，有人告官就抓来投入监狱，导致许多百姓是因为建坟挖地被举报为盗矿，赵善庆查实后积极为被冤枉的百姓翻案，深受天溪人民的爱戴。

赵善庆一心为民，多以恤民为先，所到之处为百姓兴利除害，深得民心，任职户部期间，陕西遭遇灾荒民不聊生，饿殍遍地，赵善庆深知经过官吏层层盘剥，朝廷下发的赈灾银两到百姓手里所剩无几，因此据理力争，提议增加灾民的赈灾款项，得到朝廷批准；赈灾银子下拨需走层层审批，经过多日迟迟不到位，眼看着灾民在死亡线上挣扎，赵善庆心急如焚再次上书请求特事特议，简化审批程序尽早让灾民解决生存问题，正是赵善庆的坚持和不懈奔走，挽救了成千上万灾民的性命。赵善庆曾在多地任职，所到之处兴修水利，为民兴利除害，为避免水患，他组织百姓兴修水利，拿出以往处罚所得的粮食作为百姓务工的工钱，既解决了无生计依靠的百姓的温饱问题又调动大家的积极性，得到百姓交口称赞。

赵善庆重视教育，任职期间修建学堂以鼓励学子用功读书，培养出大批人才，他兴建"七贤祠"，将学子们集合在祠堂内读书研学，一时之间勤学好读蔚然成风。

赵善庆不仅为官公正严明，文学造诣也非常深厚，早年拜康熙朝诗坛盟主王渔洋学诗且深得其精髓，据德州文史资料记载，新中国成立前苏禄王墓正殿中苏禄王画像两侧悬挂的楹联赵善庆所题写，内容为"梯山航海朝丹阙，赤授金章拜风楼"，彰显了其文学功底和社会地位。

3.兴文重教赵念曾

十一世赵念曾，字根矩，号漱阳，是赵善庆的幼弟。雍正五年（1727）任职湖南知县，所辖县域深受水患困扰，灾情严重时颗粒无收，百姓以树皮草木为食，饿殍遍野，赵念曾到任后体察民情，广设粥厂，赈灾抚民；亲统万夫，带头筑堤修湖昼夜不辍；兴修水利灌溉，使百姓安居乐业。后调任沅陵县知县，沅陵县县政废弛，境内凋敝，百姓多迷信神巫，赵念曾破除迷信，将神像扔到江水中并驱散神巫，张贴榜文严厉禁止迷信，令民风焕然一新。他体恤百姓，一心为民办实事，兴修水利搭建桥梁使境内安然。任职期间最重视教育，在发展地方教育方面取得了许多实际成果，翻修书院，平日集中诸生在书院读书，闲暇之余亲自来到书院授课，一时间学习读书之风盛行，众书生皆以"赵氏弟子"自称。

赵念曾对亲人孝顺恭敬，对朋友义字当头以诚相待，朋友有难求助必定热情相迎，如处身无分文穷困潦倒，必然不遗余力倾囊相助。任职沅陵县期间，因为曾经的一起错案与知府针锋相对，知府不知是收受了当事人的贿赂还是不愿承认自己所犯的失误，本想息事宁人对错案不再翻案，但赵念曾则坚持重新审理案件，两人互不相让，最后赵念曾以辞官相逼才使案件得以重新审理，也因此与知府交恶而处处被为难，后来知府暴病身亡，家人孤苦无依备受欺凌，很快知府家产被花光，灵柩无法回乡，曾经的下属和朋友都远远避去不闻不问，赵念曾听闻此事后拿出自己的积蓄帮助知府家人脱难送灵柩回乡，并在船起航之时亲自前往码头送别，其家属感激涕零。他以孝悌为本，自幼由大哥赵善庆抚养长大，兄弟三人感情深厚，赵念曾侍兄如侍父，尽心尽力奉养，兄长生病则衣不解带，昼夜不舍随侍在旁，早晚亲自喂饭端药，不假他人。直至将两位兄长送终后才步入仕途开始自己的为官之路。

4.纪昀高徒赵大经

十二世赵大经，字叔常，号春碉，又号初禅，赵念曾的三子。性格豪迈有侠义之气，嗜友如命，有朋友来访必定扫榻相迎，宾至如归；交友广泛，结识了许多文人墨客，与纪晓岚尤其志趣相投，文学造诣更加精进。纪晓岚外放福建期间赵大经一路相随，两人亦师亦友和诗百首。纪晓岚对赵大经颇为看重，在《纪晓岚文集》中收录了10首写给赵大经的诗作，是所有与德州有关的作品数量的三分之一，在为赵大经的母亲撰写墓志铭时纪晓岚对赵氏家族待友真诚重情义的气节大加赞赏。

赵大经于乾隆三十三年（1768）中举人，历任多地知县。他体恤百姓，一心为民，任武清知县时，因县内贫困凋敝，朝廷苛捐杂税繁重，百姓不堪其累，赵大经轻徭薄赋多有善政，使境内大治，却因为没有完成赋税任务被罢免官职，家贫如洗生活拮据，百姓得知后送米送面，自愿供养八年，后改任他地卒于任上，却因两袖清风没有余钱办理丧事，也是百姓爱戴赞助，其棺椁才能回到德州。

第二节 托撒氏族谱

一、族谱编修历程

托撒族谱共历经六次编修。清乾隆六十年（1795）编纂第一部完整的族谱，清道光六年（1826）进行第二次增订续修，清光绪四年（1878）进行第三次续修，民国二十一年（1932）进行第四次续修，1992年进行第五次续修，2019年完成第六次续修，共上下两册，本谱以《2019年续修本》为例进行介绍。

二、目录

始祖简历、一至五世续修谱书内容、六次续谱委员会、六次续谱委员会成员照片、六次续谱谱序、六次续谱倡议书、六次续谱凡例、行辈占字说明及占字排序、六次续谱谱书校核人员、盐山托家支脉谱、宁津撒庄支脉谱、庆云西撒支脉谱、庆云东撒支脉谱、庆云撒家支脉谱、庆云东白支脉谱、庆云西白支脉谱、无棣张家支脉谱。

三、历代序（记）集

1.托撒族谱序

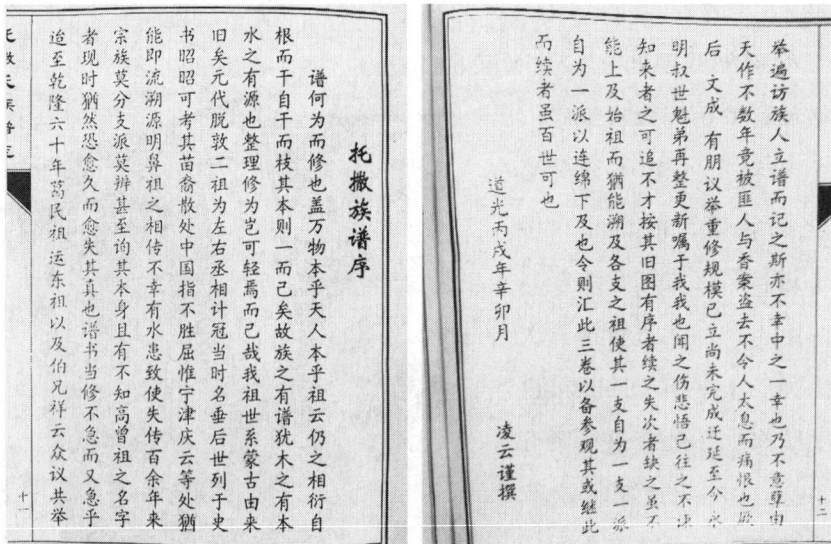

本序为清道光丙戌年（1826）族人所作。（本族谱由中华书局古联公司"古联智能数据研究室"自动标点系统完成标点）

谱为何而修也？盖万物本乎天，人本乎祖，云仍之相衍，自根而干而枝，其本则一而已矣。故族之有谱犹木之有根、水之有源也。整理修为岂可轻焉而已哉？我祖世系蒙古由来旧矣。元代脱、敦二祖为左右丞相，名垂后世列于史书，昭昭可考，其苗裔散处中国，指不胜屈，惟宁津、庆云等处犹能即流溯源。明鼻祖之相传，不幸有水患致使失传。百余年来，宗族莫分支派莫辨，甚至询其本身，且有不知高、曾祖之名字者，现时犹然，恐愈久而愈失其真也。谱书当修，不急而又急乎？追至乾隆六十年，葛民祖、运东祖以及伯兄祥云，众议共举，遍访族人，立谱而记之，斯亦不幸中之一幸也。乃不意孽由天作，不数年竟被匪人与香案盗去，不令人太息而痛恨也。厥后，有朋议举重修，规模已立尚未完成。迁延至今，不才按其旧图有序者续之，失次者缺之，虽不能及始祖，而犹能溯及各支之祖，使其一支自为一支，一派自为一派，以连绵下及也。今则汇此三卷以备参观，其或继此而续者，虽百世可也。

2.第二次续修族谱序：本序为道光丙戌年（1826）族人所作。

窃闻家有族谱，所以述祖功而昭来兹者也。吾撒姓隶籍庆云，自元迄今已经四百余年，旧有谱系存焉。第自康熙四十二年有水患，漂荡屋址，族谱尽失，致使祖宗名字不传支派莫分，良可太息。及至乾隆六十年，族祖以及族兄等痛已往之既湮，幸未者之可志，慨然奋兴，遍访族人远近联成数支亲疏，合为一谱，名表字显，图式分明，一一书之于布。每至元旦清明，各整衣冠供奉酒食，化财升天叩头至地，子子孙孙以感，源源本本如在，意撒氏一姓，庶可永垂弈祀矣。未至数年，族谱又被盗去，此其中盖有天焉。夫历经劫数，祖讳已过半，所存者多则八九世，少则六七世、五六世而已，每念及此未尝不重伤于怀也，倘及今不续，后虽有孝子贤孙毅然修序，将何据乎？小子世魁，痛宗绪之渺渺，本宜重整；思支流之息息，何妨再修。而况众议共举，有族伯以及族叔等同然一辞，咸称善焉。执其笔者，又有族兄为之佐，因倡率族人，各挟现存谱系，重订再序，数日书成。宗派分明，世系昭然，则一线之传，庶几绵绵不绝矣，即或有失传绝续出未回者，各缺其以。

3.第三次续修族谱序：本序为光绪四年（1878）族人所作。

族谱之失非一次矣。同治六年春，北庄世魁大祖、世元二祖，倡率族人议举重修，时所存谱书虽有，惜年代永远残缺失序，世元祖命将各家所供之谱请来照定谱书，分支别派，编修草稿方成而谱书尚未写清，适世元家有要事来请，时值农忙族众各散，世元二祖嘱予曰：族谱成未修成而支派之远近长次已定，万不可自此弃舍。成此谱者其在汝乎？汝千万莫贪嬉戏，修成斯谱方不负予之所嘱也。而吾也谨领教言。遂即敬修一本奉于世元。二祖过目喜曰：所写亦甚清楚，秋后务多写几本，莫使如前谱书之少，一亡而即失其传也。时公以训导侯铨，若家祠、祭田等项候予补缺后，再为计理可耳。孰意合族不幸，谱书一成，未有不遇劫者。本年冬间，即有马贼犯境，公成办团练性情刚列，明春，贼匪大至，公率众与贼战半日未得取胜，回家后贼众四围，公登房骂贼遂即遇害。呜呼！谱书之失，可胜言哉！同治十年，予候补山左，常有斯志，乃公事纷纭而不暇及此。又于光绪元年分发武定时，吾侄侍予在府，言及此事，命侄来家与老成计议，族中老幼贫富无不欣然欲为者。吾意谱书自此修成，治使宗派之永传也。乃时逢不遇，明春回家即染时疾，又值连年饥馑，谱书之修遂罢，岂非吾族之不一幸哉！而予也有伤于怀，恐及令不序愈久而愈失其传也，何忍坐视？欲刊刻成书，吾族又尽于钱财，遂同兄同修三本，以备参考云。

4.第四次续修族谱序：

（1）本序为民国二十一年（1932）族人撒荣绶所作。

礼，诸侯不敢族天子，大夫不敢族诸侯，因而分姓受氏，或以地，或以官、以字，此群姓所由分也。细考撒姓者，系出蒙古伯牙吾氏，为元室世族。撒敦祖为太傅、左丞相，封荣王。荣，地名，汉属建为郡，唐置州名荣州，故吾族郡名书曰荣州郡。未几，洪武统一，元为胜国，吾族因以祖名之首一字为姓。字典注：洪武时举人撒仲谦。仲谦祖与敦祖相去未远，后有成化时举人撒俊任醴泉知县，撒应时任颜神巡检，俱载县志上下八九世。自康熙年黄水为灾，旧谱损失皆无稽矣。细按籍贯，隶河间府宁津县住相衙镇南三撒家庄，后又迁居庆云。光绪二十年，余至宁津访问族人，得知当时盘桓数月，终日谈燕。父老告我曰：此地为老家，永乐靖难之役，此数村未罹兵灾。住庆云、住江苏、住兴济者皆迁者也。兼示宋家庄前荣王之墓，相衙镇东相府花园旧址。因有感触，立作古诗一首：保安西镇名相衙，黎园深处是旧家。三村环抱荣王墓，四面开放棠棣花。儿童牵衣敬桑梓，父老把酒叙年华。自此一会为奇遇。谱牒修成，论及谱书亦只有十二三世，世系不紊支派不能清晰。至今日世变风易，族人恐老成凋谢，祖谱失序，大举重修。群贤毕至，老幼咸集，共议修谱。倡修者有人，董事者有人，主笔者余一班老叟，誊写不能，驰驱不能，无位可置。族人曰，汝三人为监修可矣。不觉欣然喜莞尔笑，遂书此为志。作序有人，余更有厚望焉。

（2）本序为民国二十一年（1932）族人撒荣廷所作。

盖闻先人创作，后人继述，方为和顺门第，礼乐家声。吾撒姓谱系，先人已创立于前矣。试思先人所希冀后裔者，是何居心？后裔应答祖上者，当尽何事？昔康熙四十年有水患，漂荡屋基，致使失存。族祖继先人之志，以重修之。吾世系彰明，真可为是祖是裔。未数年，在家庙中与裙毡共被盗贼窃去。道光六年，族祖痛宗绪大事，何妨重整？支派有关开本，宜再修。从此吾族祖讳后人，得明继修者，亦有所本矣。然谱书虽序，未窥全豹，所载者不过白家、撒家数村耳。若北边托家，西方宁津，以彼时交通为难，未能合一，使后代之人，终有一家不识一家之恨。故邂逅相遇，仓卒之间，辈行不明，心中抱谦，面目赧然。在家论及此事，皆言如后重修。凡我一统血脉者，即在天涯地角，亦必通人去信，各处序全。于是族叔族侄鸿臣，热心题倡，不辞劳怨，驱驰操办，以为当然。务要使我同祖同宗者，即不能按字说辈行，亦可以论世知大小。操辨各人，亦必尽此义。务追先人立谱之心，尽子孙继述之义，此我等序谱之深意也。若水源木本，尊亲睦族之义，前序已代我言矣，故置之不论，特书此序谱，可谓得亲顺亲之理，使未来者思之。

5.第五次续修族谱序：本序为1992年筹备委员会所作。

自开天立世以来，人为万物之灵之论理，天有阴阳之分，人有世代根源之明理，务必谨记。吾先代祖上居住各地，建绩立业，支支兴旺发达，尊祖敬宗，子孝孙贤，有远大宏图之志，有优良深厚遗迹。托撒谱系是先人所创，阅其前几续所云，遇水患、火灾、盗贼等灾难，几乎毁于一旦，有十几代祖因失谱。关于祖上文韬武略者、国家栋梁者、杰出名士者，无根考籍，焉敢妄载，心感十分不安。现仅以撒氏十一世刚举为例，曾任南皮县革救会主任、组织部部长等职务，立下不朽功勋，为国家、为人民、为家族赢得了高尚荣誉，还望后代得力者完成吾族应完善追载之任务。

四续至今有六十年之久，其间因社会潮流，谱志被焚殆尽，痛哉宛惜！忆起谱志被焚，心情梗塞，托撒祖系无从考核，深感亏对烈祖烈宗，故此续谱迫在眉睫。即在万忙之机，不辞辛劳，到庆云撒家庄找族人，访族谱，共商修谱大计，巧合不谋而同。吾等自觉责无旁贷，立志实现祖先之遗愿，弘扬后代之前程，公认吾族虽有春节供奉瞻仰祖讳和清明节扫墓祭祖的光荣传统，如不及时修谱，难免有失传乱宗之危也。吾托撒后裔对面不相识，世次难论，正源本，一脉系，如同陌路人，不亲不近，岂宗室乱矣？万幸庆幸！对祖先胸有戒心孝意，谨存谱志一部，完整无损，真可庆可贺也。延续有准确依据也，于元宵节前商议五续族谱志，五续筹委会定甲子年为续谱年，务必谨记。

6.第六次续修族谱序：本序为2019年族人托寿金所作。

国有史家有谱，史可告古今，谱可辨枝系，昭亲睦，别长幼，分辈尊，族相知。参天之木必有根，环山之水必有源，是谓根源。草木相依，山祖昆仑，江河祖海。寻根问祖追根溯源，不再祈福祖先，而在明身。祖宗者子孙之根本，子孙者祖宗之枝叶，根深叶茂枝繁。尊祖敬宗，乃是炎黄子孙之美德，寻根溯源是人类之天性。谓"盛世修典"，续修族谱的目的，是为了弘扬"续本系、述始封"之传统。旨在明世系别亲疏。

据考吾祖讳脱脱、撒敦系蒙古族人，乃同宗兄弟。元顺帝朝同为中书丞相。且吾祖脱脱蒙古族名讳脱脱帖木儿，中原名讳又叫托克托字大用，故后人一部分取姓"托"，撒敦后人取姓"撒"。脱脱亦称托克托是元末著名政治家，军事家，在任丞相期间大改旧制，复科举取士，主持编撰《宋史》《辽史》《金史》。发行新钞。治理黄河水患成绩斐然卓越，蔚为贤相。一三五五年，被奸臣假传诏令自尽于云南。一三六二年平反昭雪复官。明灭元，托撒后人部分迁徙落户山东宁晋、庆云、河北盐山一带，尊奉脱脱，撒敦为始祖，世代同宗、同族、同谱。

数百年来，虽然战乱，朝代更替，时局动荡，时代变迁，我托撒一族子孙繁衍不息，人丁日隆，聚木成林。至今我族在谱人数已达几千人，分别分布在十个村：河北省盐山县杨集乡托家村，山东省宁津县相衙镇撒庄村，山东省庆云县尚堂镇东撒村、西撒村、东白村、西白村、庆云县崔口镇小屯村、庆云县严务乡姜屯村、庆云县庆云镇小撒村、无棣县城西张庄村。

光阴荏苒，至一九九三年五次续修，族谱已经过去二十六载，生齿日繁，支派愈盛，如不再续修我族谱，则一脉之眙，形同陌路，今有我族中贤达，心系谱牒，热心倡议，再次续修族谱，公等遂废耕弃商，百忙之中不辞辛劳，不计劳资，四方奔走。此举深得我族人全力支持，有识之人踊跃出资。

再次续修族谱乃是我族中大事，此次修谱应顺应时代发展，与时俱进，改旧风俗习，尽力完善族谱之缺遗，使我族有所据，代有所依。经我族人一致协商同意拟定以下几项，我族人共同谨遵。一、族女一律入谱（足男配偶记名娘家住址）。嫁女（记婆家住址、姓氏）。二、规定每二十五年需修一次族谱。三、每年清明节前要祭拜祖墓（现有祖墓三处，分别是托家村、宁津撒庄村、庆云撒家店村）。四、我族中有功名要计入谱中（县团职以上干部、县域以上认可的文化名人、知名企业家）。五、为明宗亲脉络，辈份有序，我祖子孙须按谱中二十字排世取名。

我谨遵族人重托，撰写此文，深感惶恐，拙浅文字，不足以抒对祖先之恭敬，向往之万一。以忠孝之心行仁义之举，上告祖先、下慰族人。愿托、撒一族世代团结和睦，千秋万代，永流不息。

四、托撒氏族第六次续修谱书凡例

1.宗谱序，详明宗族源史。

2.此次续修家谱是在一九九三年五续之基础上纂修。

3.本续修延续五续之格式。

4.本氏族名人事迹，军政界以县团级、学术界以博士，教授，高级工程师以上人物载入。

5.旧谱，文字资料不得擅自变更，风本次入谱氏族之人，不分男女，一律平等，均入氏系。

6.本次续修谱书，根据自愿原则，可申明放弃未申明者一经入谱，不得持异议，定稿前每户校定自己家谱系，定稿后不再更改。

7.本次续修谱书，经费自愿赞助，捐款者可将款捐至本村谱系委员会，记入谱书留名。

8.本次续修谱书，第一册费用根据各单位人数多少均摊后，任何人收存谱书自费。

9.本次续修谱书，截止时间为农历二零一八年腊月二十日。

10.建议每二十五年续修一次。

11.本凡例，内容修改需经氏族续修委员会讨论通过为准。

参考文献

图书

［1］（清）卢见曾撰.雅雨堂文集 卷1–2［M］.1912–1949

［2］（汉）王符著；（清）汪继培笺.潜夫论［M］.上海:上海古籍出版社，1978.04

［3］郑鹤声，郑一钧同编.郑和下西洋资料汇编［M］.济南:齐鲁书社，1980.10

［4］北京图书馆《文献》丛刊编辑部编.文献 第16辑［M］.北京:书目文献出版社，1983.06

［5］郑鹤声，郑一钧.郑和下西洋资料汇编 中 下［M］.济南:齐鲁书社，1983.10

［6］贵州省民族研究所编.《明实录》贵州资料辑录［M］.贵阳:贵州人民出版社，1983.12

［7］中华书局编.四部备要 第83册［M］.北京:中华书局，1989.03

［8］欧阳宗书著.中国家谱［M］.北京:新华出版社，1993.12

［9］李国祥，杨昶主编；傅玉璋，王鑫义，李修松等编.明实录类纂 安徽史料卷［M］.武汉:武汉出版社，1994.03

［10］中国人民政治协商会议德州市委员会.苏禄王在中国［M］.北京:中国社会科学出版社，1994.06

［11］丁钢主编.近世中国经济生活与宗族教育［M］.上海:上海教育出版社，1996.12

［12］郭超主编.四库全书精华 子部 第2卷［M］.北京:中国文史出版

社，1998

［13］徐扬杰著.家族制度与前期封建社会［M］.武汉:湖北人民出版社，1999.09

［14］（东汉）王符，（清）唐甄.文白对照 全文全译 政论类 15 潜夫论 潜书［M］.奎屯:伊犁人民出版社，1999.10

［15］陈铁民译注.文白对照 传世藏书 文库 第20卷［M］.西安:三秦出版社，1999.10

［16］仓修良著.史家·史籍·史学［M］.济南:山东教育出版社，2000.03

［17］李吉主编；马志超编著.寻根认祖系列书 家谱［M］.北京:气象出版社，2000.03

［18］王鹤鸣等主编；上海图书馆编.上海图书馆馆藏家谱提要［M］.上海:上海古籍出版社，2000.05

［19］中国历史文献研究会编.历史文献研究 总第19辑［M］.武汉:华中师范大学出版社，2000.06

［20］中国人民政治协商会议山东省德州市德城区委员会文史资料委员会.德城文史 第17辑［M］.中国人民政治协商会议德州市德城区委员会文史委员会，2000.11

［21］刘耿生编著.档案开发与利用教程［M］.北京:中国人民大学出版社，2001

［22］（汉）扬雄原著；王以宪注释；（汉）王符原著；张广保注释.法言 全文注释本［M］.北京:华夏出版社，2002.01

［23］夏春江编著.苏禄王和苏禄王墓［M］.北京:中国海洋大学出版社，2002.12

［24］张海瀛著.族谱姓氏研究集［M］.香港:天马图书有限公司，2003.07

［25］仓修良著.方志学通论［M］.北京:方志出版社，2003.10

［26］胡海，金胜编纂.全国胡氏族谱 大通考［M］.2004.10

［27］凤凰出版社编撰.中国地方志集成 山东府县志辑16［M］.南京:凤凰出版社，2004.10

［28］郑鹤声，郑一钧编.郑和下西洋资料汇编:增编本 上［M］.北京:海洋出版社，2005.12

［29］郑鹤声，郑一钧编.郑和下西洋资料汇编:增编本 下［M］.北京:海洋出版社，2005.12

［30］郑鹤声，郑一钧编.郑和下西洋资料汇编:增编本 中［M］.北京:海洋出版社，2005.12

［31］方为民主编.中华方式全族统谱 上［M］.中国新闻出版社，2007.03

［32］方为民主编.中华方氏全族统谱 下［M］.中国新闻出版社，2007.03

［33］中国人民、政治协商会议山东省平原县委员会编.平原县政协志1959-2006［M］.中国人民政治协商会议山东省平原县委员会，2007.09

［34］张本义主编.白云论坛 第4卷［M］.北京:北京图书馆出版社，2007.11

［35］卞孝萱，胡阿祥主编.国学四十讲［M］.武汉:湖北人民出版社，2008.01

［36］上海图书馆编著.中国家谱总目 1［M］.上海:上海古籍出版社，2008.12

［37］上海图书馆编著.中国家谱总目 2［M］.上海:上海古籍出版社，2008.12

［38］上海图书馆编著.中国家谱总目 3［M］.上海:上海古籍出版社，2008.12

［39］上海图书馆编著.中国家谱总目 4［M］.上海:上海古籍出版社，2008.12

［40］上海图书馆编著.中国家谱总目 5［M］.上海:上海古籍出版社，2008.12

［41］上海图书馆编著.中国家谱总目 6［M］.上海:上海古籍出版社，2008.12

［42］上海图书馆编著.中国家谱总目 7［M］.上海:上海古籍出版社，2008.12

［43］上海图书馆编著.中国家谱总目 8［M］.上海:上海古籍出版社，2008.12

［44］上海图书馆编著.中国家谱总目 9［M］.上海:上海古籍出版社，2008.12

［45］上海图书馆编著.中国家谱总目 10［M］.上海:上海古籍出版社，2008.12

［46］仓修良著.中国古代史学史［M］.北京:人民出版社，2009.09

［47］王守栋著.德州苏禄王墓研究［M］.北京:中国戏剧出版社，2009.05

［48］何歌劲著.建文帝落籍湘潭［M］.长沙:湖南人民出版社，2009.07

［49］穆升凡著.修谱宝典［M］.北京:中国文联出版社，2010.08

［50］毛上文，温芳编著.王姓起名通典［M］.北京:气象出版社，2011.01

［51］毛上文，温芳编著.李姓起名通典［M］.北京:气象出版社，2011.01

［52］马文清主编.回族谱序与宗源考略［M］.长春:吉林文史出版社，2011.01

［53］黄金元著.明清之际济南府望族与诗歌研究［M］.北京:人民出版

社，2011.11

　　［54］王鹤鸣著.中国家谱通论［M］.上海:上海古籍出版社，2011.11

　　［55］吉育斌主编.丹阳家谱提要［M］.四川师范大学电子出版社，
2012.01

　　［56］毛上文，温芳编著.刘姓起名通典［M］.北京:气象出版社，
2012.01

　　［57］中国历史文献研究会编.历史文献研究　总第31辑［M］.上海:华东师范大学出版社，2012.09

　　［58］张桂萍编.缅晗集　张海瀛谱牒研究文选［M］.太原:山西人民出版社，2012.11

　　［59］曾枣庄著.中国古代文体学　卷3　清代文体资料集成1［M］.上海:上海人民出版社；上海:上海书店出版社，2012.12

　　［60］常建华著.观念、史料与视野中国社会史研究再探［M］.北京大学出版社，2013.01

　　［61］胡海（金胜）编纂.全国胡氏族谱大通考　增订本［M］.2013.03

　　［62］《中华唐氏通谱》编纂委员会编；唐为人，唐德绵，唐经棣，唐树科主撰.中华唐氏通谱·总卷　上［M］.北京:中国文史出版社，2013.08

　　［63］《中华唐氏通谱》编纂委员会编；唐为人，唐德绵，唐经棣，唐树科主撰.中华唐氏通谱·总卷　中［M］.北京:中国文史出版社，2013.08

　　［64］《中华唐氏通谱》编纂委员会编；唐为人，唐德绵，唐经棣，唐树科主撰.中华唐氏通谱·总卷　下［M］.北京:中国文史出版社，2013.08

　　［65］（明）方孝儒著；徐光大点校.方孝儒集　上［M］.杭州:浙江古籍出版社，2013.10

　　［66］（明）方孝儒著；徐光大点校.方孝儒集　中［M］.杭州:浙江古籍出版社，2013.10

　　［67］（明）方孝儒著；徐光大点校.方孝儒集　下［M］.杭州:浙江古籍

出版社，2013.10

［68］中华高姓宗亲总会，中华高姓历史文化研究会编.中华高姓总谱 第1卷［M］.香港国际学术文化资讯出版公司，2013.10

［69］黄金元著；王志民主编.清代德州田氏家族文化研究［M］.北京:中华书局，2013.12

［70］王守栋著；王志民主编.苏禄王后裔家族文化研究［M］.北京:中华书局，2013.12

［71］方波编著.方姓简史［M］.北京:中国言实出版社，2014.01

［72］仓修良著.方志学通论 增订本［M］.上海:华东师范大学出版社，2014.03

［73］冯尔康主编.清代宗族史料选辑 上［M］.天津:天津古籍出版社，2014.03

［74］冯尔康主编.清代宗族史料选辑 中［M］.天津:天津古籍出版社，2014.03

［75］冯尔康主编.清代宗族史料选辑 下［M］.天津:天津古籍出版社，2014.03

［76］中国社会科学院民族学与人类学研究所编.中国民族研究年鉴2010–2012［M］.北京:中国社会科学出版社，2014.07

［77］建宁县客家联谊会编.客家建宁［M］.建宁县客家联谊会，2014.12

［78］张健著.徽州鸿儒汪道昆研究［M］.芜湖:安徽师范大学出版社，2014.12

［79］济南市人民政府主办，济南市史志办公室编；徐泳撰.济南历代著述考 上［M］.济南:济南出版社，2014.12

［80］济南市人民政府主办，济南市史志办公室编；徐泳撰.济南历代著述考 下［M］.济南:济南出版社，2014.12

［81］赵桅辑编.明实录 清实录烟瘴史料辑编［M］.北京:中央民族大学出版社，2014.12.

［82］徐学林编.徽州刻书史长编 第8卷［M］.合肥:安徽教育出版社，2014

［83］第六届田氏修谱合谱委员会编.田氏谱牒 冀鲁津田氏谱牒 第1部 第1卷［M］.2015.01

［84］张忠发主编.家族谱牒［M］.北京:民族出版社，2015.02

［85］任清剑编著.谱牒新编［M］.大象出版社.2016

［86］《固原金堡汤氏家谱》编写组编.固原金堡汤氏家谱［M］.银川:宁夏人民出版社，2016.04

［87］皇甫有风主编；黄伯成执笔.周口姓氏文化大观 下［M］.郑州:河南人民出版社，2016.09

［88］叶志衡著.新叶古村落研究［M］.杭州:浙江大学出版社，2016.12

［89］宋国华，宋会斌主编.宋氏文化宝典［M］.北京:中国文史出版社，2017.05

［90］张宏生，于景祥著.中国历代唐诗书目提要 中［M］.沈阳:辽海出版社，2017.06

［91］周洪宇总主编；申国昌副总主编；郭娅主编.中国教育活动通史 第4卷 宋辽金元［M］.济南:山东教育出版社，2017.10

［92］仓修良著.谱牒学通论［M］.上海:华东师范大学出版社，2017.11

［93］仓修良著.史志丛稿 百年求是学术名流精品集［M］.杭州:浙江大学出版社，2017.12

［94］刘庆民主编.平原历史文化研究文集 上［M］.南昌:百花洲文艺出版社，2018.01

［95］刘庆民主编.平原历史文化研究文集 中［M］.南昌:百花洲文艺出版社，2018.01

［96］刘庆民主编.平原历史文化研究文集 下［M］.南昌:百花洲文艺出版社，2018.01

［97］施由明著.赣鄱宗族文化研究［M］.北京:中国书籍出版社，2018.06

［98］（明）方孝孺.传世藏书·集成·别集 8 方孝孺订［M］.海口:海南国际新闻出版中心

期刊

［1］周绍泉."温、安"辨［J］.明史研究论丛，1983（00）:376-380.

［2］武新立.中国的家谱及其学术价值［J］.历史研究，1988（06）:20-34.

［3］郑振满.明代陈江丁氏回族的宗族组织与汉化过程［J］.厦门大学学报（哲学社会科学版），1990（04）:75-79.

［4］杨杞.国外图书馆收藏的中国谱牒［J］.古籍整理研究学刊，1993（02）:47-48.

［5］于也明.加强调查研究促进改革开放［J］.中央社会主义学院学报，1993（02）:11-13.

［6］刘辰.新编地方志的实践与理论研究［J］.史学理论研究，1996（01）:80-91.

［7］逯爱英，柳玉东.谱牒的价值与整理研究新探［J］.河北科技图苑，1997（02）:39-40.

［8］仓修良.普牒学述略［J］.文史知识，1997（10）:66-71+77.

［9］仓修良.关于谱学研究的几点意见［J］.历史研究，1997（05）:138-150.

［10］籍援朝.党史与修志工作漫议［J］.北京党史研究，1998（02）:53-54.

［11］韩树峰.魏晋南北朝时期的谱牒档案［J］.档案学通讯，2000

（01）:65-67.

［12］胡小菁.机读书目信息来源的选择与西文编目成本研究［J］.图书馆杂志,2000（05）:1-4.

［13］王利亚.谱牒的特征及其开发利用［J］.晋图学刊,2003（03）:51-52.

［14］钱云祥,李瑛,黄萍.谱牒档案——待开发的文化资源［J］.浙江档案,2003（10）:25.

［15］綦维.德州学者卢世㴶的杜诗学成就［J］.东岳论丛,2004（04）:149-153.

［16］于国翠,孙贞英.地方文献的特征、作用及开发利用途径［A］.陕西省图书馆学会.拓展与深化——全国民办高校图书馆与图书馆地方文献工作研讨会论文集［C］.陕西省图书馆学会:陕西省图书馆学会,2005:5.

［17］曹丽娜.从章学诚史学命题间关系看其明道经世理路［J］.牡丹江师范学院学报（哲学社会科学版）,2006（02）:45-46.

［18］徐波.地方文献的特征及其收集［J］.图书馆研究与工作,2006（01）:47.

［19］曹玉兰.谱牒——魏晋南北朝时期的家族档案［J］.科技情报开发与经济,2006（14）:54-55.

［20］刘金树.团结奋斗 积极进取 努力开创全省档案工作新局面 辽宁省档案局（馆）局（馆）长刘金树在全省档案工作会议上的讲话［J］.兰台世界,2007（05）:6-9.

［21］袁红军.略论谱牒的价值与整理［J］.兰台世界,2007（09）:8.

［22］王守栋.古代苏禄东王的后裔考［J］.传承,2007（08）:108-109.

［23］鲍永军,仓修良.论欧阳修的谱牒学贡献［J］.社会科学战线,2007（06）:146-149.

［24］仓修良.两汉时期谱牒学概论［J］.古籍整理研究学刊，2008（01）:1-6.

［25］仓修良.漫谈家谱［J］.山东图书馆季刊，2008（02）:121-124.

［26］李华斌.再论家谱在学术研究上的价值［J］.兰台世界，2008（22）:44-45.

［27］仓修良.家谱概述［J］.淮阴师范学院学报（哲学社会科学版），2009，31（01）:51-57+64.

［28］庞铭辉.魏晋南北朝时期谱牒档案兴盛的原因——从制度方面进行分析［J］.天中学刊，2009，24（01）:96-98.

［29］庞铭辉.魏晋南北朝时期谱牒档案兴盛的原因［J］.山东档案，2009（01）:60-62.

［30］王春红.皇权的日益扩张——北魏及唐几次官定姓族之共性［J］.信阳师范学院学报（哲学社会科学版），2009，29（06）:143-147.

［31］庞金殿.宦海名臣 文坛宗匠——评卢见曾的仕宦经历、兴教倡学和诗文成就［J］.社会科学论坛（学术评论卷），2009（11）:42-52.

［32］吴雪映.以温州市图书馆为例，浅谈地方文献的开发和利用［J］.农业图书情报学刊，2009，21（12）:39-42+49.

［33］葛剑雄.中国家谱的总汇 家谱研究的津梁——《中国家谱总目》评介［J］.安徽史学，2010（01）:126-128.

［34］王启明.龚自珍史学研究综述（1990—2009年）［J］.宜春学院学报，2010，32（03）:85-88.

［35］周泉根，陈喆烨.试探家族研究范式中的海南韩-宋氏研究［J］.海南师范大学学报（社会科学版），2010，23（04）:136-140.

［36］仓修良.关于新修志书冠名问题的一点建议［J］.中国地方志，2010（08）:16-18.

［37］吴海.章学诚的传记思想与方志理论的关系［J］.中国地方志，

2010（10）:19-24+3.

　　［38］李文涛.《古籍索引要目》增补:史部（一）［J］.中国索引,
2010, 8（04）:32-37.

　　［39］张思齐.论宋濂对明代文学的奠基性导向作用［J］.西华大学学报
（哲学社会科学版）, 2011, 30（01）:39-45.

　　［40］李文涛.《古籍索引要目》增补:史部（二）［J］.中国索引,
2011, 9（01）:46-53.

　　［41］李文涛.《古籍索引要目》增补:史部（三）［J］.中国索引,
2011, 9（02）:27-34.

　　［42］梁国楹.明初德州移民考［J］.德州学院学报, 2011, 27
（05）:99-102.

　　［43］李文涛.《古籍索引要目》增补:史部（四）［J］.中国索引,
2012, 10（02）:43-52.

　　［44］王蕾.《中国家谱总目》的文献学价值［J］.艺术科技, 2012, 25
（02）:70-71.

　　［45］李文涛.《古籍索引要目》增补:史部（五）［J］.中国索引,
2012, 10（03）:37-45.

　　［46］李文涛.《古籍索引要目》增补:史部（六）［J］.中国索引,
2012, 10（04）:55-61.

　　［47］李峰.论庆历之际的新春秋学及历史编纂［J］.史学月刊, 2013
（01）:104-118.

　　［48］郗玲芝.古苏禄东王留华后裔两份家谱的比较研究［J］.中南民族
大学学报（人文社会科学版）, 2013, 33（03）:41-45.

　　［49］王敌非.黑龙江民间满族家谱现状与研究［J］.黑龙江民族丛刊,
2013（03）:169-173.

　　［50］郗玲芝, 刘卫宁.苏禄东王后裔两份家谱的对比［J］.图书馆理论

与实践，2013（08）:67-68.

［51］李文涛.《古籍索引要目》增补:史部（七）［J］.中国索引，2013，11（03）:30-38.

［52］姜明辉.唐代官修谱牒与庶族地位变迁［J］.萍乡高等专科学校学报，2013，30（05）:73-77.

［53］张蓓蓓.魏晋南北朝贾执谱学研究［J］.图书馆理论与实践，2013（10）:36-39.

［54］常建华.中国族谱资料的整理、研究和数字化建设［J］.安徽大学学报（哲学社会科学版），2014，38（01）:95-105.

［55］王忠田.私修谱牒叙事研究的可行性［J］.语文学刊，2014（02）:76-78+133.

［56］郑钊.融合与认同:明清以来德州苏禄东王后裔研究［D］.聊城大学，2014.

［57］刘善泳.方志入史轨迹探要［J］.广西地方志，2014（02）:17-20.

［58］赵薇.陈大科及其文献活动考论［J］.重庆理工大学学报（社会科学），2014，28（08）:104-109.

［59］方伟.成都杜甫草堂馆藏李白诗歌书法作品略述［J］.杜甫研究学刊，2014（03）:85-104.

［60］刘本栋.从《家政集》看王十朋的治家与从政理念［J］.商丘师范学院学报，2014，30（10）:53-57.

［61］史金波.中国民族史学史刍议［J］.云南社会科学，2014（06）:152-160.

［62］郭福亮.从客居"王裔"到入籍"平民":德州苏禄东王后裔的祖先认同［J］.回族研究，2015，25（01）:54-58.

［63］王守栋.明清世宦大族——德州卢氏考［J］.德州学院学报，2016，32（01）:98-105.

［64］徐萧.国有史 家有谱:血脉里看千百年家国记忆［J］.决策探索（下半月），2016（03）:47.

［65］王鹤鸣.中国家谱的价值［J］.中华魂，2016（06）:60-62.

［66］王鹤鸣.中国家谱研究的现状和应注意的问题［J］.中华魂，2016（07）:65-68.

［67］陈玲.《中国家谱总目》徽州家谱条目辩证［J］.图书馆杂志，2018，37（11）:120-128.

［68］王守栋.卢见曾与雅雨堂版藏书［J］.德州学院学报，2017，33（01）:99-104.

［69］郭硕楠.魏晋南北朝时期"簿状谱牒"档案［J］.兰台世界，2017（05）:35-37.

［70］汪琼.徽州契约文书的保护和利用［J］.理论建设，2017（02）:83-87.

［71］马志超.古代谱牒类专著在古典目录中的归属与演变［J］.怀化学院学报，2017，36（04）:123-125.

［72］张琳.明代德州正左二卫初探［J］.德州学院学报，2017，33（03）:105-110.

［73］杨燕珍.《弇州山人续稿》墓志铭写作中的人情关系——兼论明代墓志铭文化［J］.广西科技师范学院学报，2017，32（04）:56-59.

［74］周潇.卢世㴶明清德州卢氏文学成就论略［J］.东方论坛，2017（04）:73-80.

［75］仓修良.方孝孺的生平和他的谱牒学理论［J］.史学月刊，2017（09）:105-112.

［76］于丽娟.方志应注重谱牒文化的记述与传承［J］.黑龙江史志，2017（10）:39-44.

［77］张立新.志乃史体——论章学诚的方志学理论［J］.安顺学院学

报，2017，19（06）:80-84.

　　［78］郭伟涛.论北魏杨播、杨钧家族祖先谱系的构建——兼及隋唐弘农杨氏相关问题［J］.中华文史论丛，2017（04）:131-159+393-394.

　　［79］陈鹏.从名籍到谱牒:中古中国的皇族档案［J］.档案学通讯，2018（01）:39-43.

　　［80］王守栋.友谊永续 继往开来——纪念苏禄王来华六百周年［J］.德州学院学报，2018，34（01）:1-6.

　　［81］严忠良.论钱基博对章学诚修志思想的继承和发展［J］.平顶山学院学报，2018，33（01）:39-42.

　　［82］陈季君.清代土司承袭流转时限考——以清代55件档案为中心的考察［J］.遵义师范学院学报，2018，20（02）:21-27.

　　［83］刘玉堂，曾浪.巫咸源流新证——兼及与楚文化的关系［J］.江汉论坛，2018（08）:100-107.

　　［84］鲁朝阳，肖承清.国有史而家有谱——谱牒文献出版的意义与展望［J］.中国图书评论，2019（01）:107-111.

　　［85］陈鹏.中古谱牒的类型、层级与流变［J］.古代文明，2019，13（02）:73-84+127.

　　［86］陶运红，王东洋.河洛地区少数民族特色村寨的民族认同［J］.传媒论坛，2019，2（07）:15-16.

　　［87］史哲文.论家族文化传统与君子文化体系——兼谈"君子"对弘扬传统文化的独特意义［J］.社会科学论坛，2019（03）:75-84.

　　［88］耿锐.卢见曾刊刻著述考［J］.重庆三峡学院学报，2019，35（03）:97-104.

　　［89］田可文.《台中县音乐发展史》编撰的特征及困境［J］.中国音乐学，2019（03）:76-84.

　　［90］赫云，李倍雷.中国传统艺术母题与主题谱系［J］.民族艺术，

2019（03）:128-138.

　　［91］安立柱，温芳.海上丝路的友好使者——苏禄王及其后裔［J］.德州学院学报，2019，35（05）:24-26.

　　［92］张前永."谱学不等于家谱学"——仓修良《谱牒学通论》之"谱"［J］.图书情报研究，2019，12（04）:23-26.

　　［93］周艳.清代田雯生平考［J］.戏剧之家，2020（17）:198-199.

报纸

　　［1］曲玲樊攀马德谦等.德州——平安民族之邑.［N］.中国民族报，2005.05.26.

　　［2］牛俊岭，高义善.闪光的足迹.［N］.联合日报，2006.06.19.

　　［3］海峡两岸谱牒研讨会论文集出版 温欣 吴剑隆.［N］.侨报，2007.09.06.

　　［4］第一部侗族村志《丁达村志》问世.［N］.西部时报，2009.01.16.

　　［5］明刑部右侍郎任士凭.［N］.长河晨刊，2007.06.02.

　　［6］寻根稽谱:家谱的传承与发展.［N］.人民政协报，2009.08.03.

　　［7］家谱卷帙浩繁的百科全书连绵不断的家族史.［N］.西部时报，2009.08.14.

　　［8］清代女杰田张氏.［N］.德州日报，2011.07.22.

　　［9］高凤翰与《出塞图》.钱艺兵.［N］.扬州晚报，2011.10.07.

　　［10］余东盐官遵奉勒石.［N］.海门日报，2011.10.08.

　　［11］西南岩溶地区生态修复和草地畜牧业发展研究.［N］.农民日报，2011.10.17.

　　［12］平原名人宋忠考略.［N］.德州日报，2012.02.23.

　　［13］马志超.谱牒学研究.［N］.中国社会科学报，2012.03.28.

　　［14］李解.明清时期赵辛庄的赵氏家族.［N］.德州日报德周刊，2012.09.07.

［15］任继愈与家乡的"百年老字号".［N］.德州日报德周刊，2012.09.14.

［16］明南京刑部右侍郎任士凭.［N］.德州日报德周刊，2012.12.21.

［17］学点历史文化建设美丽家园.［N］.平原时讯，2013.07.02.

［18］谱系两岸亲情从未中断.［N］.中国新闻，2013.07.16.

［19］谱牒，人文历史的一大支柱.［N］.人民日报海外版，2013.08.23.

［20］碧水蓝天细雕琢此心安处是吾家.［N］.东亚经贸新闻，2013.09.12.

［21］运河文化的骄子——田雯.［N］.运河开发区报，2013.12.30.

［22］孝侄唐守碧 一句承诺 年守护.［N］.重庆日报农村版，2014.06.25.

［23］南运河的文化世家.［N］.德州日报德周刊，2014.10.17.

［24］会试殿试连环考.［N］.梅州日报，2015.06.22.

［25］勤于诗文 著述宏富.［N］.江阴日报，2015.08.07.

［26］黄金元.清代越地世家名人与德州田氏交游考.［N］.绍兴文理学院报，2015.11.26.

［27］张明福.人才辈出的德州南城李氏家族.［N］.德州日报德周刊，2016.03.11.

［28］又到虹桥修禊时.［N］.扬州晚报，2016.04.02.

［29］苏禄王墓友谊丰碑.［N］.德州日报德周刊，2016.11.04.

［30］王守栋.怀夷柔远 绥抚万邦（下）——苏禄王慕风向化、万里来朝.［N］.德州学院报，2016.11.20.

［31］清明祭祖.［N］.江海晚报，2018.04.12.

［32］杨硕.两套古籍具有极高历史研究价值.［N］.德州晚报，2018.04.13.

［33］刘伯山，张平平.徽州谱牒知多少.［N］.光明日报，2018.06.23.

［34］安定区草牧业院士专家工作站揭牌.［N］.甘肃科技报，2018.11.16.

［35］"竹竿也似乌衣巷".［N］.德州晚报，2019.05.29.

［36］王立荣.运河，光阴那头等气象.［N］.禹城市报，2019.05.29.

［37］《徽州谱牒》折桂"全国古籍出版社年度百佳图书".［N］.新安晚报，2019.10.19.

［38］唐舰，郑伟.家谱出版的里程碑.［N］.中华读书报，2020.01.22.

［39］赵国权.清代围场古御道.［N］.四平日报，2020.04.23.